AF589901

David Lemelin

COVIDIOTS, COMPLOTS ET POPULISME

Produit à Québec, 30 août 2021
ISBN 978-2-9819270-3-3
Dépôt légal – Bibliothèque et Archives nationales du Québec, 2021

« La raison finira par avoir raison. »

- Jean Le Rond D'Alembert

Table des matières

Introduction

Covidiots.

Désormais, le mot est connu. Il combine, dans un habile jeu de mots, les deux termes essentiels pour comprendre ce à quoi cela fait référence et à qui on a affaire : *COVID* et *idiot*.

L'étiquette a été accolée à celles et ceux qui se distinguent par leur manque de jugement en risquant leur propre vie et celle des autres en pleine pandémie de coronavirus, la COVID-19. On les a vu défiler, fièrement, à visage découvert, sans masque, bannières à bout de bras avec des slogans bourrés de fautes se portant à la défense de nos libertés menacées. Les covidiots sont ces individus qui ignorent volontairement les consignes et conseils de la santé publique. Ce sont aussi ces égoïstes qui stockent des marchandises sans se soucier des autres, comme si l'humanité allait disparaître de la surface de la Terre d'un moment à l'autre.

Ils ont, semble-t-il, à la lumière de messages envoyés entre eux sur les réseaux sociaux, réussi à ourdir le complot mondial que nul scientifique, savant, industriel ou politicien n'a voulu admettre : tout est arrangé avec le « gars des vues ».

Les covidiots se sont promenés dans nos rues, se sont faits l'accolade dans des centres commerciaux bondés, ils ont chanté un karaoké à pleins poumons, tous postillons dehors, afin de se rebeller contre la dictature stalinienne imposée par les docteurs Fauci et Arruda.

Eux, ils savent.

Les données alarmantes, les preuves qui entrent à la tonne, les aînés qui meurent par milliers, rien de tout cela n'a réussi à brouiller la vision « éclairée » de nos lampadaires citoyens, plus enclins à se brancher sur les idées délirantes des QAnon de ce monde que sur les données probantes.

Au sommet de leur art, on les a suivis en direct de Washington alors qu'ils tentaient un impensable coup d'État afin d'étouffer la démocratie du pays prétendument « leader du monde libre », incapables jusqu'à la fin de reconnaître la défaite de leur grotesque empereur, faisant ici une ultime démonstration que dans le monde des complotistes, on refuse tout contact avec la réalité. On les a vu, par milliers, se promener aux abords du Stade olympique, à Montréal, pour freiner une clinique de vaccination contre la COVID-19 qu'ils comparaient pour l'occasion à un « abattoir ».

Qui sont-ils, ces covidiots? Sont-ils vraiment complètement idiots? Pourquoi défient-ils le bon sens avec autant de zèle? Qui sont ceux qui leur poussent dans le dos afin qu'ils aillent, comme autant de moutons noirs, s'opposer à toute logique, au péril de leur vie et de la nôtre? Qui sont ces gourous et que cherchent-ils? Quelles sont ces théories hallucinantes et que pouvons-nous faire pour nous en prémunir?

Ces questions sont abordées dans cet ouvrage avec sérieux, rigueur… et humour, à l'occasion, histoire de réduire la tension déjà passablement élevée. Une chose est sûre, l'heure est venue de s'intéresser à ce phénomène qui fait beaucoup de bruit, bien qu'il ne concerne apparemment qu'une partie « négligeable » de la population. Et puis, au fil des événements publiés dans la presse, on se rend compte qu'ils sont plus nombreux qu'on le croyait, certains n'étant pas forcément covidiots eux-mêmes, mais ayant succombé au conspirationnisme, ou ayant commis une bourde ou posé un geste qui fut alors qualifié d'idiot et faisant la preuve d'un manque de jugement, au moins momentané, même chez des personnalités en vue, pourtant bien éduquées et informées. Comment l'expliquer?

Bien entendu, l'extraordinaire pouvoir d'Internet est un facteur considérable de l'équation, agissant comme un puissant carburant qui alimente à la fois la vigueur des propos et la rapidité avec laquelle on les propage. Mais, au-delà des vertus techniques de l'outil, comment se fait-il que des théories fumeuses qui défient toute logique et le bon sens le plus élémentaire puissent perdurer dans l'écosystème complotiste, la *complosphère*, malgré tous les arguments, les faits, les preuves et les réfutations socratiques que l'on aura déployés?

En vérité, on a tôt fait de se rendre compte que c'est de notre société dans son ensemble qu'il est question, de ce qu'elle produit et provoque, des valeurs que nous véhiculons et partageons, du rôle de nos leaders, de nos médias, bref d'un ensemble de facteurs qui expliquent la situation et alimentent la réflexion philosophique qui s'impose à nous, en ces temps où l'on semble n'avoir d'yeux et d'oreilles que pour l'opinion-minute.

Prenons donc un peu de recul et donnons-nous le temps de penser.

Ainsi, bien plus qu'une simple « bande de cons », les covidiots et complotistes que nous côtoyons nous dérangent et nous interpellent, nous sortent de notre zone de confort et d'indifférence pour nous forcer à nous demander : comment a-t-on pu en arriver là?

Les facteurs sont, en effet, multiples, allant des réflexes préhistoriques du cerveau, jusqu'à l'angoisse que suscite l'avenir, aggravée par la pandémie, en passant par la perte de confiance généralisée qui sévit aux dépens des experts, des politiciens, des autorités, des journalistes et de tous ceux qu'on associe aux élites. Même les faits, la raison et la rigueur n'arrivent plus à rivaliser avec l'opinion qui offre un prêt-à-penser pratique dans un monde qui bouge désormais trop vite.

Tous ces facteurs, toutes ses explications seront présentés dans les pages qui suivent, en s'appuyant sur la recherche, sur des études scientifiques et documents d'experts, plusieurs ouvrages de philosophie, de science, de même que sur de nombreux extraits de journaux d'ici et d'ailleurs, permettant un survol analytique complet, bien que non exhaustif. Il y a tant à dire sur le sujet!

Et on réalise alors que ce n'est pas que l'affaire de deux ou trois illuminés en quête d'attention, mais que tout ce cirque délirant masque quelque chose de plus profond et d'infiniment plus complexe et passionnant.

Bouclez votre ceinture, le périple pourrait secouer…

Chapitre un
Une simple grippe

« Un jour, c'est comme un miracle, il disparaîtra. »[1]

– Donald Trump

Une pandémie providentielle

La chose paraîtra curieuse et cruelle, mais pour les complotistes et covidiots en puissance, l'arrivée d'une pandémie mondiale était quelque chose comme une bénédiction. D'une part, elle a permis de faire sortir de l'ombre nombre d'entre eux et, surtout, a été l'occasion de fournir un porte-voix d'une puissance incomparable à celles et ceux qui rêvaient de diffuser largement leurs « idées ».

Depuis le temps qu'ils nous disent que le gouvernement mondial nous contrôle tous et souhaite nous dépouiller de nos libertés individuelles, cette situation gravissime allait fournir aux populations la preuve en béton qui n'était connue alors que par de rares initiés. Et à présent, leur rôle était de nous « réveiller », de se battre pour nos droits et nos libertés, de sauver le peuple du totalitarisme d'une élite contrôlant nos élus, nos institutions, nos vies. Ce sont nos héros, des gens ordinaires qui voient clair à travers ce complot extraordinaire.

Une pandémie providentielle, en somme.

En revanche, n'allez surtout pas croire qu'ils ont tous accepté la prémisse, à savoir qu'il y a *effectivement* une pandémie mondiale qui a sévi et a grandi à partir du début de l'année 2020, faisant des millions de cas de contamination au coronavirus, tuant des milliers

---

[1] https://www.cnn.com/2020/02/27/politics/trump-coronavirus-disappear/index.html

de personnes et mettant lourdement à l'épreuve les systèmes de santé du monde entier.

Oh, que non!

Tout est là, d'ailleurs. Les civières qui s'entassent dans les hôpitaux ont surtout été l'occasion pour eux de faire leur lit : tout ça n'est qu'un gigantesque mensonge. On nous manipule. Les élites se sont rassemblées dans une grande pièce chic et enfumée de cigares les plus chers pour déclarer, ensemble, que l'heure était enfin venue de prendre le contrôle de tous les habitants de la planète. Le contexte : la pandémie. L'arme : le vaccin. L'outil : la 5G. Les complices : les pharmaceutiques, les scientifiques, les banques, les industriels, les gouvernements, les riches (sauf Trump) et les intellectuels qui lisent des livres.

Le cauchemar est total.

Et parmi ceux qui admettent, du bout des lèvres, qu'il y a effectivement quelque chose qui se passe, peut-être, en santé publique, on les voit s'appuyer eux aussi sur la science, mais la « vraie », pour nous contredire : *le docteur Raoult l'a dit, ce n'est qu'une simple grippe*.

Alors, nos valeureux héros ont entrepris de nous défendre, contre notre gré, avec des résultats à la fois spectaculairement sidérants et dangereux. Au mépris de la raison et du savoir scientifique, des recommandations et des consignes sanitaires, nos soldats de la liberté sont donc descendus dans la rue pour riposter. Ils auraient dû le savoir : sortir sans protection, c'est risqué, même lorsqu'il s'agit de baiser le gouvernement.

C'est ainsi qu'est né le terme *covidiot*, question de donner un nom aux abrutis qui risquent leur vie et celle des autres en jouant avec le feu de la COVID-19.

Et, dans bien des cas, c'était pleinement mérité.

Bas les masques

« Bienvenue en 2020, l'âge d'or de la théorie du complot. L'année où votre oncle, votre sœur ou votre père a pété les plombs, tout seul devant son ordinateur. L'année où 11 % des Canadiens croyaient que le coronavirus était un canular servant à camoufler les effets néfastes des tours de télécommunication 5G »[2], écrit Jean-Simon Gagné dans *Le Soleil* à la fin décembre, en guise de bilan d'une année pas comme les autres.

C'est à partir du mois de mars que les choses ont pris une tournure plus sérieuse alors que le monde, sauf Donald Trump, commençait à prendre la mesure du phénomène planétaire qui allait porter le nom de COVID-19 ou coronavirus, un nom qui référait surtout jusque-là au coureur de char romain, ennemi d'Astérix, de la bande dessinée parue en 2017. Mais, le ciel venait de nous tomber sur la tête, à bras raccourcis.

Le monde scientifique pris de court, cherche des réponses dans un empressement inédit, les hôpitaux s'engorgent de patients infectés par le mystérieux virus, de plus en plus d'entre eux en meurent, les chefs d'État tentent de concilier protection de la santé publique et maintien de l'activité économique, les médias essaient de trouver des réponses avant même que la science n'ait terminé le travail, alors que les citoyens suivent les consignes sans trop savoir pourquoi ni jusqu'à quel point tout cela tient la route ou pas. C'est le brouillard le plus complet. Le monde avance à tâtons espérant stopper la course d'un ennemi invisible qui se montrera de plus en plus redoutable au fil des mois qui passent.

Pendant ce temps, les complotistes, qui ont horreur du vide (du moins dans le discours public), s'activent et se déchaînent. S'il n'y a pas d'explications, il suffit de les inventer. Peu importe la crédibilité de ce qu'on avance : il faut faire confiance à son intuition, pas aux dirigeants.

---

[2] https://www.lesoleil.com/actualite/2020-lannee-de-tous-les-complots-00a4f8f8e20574a8a3b4235ef91503d8?utm_source=omerlo&utm_medium=mailer&utm_campaign=Aujourd%E2%80%99hui%3A+2020%2C+l%27ann%C3%A9e+des+complots

Le comportement grotesque et l'obstination des complotistes et covidiots ont d'ailleurs mené à la création de ce néologisme : *agnorant*. Je ne sais pas si l'on doit cette brillante idée à l'humoriste Steve Hofstetter, qui a en publié la définition sur son compte Twitter, car le terme est déjà bien présent sur le Web, mais qu'importe : un *agnorant* est une personne extrêmement ignorante et, en même temps, extrêmement arrogante. Le terme convient, par exemple, à ceux qui croient en savoir plus à propos de la science que les scientifiques eux-mêmes. La combinaison des deux mots donne ce néologisme tout à fait réussi.

Voici donc quelques-uns des nombreux événements cités dans les médias au cours des derniers mois, période qui coïncide bien sûr avec la mise en place des mesures sanitaires par la santé publique.

Avertissement : lecture à la fois instructive et consternante en vue...

Sécrétions incriminantes

Dans la catégorie des (nombreux) comportements juvéniles et dangereux qui trouvent leur chemin jusque dans les pages des journaux et des bulletins d'information, on retrouve notamment un « tousseur », une « morveuse » et un « cracheur ».

Début avril 2020, c'est la première vague de la pandémie de coronavirus qui sévit. À Québec, un jeune homme est arrêté « pour nuisance publique et méfait après avoir toussé intentionnellement sur un terminal de paiement d'un restaurant »[3]. Le geste avait été immortalisé sur vidéo et publié sur les réseaux sociaux, en guise de « bonne blague ». L'employeur du jeune « tousseur » l'a conséquemment congédié, a-t-on appris par la suite. De toute évidence, il ne partageait pas « du toux » son sens de l'humour.

[3] https://www.journaldequebec.com/2020/04/06/service-au-volant-le-tousseur-perd-son-boulot-1

À peu près au même moment, on fait la connaissance dans les médias de la « morveuse » de Sainte-Catherine, sur la Rive-Sud de Montréal. On apprend ainsi qu'une femme a étendu « son liquide visqueux sur la rampe d'escalier de l'immeuble à logements »[4]. La scène ahurissante a été captée par une caméra de surveillance de l'immeuble.

Dégoût et consternation pour les locataires de l'immeuble qui déplorent le « simple avertissement » qu'elle reçoit en retour pour son geste.

Puis, fin avril, à Granby, les policiers recherchent un covidiot qui avait craché au visage d'un client de l'épicerie, quelques semaines auparavant, se montrant agressif et menaçant envers d'autres personnes présentes. Heureusement, le fautif s'est « finalement livré à la police après la diffusion dans les médias de sa photo »[5].

Il y a certainement des façons plus constructives de faire les manchettes…

Danger sur deux pattes

Mars 2020, la police de Québec intervient pour exécuter « pour la première fois un mandat d'ordonnance de la Direction de la santé publique pour une femme contagieuse qui refusait de se plier aux directives »[6]. La femme n'aurait pas respecté les règles d'isolement obligatoire en se promenant librement en ville, accompagnée d'une autre personne.

> « La Loi sur la santé publique accorde à notre directeur de la santé publique le pouvoir de mettre en œuvre toutes les mesures d'intervention appropriées dans les cas de non-respect

[4] https://www.journaldemontreal.com/2020/04/07/un-simple-avertissement-pour-une-morveuse-1?fbclid=IwAR0AhecUOQEzkBc1p1NJh7CWf_bRp1RZOp41UJUWUhdw0FduqQ2-9gl-cIQ

[5] https://www.journaldemontreal.com/2020/04/26/le-cracheur-de-granby-se-livre?fbclid=IwAR0ZtqXmiP5oj5f3H78JqPWZqkAucROQ4si0S3_1T585i-s0QtiT8KZYvXM

[6] https://www.journaldequebec.com/2020/03/20/potentiellement-atteinte-de-la-covid-19-une-personne-se-promenait-librement-a-quebec?fbclid=IwAR3ePTlKDu_ub78jLjitfMBaDqH7lYJDD1zQ6u_xlZvn5QoRIG8_Ee_oBGo

des consignes qui pourraient mettre en jeu la santé et la sécurité de notre population », a fait savoir le CIUSSS de la Capitale-Nationale.

Cette balade irresponsable et dangereuse a obligé les autorités à tenter d'établir l'historique de ses déplacements, ainsi que la liste des gens qui ont été en contact avec elle.

Plus compliqué qu'une balade dans le parc.

Couac au Kirouac

Voilà l'un des incidents les plus tristement célèbres de toute la durée de la pandémie. À la fin août 2020, le bar le Kirouac, à Québec, décide d'organiser des soirées karaoké, en dépit des risques que l'activité comporte. Un micro qui se promène d'un chanteur à l'autre, de l'alcool et un lieu fermé incluant plusieurs clients en période de pandémie, majoritairement âgés entre 60 et 80 ans, tout cela ressemblait davantage à un scénario annonçant un désastre qu'un grand spectacle.

> « En conférence de presse, le ministre de la Santé, Christian Dubé, a affirmé que 10 des 140 cas de COVID-19 recensés au Québec au cours des 24 dernières heures étaient liés au bar Kirouac »[7].

Plus encore, parmi les 31 nouveaux cas confirmés de COVID-19 ce jour-là, le CIUSSS de la Capitale-Nationale a avancé que 17 de ceux-ci étaient liés à l'éclosion du Kirouac. Au total, plus d'une vingtaine de personnes (clients et membres du personnel) auraient contracté le virus et « toutes les personnes ayant fréquenté le bar entre le 22 et le 28 août ont été invitées à se faire tester, et tous les cas positifs ainsi que leurs contacts proches ont été mis en isolement ».

---

[7] https://www.lesoleil.com/actualite/covid-19/karaoke-et-eclosion-au-bar-kirouac-inacceptable-selon-le-ministre-de-la-sante-56c0968662db614d31d9b5fd4c5860df

« Inacceptable », disait le ministre, en conférence de presse. Le mot est faible.

Troubles nocturnes

Un samedi soir de novembre 2020, les policiers de Laval interviennent alors qu'un millier d'amateurs de voitures sont rassemblés illégalement dans le stationnement d'un Walmart.

« Feux d'artifice, véhicules modifiés et manœuvres dangereuses »[8], les covidiots présents pour la fête donnent du fil à retordre aux policiers qui en auront plein les bras au cours de la nuit : d'autres conducteurs imprudents provoquent un accident et happe mortellement un piéton, incluant une dizaine de véhicules percutés et un délit de fuite.

Une épouvantable soirée à oublier.

Convoi pour la liberté

En début d'après-midi d'un samedi de fin novembre 2020, plusieurs participants de ce qu'ils ont appelé le « Convoi de l'union pour la liberté » se sont retrouvés, après une manifestation motorisée sur les autoroutes du Québec, devant l'Assemblée nationale. Pendant le périple, les participants ont publié sur les réseaux sociaux des vidéos dans lesquelles on constate « que les manifestants ne portaient pas de masque et ne respectaient pas les mesures de distanciation physique. Au contraire, des vidéos montrent des militants anti-masque se donner la main ou encore se faire la bise »[9].

Pendant plusieurs heures, les manifestants sont restés là, forçant le Service de police de la Ville de Québec à intervenir, ordonnant

---

[8] https://www.journaldequebec.com/2020/11/08/soiree-cauchemardesque-sur-les-routes-de-montreal

[9] https://www.lapresse.ca/actualites/2020-11-28/quebec/34-constats-d-infraction-donnes-lors-d-une-manifestation-anti-masque.php

aux gens présents de porter un masque et de respecter la distanciation sociale. En tout, 34 constats d'infraction ont été donnés aux manifestants.

Le truc pour éviter les infractions quand on manifeste contre le port du masque, c'est de porter un masque.

Manque d'adresse

Fin de semaine occupée, fin novembre 2020, pour les covidiots complotistes dans la région de Montréal qui ont, coup sur coup, « manifesté devant ce qu'ils croyaient être la résidence personnelle de François Legault, participé à un service religieux dans le quartier Saint-Michel et appelé à manifester dans les hôpitaux »[10].

> « Dimanche, à Montréal, le pasteur Carlos Norbal a tenu son service dominical affublé d'un t-shirt « Liberté pour tous ». Depuis quelques semaines, l'église Nouvelle Création est devenue le repaire de personnalités de la mouvance anti-masque. »

Le plus savoureux de l'histoire, si l'on peut dire, concerne cette quinzaine de personnes qui se sont retrouvées devant ce qu'elles croyaient être la résidence personnelle du premier ministre François Legault. Manque de chance, ou d'adresse, le groupe de manifestants était plutôt dans le champ.

« Je n'habite pas à Westmount. Les manifestants se sont trompés de maison… et peut-être de combat… », a écrit le premier ministre sur son fil Twitter, montrant ainsi encore plus puissamment toute l'idiotie de l'entreprise. Plus drôle encore, si l'on veut, est le discours des complotistes scandé devant les caméras, pour être bien entendus : « Nous avons à vous parler, nous avons des experts à vous faire entendre. Nous ne sommes pas des complotistes, nous

[10] https://www.lapresse.ca/covid-19/2020-11-30/les-antimasques-poursuivent-leur-croisade.php

ne sommes pas n'importe qui. Nous sommes des gens qui veulent être entendus, nous avons des diplômes ».

Oui, mais il n'y avait probablement pas de diplôme d'enquêteur dans le lot…

Imbécilité organisée

Le samedi 21 novembre 2020, des covidiots défient les mesures sanitaires contre la COVID-19 en allant danser fièrement sans masque dans un centre commercial des Laurentides. Ainsi, alors que les Québécois magasinant pour les Fêtes tentaient de respecter les règles, « une trentaine de personnes dansaient et criaient à tue-tête, sans masque ni distanciation à la Place Rosemère, samedi après-midi »[11].

Il faut voir les images pour le croire.

Dans l'article, on fait également mention d'un événement similaire qui s'est déroulé à Québec : huit personnes qui se sont présentées dans une épicerie sans couvre-visage, pour leur « action du jour ». Ce sont deux exemples parmi d'autres de ces rassemblements organisés dans des commerces par des conspirationnistes anti-masques au nom de la « désobéissance civile ».

> « J'appelle plutôt ça de l'imbécilité organisée. [...] Il faut arrêter de prétendre faire de la désobéissance civile [...] pour des valeurs humanistes. Là, c'est pour le droit de contaminer les autres. C'est complètement farfelu cette histoire », réagit Frédéric Bérard, docteur en droit constitutionnel[12].

« À mon avis, ce n'est pas de la désobéissance civile, c'est de l'affrontement. Qu'on ait des théories, des idées, ça va. Qu'on en discute, ça va. Mais en temps de pandémie, lorsque ça concerne

[11] https://www.journaldemontreal.com/2020/11/23/covidiots-dans-un-centre-dachats
[12] Ibid.

toute la planète entière [...] il y a des conséquences qui sont plus importantes »[13], réplique Nicole Gibeault, juge à la retraite.

Évidemment, ces personnes réunies dans des commerces cherchent à attirer l'attention et à passer un message. Force est de constater qu'elles y sont parvenues puisque ces manifestations se sont retrouvées dans les journaux et les bulletins d'information. Mais, la question de la « désobéissance civile » reste un angle intéressant pour aborder ces gestes de contestation. Pour l'ancienne juge Gibeault, citée dans l'article, on est davantage dans le registre de l'égoïsme. « C'est le non-respect à la majorité que je trouve désolant. Il n'y a personne qui aime ça [les mesures sanitaires]. On peut le dire, on peut l'écrire, mais de là à le démontrer publiquement en mettant en jeu la sécurité des autres personnes, il faut tracer la ligne, soupire-t-elle. C'est du total égoïsme, parce que ces gens-là vont côtoyer d'autres personnes, qui, elles, respectent les mesures sanitaires. »

En somme, la liberté des uns s'arrête là où commence la liberté des autres. Et pour attribuer ces manifestations à la désobéissance civile, il manque cet esprit de noblesse, de désespoir, qui portent les peuples à s'opposer au tyran. On est loin ici de Gandhi ou Martin Luther King, on est loin de la pensée de La Boétie qui invitait à résister à la tyrannie, sans violence, par le seul fait de cesser de coopérer avec le pouvoir. Le tyran n'a de pouvoir que celui qu'on lui accorde, illustrait-il. Aussi, cette prise de conscience doit suffire à faire tomber le colosse à qui, en ne le soutenant plus, on a dérobé la base. « Soyez résolus de ne servir plus, et vous voilà libres »[14], écrivait La Boétie.

Sauf qu'il n'est écrit nulle part qu'il doit s'agir de sacrifier la vie des gens par son manque flagrant de jugement. La désobéissance civile conteste un pouvoir inique, en principe, par le combat

[13] Ibid.
[14] La Boétie, Étienne. « Discours de la servitude volontaire », Les livres qui ont changé le monde, Le Monde Flammarion, Paris, 2010, p.135.

pacifique. Elle aura un caractère éminemment politique[15], comme une forme radicale de participation à la vie politique, où l'individu agit en vertu de l'intérêt qu'il porte à la vie en commun, pour l'améliorer, pour pousser dans le dos du pouvoir en place. Ce n'est pas un rejet de la société et de ses institutions, contrairement à ce qu'on peut percevoir des covidiots qui jettent les règles en société par-dessus bord. L'insouciance qui conduit à la mort de ses semblables n'a que peu à voir avec Nelson Mandela.

On est donc, bel et bien, davantage dans l'*imbécilité organisée*, mentionnée précédemment, que dans le combat du juste contre la tyrannie. Et, à cet égard, les faits parlent d'eux-mêmes.

Menaces de mort

Le degré de certitude de certains est tel qu'ils se permettent de proférer des menaces envers les autorités, à commencer par le premier ministre François Legault. Début décembre 2020, la Sûreté du Québec arrête le complotiste Pierre Dion pour des menaces de mort proférées sur Internet à l'endroit du premier ministre et des membres du Parlement de Québec. Dion n'en est pas à une première : l'homme de 51 ans, qui voue un culte à Alexandre Bissonnette, l'auteur de la tuerie de la mosquée de Québec, « avait déjà été condamné pour incitation à la haine en 2019 »[16].

> « Très actif sur Facebook et YouTube, M. Dion tient régulièrement des propos hargneux à l'égard de François Legault et d'Horacio Arruda, qu'il traite de tous les noms. Il propage aussi des thèses conspirationnistes voulant qu'un réseau de pédophiles contrôle les médias et les gouvernements mondiaux »[17].

---

[15] Lire à ce propos Hannah Arendt, « La désobéissance civile », 1972. Elle y explique que, pour elle, la désobéissance civile n'est pas que l'affaire de l'individu et de sa conscience morale, prenant ainsi ses distances des conceptions de Socrate et Henry David Thoreau, mais le fait d'un groupe, dont l'action vise un changement politique.

[16] https://www.lapresse.ca/actualites/justice-et-faits-divers/2020-12-09/menaces-envers-francois-legault/le-complotiste-pierre-dion-arrete.php

[17] Ibid.

Cette belle tête de vainqueur, qui promettait à François Legault de lui faire payer les mesures de confinement, avait déclaré sur YouTube : « S'il faut le pendre, on va le pendre ». Ajoutons que Dion faisait déjà face, avant son arrestation, à des accusations d'avoir troublé la paix et de harcèlement criminel.

Mais, cette manie de proférer des menaces de mort n'a pas seulement le premier ministre ou la direction de la santé publique pour cibles. Il y a notamment les administrateurs de la page satirique « Les illuminés du Québec » qui ont été visés par des « menaces de plus en plus violentes de la part des militants anti-masques »[18]. « J'ai reçu une image de nœud coulant par messagerie personnelle », a raconté Nick Dénommée, un des administrateurs de la page Facebook qui cumule plus de 33 000 abonnés.

> « Il a notamment reçu des menaces écrites prétendant qu'un motard est à sa recherche pour lui régler son compte. Un anti-masque notoire lui a même dédié une vidéo de 21 minutes dans laquelle « il demande que je sois arrêté, jugé et enfermé parce que je suis dangereux pour le Québec », a fait savoir Nick Dénommée »[19].

La police a heureusement été informée de ces menaces, mais une chose est sûre, les complotistes n'entendent pas à rire. Et ils préfèrent promettre la mort que vaincre un opposant par un argumentaire qui tue.

Le policier du peuple

Parlant de harcèlement, les forces de l'ordre veillent à faire appliquer la loi, mais tous les policiers ne voient pas le concept de protection du public de la même façon. C'est du moins le cas de Maxime Ouimet, alias « le policier du peuple pour le peuple », qui a démissionné au cours de l'automne après la publication de son

[18] https://www.24heures.ca/2020/10/05/ils-se-moquent-des-anti-masques-et-recoivent-des-menaces-de-mort
[19] Ibid

point de vue sur la COVID-19. Il s'est ensuite distingué pour avoir publié sur sa page Facebook « les numéros de cellulaire du journaliste de TVA Nouvelles Yves Poirier et du journaliste de La Presse Tristan Péloquin, qui avaient été inondés d'appels dans la foulée »[20].

L'ancien policier de Laval a conséquemment été arrêté pour harcèlement à l'endroit des deux journalistes. Sur son fil Twitter, le journaliste Yves Poirier réplique :

> « En tout cas, un morceau de robot à l'ex-policier complotiste, Maxime Ouimet, qui a publié mon cell ainsi que celui de Tristan Péloquin sur Facebook. Son armée de trolls a inondé ma boîte vocale de commentaires débiles et ridicules ce weekend. Bel essai, les gars! »[21]

Maxime Ouimet est devenu « l'une des icônes du mouvement conspirationniste québécois à la suite de sa démission il y a exactement deux mois, en octobre. Depuis, il multiplie les prises de position contre les mesures sanitaires imposées par le gouvernement, que ce soit sur les réseaux sociaux ou en participant à des événements réunissant d'autres personnes sceptiques vis-à-vis des mesures en place pour lutter contre la COVID-19 »[22].

Le caractère explosif du « policier du peuple » s'est aussi manifesté à d'autres occasions, les médias rapportant notamment sa condamnation par la Cour supérieure pour atteinte à la réputation d'un commerce rival (en soins esthétiques), de même que la poursuite intentée contre le Service de police de Laval en raison d'une intervention (de Maxime Ouimet) « sur fond de violence et de profilage racial »[23]. Le plaignant a réclamé 100 000 $ en dommages punitifs et 175 000 $ en dommages moraux.

---

[20] https://www.journaldemontreal.com/2020/12/09/lex-policier-complotiste-arrete-pour-harcelement
[21] https://www.cliqueduplateau.com/2020/11/30/yves-poirier-sur-le-coup-bas-du-policier-pour-le-peuple/?fbclid=IwAR2NMwCj7vOwtUmmwxtjuk9pHpeGWedRvfiMmxp9GYg2UpNeiszWEhOLQF4
[22] https://www.journaldemontreal.com/2020/12/09/lex-policier-complotiste-arrete-pour-harcelement
[23] https://www.tvanouvelles.ca/2020/12/18/lex-policier-complotiste-a-lorigine-dune-poursuite

Les gestes sont reprochés à l'ex-policier, mais considérant le service responsable de son personnel, l'amende, c'est la ville qui l'avale.

Noël en famille

Le 20 décembre 2020, en après-midi, se tient dans la métropole une manifestation d'opposants aux consignes sanitaires. L'événement annoncé sur Facebook portait le titre : « Méga Rassemblement Familial de Noël » et a attiré plusieurs centaines de mécontents. Conséquence : le Service de police de la Ville de Montréal a distribué pas moins de 269 constats d'infraction. « Ces amendes ont été remises en vertu de la Loi sur la santé publique à des manifestants qui ne portaient pas de couvre-visage, a expliqué Julien Lévesque, un porte-parole du SPVM »[24].

Le coût pour les participants à cette « parade »? Un « cadeau » de 1 546 $, soit 1 000$ pour l'infraction, auxquels s'ajoutent des frais de 296 $ et une contribution de 250 $.

Ça pourrait laisser un vide sous le sapin, cette année.

Les « touristatas »

Le gouvernement a eu beau tenter de convaincre les citoyens d'éviter les voyages non essentiels à l'étranger, de nombreux Québécois ont préféré simuler un « retour à la vie normale » dans une destination soleil pendant la période des Fêtes que de se plier aux recommandations de santé publique.

Le 28 décembre 2020, le Journal de Québec publie un article intitulé « Au pays des touristatas » qui débute ainsi : « Pas de masque, pas de lavage de mains, accolades avec des étrangers :

---

[24] https://www.lapresse.ca/covid-19/2020-12-21/manifestation-a-montreal/le-spvm-a-distribue-269-contraventions-de-1546.php

les Québécois en vacances dans le Sud font la fête comme si le coronavirus n'existait plus, au risque de le ramener à la maison »[25].

De fait, à la plage, à la piscine, au resto, à l'hôtel, partout où la journaliste a pu poser les yeux, il y avait à l'évidence un relâchement enthousiaste des consignes sanitaires. Objectif : se désennuyer, socialiser à nouveau, prendre du bon temps. Et plusieurs médias ont publié de nombreux articles faisant état de citoyens qui n'ont pu s'empêcher de voyager à l'étranger pour casser la monotonie covidienne.

Rassemblement sur la colline

Le soir du 31 décembre, plusieurs n'ont pu résister à la tentation de défier les autorités pour célébrer la fin de cette *annus horribilis*. Ainsi, des « dizaines de personnes venues de plusieurs régions à travers la province ont pris part à un rassemblement sur la colline parlementaire à Québec, faisant fi des consignes sanitaires en vigueur. Au total, 52 constats d'infraction ont été distribués au cours de la soirée [...] dont 46 en lien avec les consignes sanitaires et 5 en raison de non-respect des règlements municipaux. Une personne a été arrêtée sous mandat »[26].

D'ailleurs, on a parfois l'impression que c'est au Québec qu'on trouve le plus de contestataires, de critiques et de « chialeux ». Comme par hasard, c'est aussi au Québec qu'on trouve le plus d'opposants au port du masque. Et l'observation n'est pas qu'appuyée sur une proportion statistique. Quand il est question de manifestations de masse, ce n'est pas « toute proportion gardée » que le Québec regroupe le plus d'opposants, comparé à ses voisins canadiens : c'est tout court.

> « Alors que 10 000 manifestants ont marché sur Montréal à la mi-septembre, il n'était que quelques centaines à Vancouver,

---

[25] https://www.journaldequebec.com/2020/12/28/au-pays-des-touristatas?fbclid=IwAR1xNf6J305bAADjHUTtfecsYzJyNsed_IUmWaxBJUTka64JNJ4vHA9pNEQ

[26] https://www.lapresse.ca/actualites/2021-01-01/plus-de-50-constats-d-infraction-pour-un-rassemblement-illegal-a-quebec.php

à peine une centaine à Toronto et quelques dizaines ailleurs. D'après un sondage national Léger, 15 % des répondants au Québec soutenaient le mois dernier les protestations contre le port du masque, alors que les chiffres étaient de 10 % en Ontario et de 12 % au pays. »[27]

C'est donc, visiblement, au Québec qu'on adhère davantage au mouvement anti-masque et d'opposition aux mesures sanitaires. Et c'est ici aussi que les fausses nouvelles et théories du complot de toutes sortes voyagent le mieux. Au Québec, on voit également ce qui s'observe chez les complotistes américains : l'extrême droite a investi leur discours. Jusque-là fragmentée et plus ou moins organisée, l'extrême droite s'est, avec la pandémie, regroupée autour du complotisme. « Ce qui m'inquiète, c'est qu'ils y trouvent une forme de soupape. C'est une communauté de prêt-à-penser pour des gens qui vivent de la panique et de l'angoisse face à la pandémie »[28], explique le chercheur à l'école de criminologie de l'Université de Montréal, Samuel Tanner. « Il ne faut pas minimiser la capacité de ces mouvements à générer de la violence », prévient-il.

Halte au génocide

Les complotistes ne se contentent pas d'empoisonner le quotidien des Québécois, ils cherchent à faire comme leurs semblables aux États-Unis : débusquer les « traîtres » et empêcher les « criminels » d'agir. À la mi-janvier 2021, un groupe complotiste de chez nous a créé, grâce aux réseaux sociaux, une « multitude de cellules locales pour *mettre en accusation* le personnel des sites de vaccination pour crimes contre l'humanité »[29].

Vous avez bien lu.

---

[27] https://www.24heures.ca/2020/10/02/le-quebec-champion-des-opposants-au-couvre-visage
[28] Ibid.
[29] https://www.lapresse.ca/covid-19/2021-01-15/des-complotistes-visent-les-sites-de-vaccination.php

Le groupe, nommé SOS-Québec, qui compte environ 10 000 membres, a décidé de faire le tour des sites de vaccination pour remettre un document de « mise en accusation » aux responsables, le même genre de lettre qu'ils ont également distribué aux policiers dans plusieurs quartiers montréalais et en région. Dans la lettre, on dénonce les vaccins comme étant « illégaux » et un exemple de « génocide moderne »[30].

Si vous me faites remarquer que ce genre de délire a pris de l'ampleur depuis la création de la SQDC[31], il est possible que vous me fassiez hésiter quelques instants.

Dans le même ordre d'idée, après avoir songé à des actions concertées de désobéissance aux mesures sanitaires dans les commerces[32], des militants anti-masques se sont tournés vers les hôpitaux. Novembre 2020, une vidéo circule sur les réseaux sociaux présentant l'invitation de Richard « Justice » Majeau faite aux complotistes « à se réunir en groupes de 10 personnes pour s'infiltrer, par la ruse ou la force, dans les hôpitaux du Québec. Pour M. Majeau, la COVID-19 n'existe pas. Selon lui, cette maladie ferait partie d'un complot du gouvernement visant à contrôler les citoyens ».[33]

Son objectif? Démontrer que les hôpitaux sont vides, qu'il n'y a pas de malades atteints de coronavirus. Pour y parvenir, « Justice » Majeau suggère à ses auditeurs de se déguiser en préposé, ce qui leur donnera de « meilleures chances de réussir leur coup ».

Comble de l'ironie : pour pouvoir mieux « duper » les hôpitaux, les militants seraient tenus de porter un masque puisque, selon Christian Merciari, du CIUSSS de l'Est-de-l'Île-de-Montréal, « les gens ont le droit de manifester à l'extérieur s'ils le veulent, mais il est interdit d'entrer à l'intérieur des hôpitaux. […] Pour être admis dans un hôpital, tout individu doit porter un masque ».

---

[30] Ibid.

[31] Société québécoise du cannabis

[32] https://journalmetro.com/actualites/national/2580742/antimasques-vers-des-actions-concertees-dans-les-commerces/

[33] https://journalmetro.com/actualites/national/2584030/covid-19-complotistes-veulent-entrer-hopitaux/

Mis au courant du projet de « Justice » Majeau, le premier ministre Legault a répondu : « Mais ça n'a pas de bon sens que quelqu'un pose un geste comme celui-là ou propose aux Québécois de poser un geste comme ça. Actuellement, la situation est difficile dans les hôpitaux. Ce n'est sûrement pas le temps d'aller jouer au finfinaud »[34].

Modèle paternel

Cet entêtement à vouloir défier les règles et le bon sens le plus élémentaires peut coûter cher, non seulement en constats d'infraction, en contamination d'autrui ou en morts, mais aussi sur le plan familial. C'est ce qui a conduit un juge de la Chambre de la famille en Estrie à sermonner un père anti-masque, au point d'en faire un des arguments pour lui retirer la garde partagée de son enfant.

Considérant que le non-respect des consignes sanitaires en pleine pandémie de COVID-19 peut être vu comme un comportement « répréhensible et même nuisible au développement de l'enfant »[35], le juge a pris sa décision, considérant notamment le fait que l'enfant réclamait une garde exclusive de la mère en raison de « mauvaises expériences vécues » principalement à cause du mode de vie adopté par le père.

Quel mode de vie, demanderez-vous? Un régime végétalien imposé à l'enfant, des gestes de violence envers lui, sans oublier ses propos visant à dénigrer et discréditer ceux qui respectent les règles décrétées par les autorités sanitaires en pleine période de pandémie. Le père lui-même aurait d'ailleurs admis ne pas porter le masque au travail, lui qui est engagé pour l'entretien ménager d'un CPE.
Oui. Je sais.

---

[34] https://www.985fm.ca/nouvelles/opinions/353731/complotiste-qui-veut-entrer-de-force-dans-les-hopitaux-on-ne-peut-pas-tolerer-ca-parce-que-ca-met-en-danger-la-vie-des-gens-luc-lavoie

[35] https://www.lesoleil.com/actualite/covid-19/un-pere-antimasque-sermonne-par-un-juge-de-la-chambre-de-la-famille-a9808dd7ddfaa9eeadc7f1db445f06f3?utm_source=dlvr.it&utm_medium=facebook&fbclid=IwAR1XXBhS4zeijhqWTYhEcyPgzzeUlJM4epuzUmadgfDAl6BGmePW9aBrwhl

En somme, le juge a reproché au père le fait qu'un tel message transmis par un parent à son enfant correspond à lui inculquer « qu'il n'est pas important de respecter la loi ni la santé et la sécurité d'autrui ». Et le juge d'ajouter dans sa décision : « Ce comportement du père est justement une des causes de propagation du virus au sein de la population plus vulnérable ».

Un jugement qui pourrait faire jurisprudence...

Les covidieux

Un autre genre de résistants aux mesures sanitaires sont ces groupes religieux qui décident de maintenir la pratique de leur culte, en dépit des risques qu'elle comporte pour leurs propres fidèles. Parce que leurs motivations et leur argumentaire sont toutes autres, appelons-les les *covidieux*. Ils sont très nombreux aux États-Unis, mais le Canada n'est pas exempt de groupes du genre, y compris à Montréal où plusieurs événements ont fait la manchette.

Par exemple, fin janvier 2021, les policiers de Montréal interviennent à deux reprises, un samedi matin, pour mettre fin à « d'importants rassemblements illégaux dans des synagogues d'Outremont »[36]. C'était la troisième intervention dans le secteur en moins de 24 heures, puisqu'un premier attroupement avait déjà été interrompu la veille, en soirée.

Bref, samedi matin, les policiers trouvent plus de 10 personnes dans un lieu de culte montréalais. Cela contrevenait à la consigne de la santé publique permettant des célébrations religieuses accueillant 10 personnes, tout au plus. L'intervention ne se fait pas sans difficulté : une arrestation pour entrave au travail des policiers a aussi été effectuée.

---

[36] https://www.lapresse.ca/actualites/justice-et-faits-divers/2021-01-23/trois-rassemblements-illegaux-en-moins-de-24-heures-dans-outremont.php

Puis, à peine deux heures plus tard, les policiers doivent revenir à la synagogue où ils sont intervenus la veille. Sur place, plusieurs personnes se trouvent à l'extérieur, alors que plus de 10 personnes se trouvent à l'intérieur. L'intervention ne se passe pas sans histoire : un homme a été arrêté « pour avoir proféré des menaces envers une personne qui filmait la scène ».

La veille, l'intensité à la synagogue était considérable : plusieurs dizaines de personnes se trouvaient dans ce rassemblement illégal, quatre agents ont été victimes de voies de fait et une « majorité des contrevenants ont décidé de quitter les lieux en fonçant physiquement sur les policiers »[37]. Certains ont même profité de l'occasion pour qualifier les forces de l'ordre de « nazis ».

Avec raison, le Centre consultatif des relations juives et israéliennes-Québec (CJIA) et la Fédération CJA, qui représente la communauté juive de Montréal, ont déclaré inacceptables « les actions d'une petite fraction de la communauté hassidique ».

Le jugement de Pierre Arcand

Dans tous ces reportages présentant des (mauvais) exemples de citoyens qui, au nom de l'égoïsme le plus spectaculaire, ont délibérément choisi d'aller passer du bon temps à l'étranger, coûte que coûte, il y a l'intéressant cas de l'énigmatique Pierre Arcand, député et ancien chef du Parti libéral du Québec.

En pleine pandémie toujours, alors que décembre qui s'achève se montre frisquet et capricieux, Radio-Canada nous apprend que le député libéral s'est rendu à la Barbade, dans les Antilles, malgré les appels répétés du gouvernement à ne pas voyager à l'étranger. Comme bien des gens qui ont décidé de monter à bord d'un avion pour profiter de la chaleur du Sud, Pierre Arcand a expliqué que sa femme et lui avaient prévu ce séjour, en prenant d'abord toutes les précautions utiles.

---

[37] Ibid.

Oui, sauf celle de ne pas voyager.

Le cas de l'ancien ministre est particulier, parce qu'il ne peut certainement pas plaider l'ignorance, contrairement à plusieurs personnes qui n'ont peut-être pas suivi tous les débats et toutes les conférences de presse portant sur les mesures sanitaires de rigueur en temps de pandémie. Il ne peut pas plaider qu'il s'agit d'une erreur, puisqu'il était très bien placé pour savoir que sa décision allait à l'encontre des consignes gouvernementales. Sa propre cheffe, Dominique Anglade, a même participé à la conférence de presse réunissant tous les partis afin d'encourager les Québécois à respecter les règles de la Santé publique.

Alors, quelle mouche l'a piqué?

Surtout que le député n'est pas un obscur employé d'une minuscule entreprise inconnue du public. Il est l'ancien chef par intérim du plus vieux parti politique du Québec. Il est encore actif. Il est élu[38]. C'est un des jobs les plus visibles qui puissent exister. Et son job, c'est d'aller faire la morale au gouvernement, chaque semaine. Son job, c'est de donner l'exemple, d'inspirer ses collègues et ses électeurs...

Après coup, il a dit « regretter » sa décision dans une déclaration transmise aux médias. « Malgré le fait que les déplacements ne sont pas proscrits, nous sommes conscients de l'ampleur du jugement vis-à-vis les gens qui partent dans le Sud »[39], a-t-il admis.

C'est surtout l'ampleur du manque de jugement du député qui étonne.

Il faut avoir le nez profondément enfoncé dans son nombril pour avoir cru que ce périple barbadien était envisageable. Il devait bien

---

[38] Il n'est pas le seul élu à l'avoir fait. Il y a notamment les députés fédéraux Kamal Khera et Sameer Zuberi qui sont allés aux États-Unis pendant les Fêtes et le député caquiste Youri Chassin qui s'est envolé pour le Pérou, malgré les consignes de son gouvernement. Lui qui est allé retrouver son conjoint a prétexté qu'il ne s'agissait pas « d'un voyage d'agrément ». https://ici.radio-canada.ca/nouvelle/1760079/youri-chassin-voyage-perou-conjoint-coronavirus-pandemie

[39] https://www.lapresse.ca/actualites/politique/2020-12-29/covid-19/le-depute-liberal-pierre-arcand-est-alle-en-vacances-dans-les-antilles.php

s'en douter, car il ne s'en est vanté à aucun moment. N'eût été la vigilance d'un témoin qui a reconnu et dénoncé l'ancien chef de parti, personne n'aurait été au courant.

Il aurait alors été forcé de trouver une excuse à son retour, lorsqu'un électeur lui aurait demandé comment se fait-il que son teint soit aussi particulièrement généreux en vitamine D.

« Heu, voyez-vous... j'ai... j'ai soigneusement arrosé la dinde à la cuillère à thé. Ça a forcé une longue exposition à la chaleur de mon fourneau. Voilà pourquoi j'ai le teint un peu rôti, ha! Ha! »

Qui sont les dindons de la farce, dites-moi?

Un effet d'entraînement

S'il fallait couler un bronze à l'image du covidiot absolu, le propriétaire du Méga Fitness Gym serait fort bien placé pour obtenir cet hommage. Daniel « Dan » Marino n'est pas l'ancien quart-arrière vedette des Dolphins de Miami, mais le patron d'un centre d'entraînement désormais célèbre au Québec pour les mauvaises raisons. Pendant des mois, il a minimisé les risques de la pandémie, préférant plutôt encourager les conspirationnistes anti-masques.

Tenant un discours tranchant qui en amusait certains, le propriétaire se promenait, disent les clients, le masque sous le menton, allant jusqu'à leur dire d'enlever leur « torchon », affirmant que le masque ne servait à rien et que ce n'étaient que « des inventions ». Conséquemment, au Méga Fitness Gym, le port du masque était rare. « Au minimum, 60 % des gens n'avaient pas de masque pantoute. On était 40 % qui avaient un masque, mais sur les 40 % il y en a la moitié qui le gardait en dessous du menton »[40], admet un client. C'est comme s'il n'y avait pas de pandémie, en somme.

[40] https://www.lesoleil.com/actualite/covid-19/mega-fitness-dan-marino-un-proprietaire-rattrape-par-la-pandemie-video-d99dd0fb3a52d5a013c3d1f543537304

Plus personne ne rit aujourd'hui.

Bien qu'il se soit défendu sur Facebook d'avoir respecté les mesures sanitaires depuis le début de la pandémie, des clients ont affirmé le contraire à la presse.

> « Durant des mois avant l'éclosion, Daniel Marino a négligé le port du masque et la distanciation sociale dans son gym, selon sept clients et travailleurs du Méga Fitness avec qui *Le Soleil* s'est entretenu. Ceux qui l'ont côtoyé de plus près s'inquiétaient de voir M. Marino dériver vers le mouvement complotiste et craignaient que le Méga Gym écope »[41].

Résultat aussi dramatique que spectaculaire : le Méga Fitness Gym est « au cœur d'une éclosion liée à plus de 500 cas primaires ou secondaires de COVID-19, selon la Santé publique »[42]. Un effet catastrophique qui aura inquiété combien de familles, de personnes, de lieux de travail et d'écoles?

Ouvertement complotiste, Daniel Marino déclarait à ses clients que le coronavirus n'était qu'une « grosse grippe » contrôlée par le gouvernement, une « arnaque mondiale » dissimulée par les médias traditionnels. Son compte Facebook servait d'ailleurs de relais pour les conspirationnistes tels qu'Alexis Cossette-Trudel, le microbiologiste Didier Raoult et le militant anti-vaccin Robert Kennedy Jr. ou pour la publication de contenu associé à la théorie complotiste QAnon.

Marino a participé à des événements et des manifestations s'opposant aux mesures sanitaires et s'est fait plutôt visible auprès de certaines radios de Québec, dont CHOI Radio X. De nombreuses entrevues ont d'ailleurs été publiées sur le site *Sortons les radio-poubelles*[43], témoignant de la présence répétée sur ces ondes de l'homme d'affaires controversé et du type de discours qu'on y tenait.

---

[41] Ibid.
[42] Ibid.
[43] https://sortonslespoubelles.com/dan-marino-encore-plus-dentrevues-retrouvees/

Consternant, est notamment le mot qui vient à l'esprit.

Malgré ses convictions et ses certitudes, Dan Marino a lui-même « contracté la COVID-19 et a dû être hospitalisé ». Pire encore : le bureau du coroner a enquêté sur la mort d'un homme de 40 ans, de Québec, « qui aurait contracté la COVID-19 et aurait été un client du Méga Fitness Gym »[44].

Que dire de plus...

La liberté de mourir

En dépit des risques extraordinaires qu'ils faisaient courir aux enfants, aux aînés et à l'ensemble des participants, plusieurs milliers de personnes se sont donné rendez-vous le 1er mai 2021 pour une marche dans les rues environnantes au Stade olympique afin de manifester contre les mesures sanitaires qu'elles disent « excessives et injustifiées ».

> « Les déguisements, les trompettes, les ballons gonflables jaunes et les drapeaux du Québec sont nombreux dans la foule qui converge vers le Stade olympique. Des jeunes enfants aux personnes âgées, des personnes de tous âges sont présentes pour exprimer leur mécontentement face aux mesures sanitaires mises en place. »[45]

Si les remarques concernant le manque de soutien aux enfants aux prises avec un handicap méritaient d'être entendues, tout comme celles concernant les problèmes de dépression, l'essentiel du discours tenu ce jour-là par les participants, largement non masqués, reprenait les mêmes litanies diffusées par les conspirationnistes depuis des mois : *atteinte à la liberté et à nos droits, vivre et laisser vivre, on devrait avoir le droit de choisir, etc.*

---

[44] https://www.lesoleil.com/actualite/covid-19/mega-fitness-dan-marino-un-proprietaire-rattrape-par-la-pandemie-video-d99dd0fb3a52d5a013c3d1f543537304

[45] https://www.lapresse.ca/actualites/grand-montreal/2021-05-01/mesures-sanitaires-denoncees/des-milliers-de-manifestants-ceinturent-le-stade-olympique.php

> « Nous considérons les mesures sanitaires comme excessives et injustifiées. Nous demandons un retour à la vie normale. Le moment est venu de tous se lever en même temps pour créer un rassemblement historique et pacifique », ont affirmé les organisateurs de la manifestation « Québec Debout » sur le site Web de l'événement.[46]

Retour à la vie normale? Quoi, comme s'il n'y avait pas de COVID-19? Faire semblant que la pandémie est terminée? Ou qu'elle n'a jamais existé?

Conséquence de cette manifestation, par ailleurs vivement dénoncée par les politiciens et la santé publique, les rendez-vous pour la vaccination ont dû être « déplacés » et « condensés ». La manifestation aura donc nui aux efforts de santé publique et fait obstacle au travail du personnel chargé de la vaccination.

Rappelant le fait que la vaste majorité des Québécois sont favorables au couvre-feu et au vaccin, le chroniqueur Patrick Lagacé a néanmoins insisté sur la *capacité de nuisance* de cette minorité de conspirationnistes qui envahit les rues et les réseaux sociaux.

> « Quand il s'agissait d'illuminés qui niaient le discours « officiel » sur le 11 septembre, on était dans la nuisance du bruit de fond. Mais quand des milliers de personnes s'entassent sans masque dans des autobus scolaires et des rames de métro pour aller faire en pleine pandémie un show près du Stade, là, on est dans la nuisance sanitaire… Une nuisance qui retarde le groupe. »[47]

Si la liberté de manifester n'est pas à contester, comment expliquer que des gens prônant la « liberté » compliquent ainsi la vie de ceux qui choisissent de se faire vacciner afin de sauver leur vie? Comment expliquer que des gens puissent, par leur comportement, risquer leur vie et celle des autres, afin d'être « libres »?

---

[46] Ibid.
[47] https://www.lapresse.ca/actualites/2021-05-02/retarder-le-groupe.php

Libre de quoi? Mourir? Et le droit à la santé, dans tout ça? Le droit à la vie est incontestablement la première des libertés.

Ironiquement, le fait de manifester contre les mesures, sans prendre les précautions nécessaires, aura exactement l'effet inverse de ce que les personnes présentes espéraient, a rappelé le premier ministre Justin Trudeau. « C'est profondément désolant de voir des gens réagir comme ça. Malheureusement, les gens qui se rassemblent pour manifester sont en train de contribuer à la prolongation de ces mesures de santé publique »[48].

Insérer ici un profond soupir...

Exaspération

Ce comportement délinquant et cette désobéissance tout à fait volontaire finissent bien sûr par exaspérer celles et ceux qui observent scrupuleusement les règles. Avec la COVID-19, les bons élèves sont punis par ceux qui méritent le bonnet d'âne... et le masque.

Dans un texte au titre tout sauf ambigu, *Les imbéciles*[49], le chroniqueur de La Presse, Mario Girard, écrit :

> « Il est clair que beaucoup de gens n'ont pas adhéré au mouvement collectif proposé par le premier ministre. Il est clair que nous ne faisons pas les choses correctement. Il est clair qu'il y a plein d'imbéciles qui continuent de faire fi des règles et qui nous empêchent d'avancer.
>
> Ces êtres égocentriques jouent avec notre santé, notre vie, notre bonheur. Personnellement, ils jouent solidement avec mes nerfs. Le font-ils par provocation ? Par inconscience ? Ou pour tout simplement exister ?

---

[48] https://www.lapresse.ca/actualites/grand-montreal/2021-05-01/mesures-sanitaires-denoncees/des-milliers-de-manifestants-ceinturent-le-stade-olympique.php

[49] https://www.lapresse.ca/actualites/2020-12-03/les-imbeciles.php

Est-ce que cette attitude incompréhensible est une façon pour ces idiots d'enfin occuper une place qu'ils ont toujours souhaité prendre dans la société ? Je le crois de plus en plus ».

Comme l'explique un article[50] paru dans La Presse, l'exaspération de la famille ou des proches d'un complotiste convaincu est aussi très vive. « Pour les proches des gens radicalisés par de fausses nouvelles et des théories complotistes, le choc peut être brutal ». Colères et confrontations, les réunions familiales prennent des allures de guerres de clans, rendant impossibles les célébrations les plus simples. Comme cet homme qui raconte l'enfer vécu avec son frère : « On a essayé de le sauver, on l'invitait dans des voyages... Mais, avec la COVID-19, son état d'esprit s'est détérioré. C'est pire que jamais. Il est hors d'atteinte. Ça ne pourra jamais s'arranger, et ça fait beaucoup souffrir sa famille. »

Même la visite d'un ami pour souligner un décès devient le théâtre d'une querelle. « Je m'attendais à voir un homme paisible débarquer, dit Mme Guay. Nous étions dans une ambiance de commémoration. Mais non. Il a débarqué ici avec une agressivité rarement vue. »

Ces confrontations, sans surprise, conduisent à l'éclatement de certaines familles. L'article cite le cas de Michèle qui, « irritée, épuisée par les confrontations et par les critiques de sa mère sur le fait qu'elle apprenait à ses enfants à se protéger contre la COVID-19 », a décidé de rompre les liens avec sa mère au cours de l'été.

Cette exaspération de voir des gens défier les consignes sanitaires a conséquemment poussé certains à tenter de trouver un moyen de les ramener à la raison, ou du moins, à les convaincre de respecter les mesures de distanciation sociale.

Sur Twitter, des utilisateurs ont eu recours à « l'humiliation en ligne »[51] pour forcer la main des délinquants : publier une vidéo

[50] https://www.lapresse.ca/actualites/2020-11-29/mon-frere-cet-adepte-de-qanon.php
[51] https://www.lapresse.ca/covid-19/2020-03-25/faut-il-denoncer-les-rebelles-en-ligne

d'une plage bondée, des photos d'hommes jouant au basketball sur un terrain fermé, de voisins réunis en grand nombre qui fraternisent comme si de rien n'était, les exemples sont nombreux et peuvent circuler largement, selon les cas. De quoi faire rougir la personne fautive, non?

Si on comprend aisément le geste (publier une vidéo pour humilier), on peut en revanche douter de son efficacité (du moins pour l'aspect de l'humiliation). Ce « contrôle social » peut certes en convaincre de corriger le tir afin d'éviter une humiliation publique. Après tout, la pression sociale existe et son effet est indéniable. C'est un peu ce que l'on voit lorsqu'une personne largement critiquée dans les médias décide de se rendre (lorsqu'elle est recherchée) ou qu'elle admet ses torts et modifie son comportement. C'est, par exemple, ce que l'on constate comme effet aujourd'hui à propos des fumeurs. La norme sociale actuelle stigmatise désormais les fumeurs qui se sentiront gênés, bien souvent, de fumer en public à cause de la pression des autres (et des contraintes de la loi, bien sûr).

Dans d'autres cas, la provocation risque plutôt de conforter le covidiot dans son entêtement ou de créer des réactions négatives chez un public qui n'a pas d'influence réelle sur celui-ci. « C'est une question difficile parce que pour en arriver à une échelle où [l'humiliation en ligne] aurait vraiment un impact, le type d'audience compte pour beaucoup »[52], explique Hilary Bergsieker, professeure agrégée de psychologie à l'Université de Waterloo.

Évidemment, toutes ces situations créant de la frustration, de la peur et de l'exaspération, ont profondément marqué les esprits d'ici et d'ailleurs. En refusant de porter un masque et de se laver les mains, en ne respectant pas la distanciation sociale, en persistant à fréquenter des gens au mépris des critères établis, en versant dans le complotisme le plus farfelu, les covidiots se sont

[52] Ibid.

fait remarquer et ont sans doute lourdement compliqué le retour à la normale tant espérée par les citoyens.

Aussi, en guise de clin d'œil pour l'ensemble de leur « œuvre », le chroniqueur Richard Martineau a décidé, fin décembre, de leur décerner un prix spécial. « Ma personnalité de l'année 2020, c'est le covidiot. Je ne savais pas qu'il y avait autant de gens dans notre société qui ne pensaient pas aux autres »[53].

Moi non plus.

Un public con qui

Avant d'aller dans la rue ou dans les commerces pour manifester, les fidèles entretiennent d'abord des liens nourris sur le Web. Ils se parlent entre eux, ils échangent des « informations », des trucs et conseils, des « révélations », des « preuves », tout un tas de publications qui servent à entretenir la flamme. On peut le constater sans peine (admettons), les réseaux sociaux pullulent de groupes complotistes réunissant covidiots, justiciers du dimanche, experts autoproclamés en infectiologie, droit constitutionnel ou en politique internationale. Bref, c'est là qu'on trouve « ceuze-là qui sachent ».

Par exemple, sur la page Facebook d'un groupe appelé *Action d'arrestations citoyennes Canada Québec j'y participe*[54], on trouve quelques perles qui sont, outre l'occasion de soupirs, une fenêtre ouverte sur les motivations de ses membres, leurs craintes, leurs mythes et obsessions. En voici quelques-unes, écrites comme elles se trouvent sur la page :

Des conseils juridiques :

> « Important de savoir! En aucun cas, n'ouvrez jamais la porte au policier à moin que vous avez appelé vous-même le 911

[53] https://www.tvanouvelles.ca/2020/12/18/le-covidiot-personnalite-de-lannee
[54] https://www.facebook.com/groups/158999725981623

TÉLÉ-MANDAT : 1- au travers de votre porte, demandez au policier si il a un ""TÉLÉ-MANDAT D'ENTRÉ""...

A- et si il répond par ""NON"" dit lui merci et Bonsoir vous n'avez plus rien à leur dire.

B- et si il répond OUI, demandez au policier à qui est adressé le ""MANDAT d'ARRESTATION"" puisque pour obtenir un ""TÉLÉ-MANDAT D'ENTRÉ"" le policier doit en premier lieu avoir un ""MANDAT D'ARRESTATION"" contre une personne recherché qui se trouverait chez vous , si il n'a pas de ""MANDAT D'ARRESTATION"" dit leur MERCI et Bonsoir, vous n'avez plus rien à leur dire. »

Des arrestations de pédophiles sataniques :

« FRANCOIS LEGAULT et JUSTIN TRUDEAU sont sur House ARREST. Hier, ils disent qu'il est quand à la Barbade. Peut-être qu'il est allé à Guantanamo. Beaucoup d'autres ont été ARRESTÉES ET EXÉCUTÉES
CELINE DION ARRESTÉ ET EXÉCUTÉ
CETTE LISTE A LOOK TR ERS CRÉDIBLE !
TRUMP A COMMENCÉ À NETTOYER LE SUPERAMP. »

Des flashs infos :

« Les policiers ont rentré aux iga a plessisville et ont compté les clients »

Des « éloges » pour Justin Trudeau :

« Ce petit fils de pute y mange dans la main de Nazi de Bill gate avec son THE GREAT RESET a saveur communiste du PPC China »

Une vidéo qui qualifie la vaccination contre la Covid-19 de « crime parfait ».

Des appels à l'action :

« Les gens qui étais la pour nous proteger son aujourdhui des criminels
Le temps est venus au peuple de ce protege les un des autres »

... même violente, en citant John F. Kennedy (dans un contexte totalement différent) :

« "À vouloir étouffer les révolutions pacifiques on rend inévitables les révolutions violentes" »

... ou à un coup d'État :

« Appel aux anciens militaires
Seriez vous pret a une mobilisation pour reprendre le contrôle du pays face à l'État profond »

Comme toutes les autres du même type, cette page partage de nombreux liens vers d'autres pages Web, des vidéos, des sites qui font la « preuve » du complot mondial, dont cette page Facebook acquise à la cause des Gilets jaunes[55], *100% Jaune*[56], où on trouve ce texte aux teintes de *1984*, le fameux roman de George Orwell, qui revient souvent à la bouche des complotistes, comme un avertissement, voire une prémonition :

« Je nous vois déjà dans 20 ans.
Tous enfermés chez nous.
Claquemurés...
Les épidémies se seront multipliées: pneumopathie atypique, peste aviaire, et toutes les nouvelles maladies.
Et l'unique manière d'y échapper sera de rester chez soi. (...)
La vie de 'nouveaux prisonniers' que nous mènerons alors sera non seulement préconisée, mais parfaitement possible, et même en grande partie très agréable.

---

[55] (Wikipédia) Le **mouvement des Gilets jaunes** — du nom des gilets de haute visibilité de couleur jaune portés par les manifestants —, est un mouvement de protestation non structuré et sporadique apparu en France en octobre 2018. Ce mouvement social spontané trouve son origine dans la diffusion — principalement sur les médias sociaux — d'appels à manifester contre l'augmentation du prix des carburants automobiles issue de la hausse de la taxe intérieure de consommation sur les produits énergétiques (TICPE). https://fr.wikipedia.org/wiki/Mouvement_des_Gilets_jaunes
[56] https://www.facebook.com/Slidoww/

Grâce au télé-travail qui nous permettra de bosser à la maison tout en gardant les enfants (qui eux-mêmes suivront l'école en vidéo-conférence).

Grâce à Internet qui nous épargnera bien des déplacements: on n'aura plus besoin ni de poster les lettres, ni d'acheter un journal 'physique', ni d'aller faire la file dans les administrations. (...).

Dans les rues, il ne restera plus que des chiens masqués qui font seuls leur petite promenade (pas de problème, sans voitures), et du personnel immigré sous-payé en combinaison étanche, qui s'occupera de l'entretien des sols et des arbres.

D'autres s'occuperont de la livraison de notre caddy de commandes à domicile.

Alors nous aurons enfin accompli le dessein de Big Brother.

Nous serons des citoyens disciplinés, inoffensifs, confinés, désocialisés.

Nous serons chacun dans notre boîte.

Un immense contingent de 'je', consommateurs inertes.

Finie l'agitation. Finie la rue ».

Parmi les constantes observables, on trouve chez plusieurs une indiscutable foi catholique, assumée avec fierté, souvent comme affirmation identitaire, mais aussi témoin d'une mécanique intellectuelle propice à la crédulité : on sait croire, on veut croire, la mystique n'a rien de repoussant ni les histoires sans fondement concret ou scientifique. La foi soulève les montagnes, comme on sait.

Par exemple, le site *Pro Fide Catholica* (littéralement : foi catholique) publie de nombreux articles faisant la part belle aux théories du complot baignées dans la foi religieuse. Ici, on dévoile les complots sataniques, on « déboulonne » la science climatique et Darwin, on promeut la tradition catholique et on relaie les délires concernant les États-Unis de Trump. Appuyant clairement ce dernier, le site publie[57] notamment les « 52 premières mises en accusation demandées par les patriotes américains », histoire

[57] https://profidecatholica.com/2021/01/02/etats-unis-52-premieres-mises-en-accusation-demandees-par-les-patriotes-americains/?fbclid=IwAR0ow5HjcTnlnMuocYmZYXfxDGee4XoFaAqXg1_MjUbbhaM51_QEf_vXM0w

d'entretenir le mythe que le peuple obtiendra vengeance suite aux élections malheureuses dans le pays ayant conduit le « pédophile satanique » Joe Biden au pouvoir. Parmi les « accusés », on trouve les « traîtres » (tous « opposés » à Trump et essentiellement démocrates) Hillary Clinton, Bill Clinton, Barack Obama, Joe Biden, Kamala Harris, Michelle Obama, Nancy Pelosi, mais aussi George W. Bush, Mitt Romney, Anthony Fauci, Bill Gates, Mark Zuckerberg, George Soros, Anderson Cooper, Boris Johnson, Angela Merkel, Justin Trudeau et même... la reine Elizabeth II.

Dans les commentaires, les complotistes jubilent à l'idée de voir les *ennemis du peuple* se retrouver sous peu derrière les barreaux. On y annonce que la liste sera éventuellement plus longue puisqu'il « y avait au moins 216 000 actes d'accusation scellés, j'avais même lu 500 000 », lit-on. On pousse la disgrâce jusqu'à affirmer que la femme du président Obama serait en réalité « un transsexuel ».

Après avoir lu cela, on prend un respire, on avale une gorgée de café et on poursuit la lecture.

On pourra alors atterrir sur le site *Rotter News and Tech Blog*[58], un blogue animé par un dénommé Steve Rotter qui y publie tous les classiques du complotisme contemporain : les réseaux de pédophilie, les preuves des arrestations et de l'exécution des vedettes et des élites comme Céline Dion, avec un acharnement particulier sur Hillary Clinton, ennemie jurée du président préféré de la droite religieuse et des complotistes du monde entier, pour démontrer le rituel satanique d'abus d'enfants auquel elle s'adonnerait.

Du délire. Pur et simple. On ne sait plus si on doit rire ou pleurer devant autant de folie affichée avec outrecuidance.

---

[58] https://steverotter.com/

On pourra (malgré nous) poursuivre cet étonnant périple en passant par le site *Odysee* qui publie[59] une vidéo qui « enquête » à propos du directeur de la santé publique, Horacio Arruda, et de l'Organisation mondiale de la Santé (OMS) pour dévoiler les « contradictions » dans les discours, pour prouver qu'il s'agit d'une « dictature » que l'on impose aux citoyens, résultat de l'*Agenda 21* des Nations Unies, qui prévoit de réduire la population afin de la punir de ne pas avoir suivi les principes du développement durable.

Oui, c'est vraiment ce qui est dit. Et le discours de la vidéo n'est qu'un procès d'intention basé sur... du vent. Une architecture de médiocrité intellectuelle échafaudée sur des raccourcis, des préjugés et de l'ignorance crasse.

« Experts » à l'appui

Toutefois, les complotistes ne font pas que s'appuyer sur des sources de citoyens lambda sans qualifications particulières. Ils ont, eux aussi, accès à des scientifiques, des médecins, des docteurs ou des juristes, preuve que la version « officielle » nous cache la vérité. Parmi les chouchous du public, outre l'infectiologue français Didier Raoult (que je présenterai au chapitre suivant, tant son cas est intéressant et important), on trouve le juriste allemand Reiner Fuellmich, dont la vidéo dénonçant la pandémie comme étant une fraude et un crime contre l'humanité a été vue plus d'un million de fois.

Cet intérêt a attiré l'attention de l'Agence France Presse (AFP) qui, comme bien des médias, a pris le temps d'analyser le contenu de la vidéo et d'y apporter les corrections nécessaires. Par exemple, à l'argument de l'avocat allemand affirmant que la pandémie de Covid-19 n'aurait « entraîné de surmortalité nulle part et serait une manipulation liée aux tests-PCR, incapables de diagnostiquer une quelconque maladie et encore moins une infection par Sars-

[59] https://odysee.com/@NostradaMart:7/arruda_HD:9?fbclid=IwAR1nl71F91KcHcw3TiaEceU24L7rNa199YIqvZFm4Jw0IgKUdC3TD8xD58M

Cov-2 (le nom du virus qui provoque la maladie du Covid-19) », les experts consultés par l'AFP répondent que c'est faux, parce que « les tests détectent bien spécifiquement la présence de Sars-Cov-2, et de nombreux pays européens ont connu une surmortalité exceptionnelle lors de la première vague épidémique, selon des études démographiques »[60].

> « Une étude publiée en juillet et menée en Italie avec les méthodes utilisées habituellement pour mesurer la mortalité de la grippe saisonnière a montré que, durant le pire mois de la pandémie de Covid-19, le nombre de morts a doublé par rapport aux années précédentes.
>
> En Belgique, une étude similaire montre qu'en avril 2020, la mortalité s'est rapprochée de façon inédite des niveaux enregistrés dans le pays lors de la Seconde Guerre mondiale. »

L'article passe un à un les arguments de Reiner Fuellmich et parvient, sans peine, à démonter les prétentions de l'avocat allemand. Comme à chaque fois qu'un journaliste sérieux prend le temps de mettre à l'épreuve les affirmations publiées dans l'une ou l'autre de ces vidéos ou dans un article quelconque relayé avec excitation par un covidiot de sous-sol convaincu d'avoir découvert le pot aux roses.

Le croc-en-jambe de Mikovits

En effet, les complotistes cherchent à s'allier des experts provenant du milieu de la science afin, on le comprend, de pouvoir espérer lutter à armes égales (ou presque) avec le reste du monde. On pourrait y voir, à juste titre, un aveu de faiblesse de leur part, puisqu'il leur semble pertinent d'obtenir la confirmation de ce qu'ils avancent par une figure d'autorité *crédible* et respectable, ce que la filière de la science procure, en général. On pourrait alors objecter qu'ils semblaient jusque-là pourtant fort bien

[60] https://factuel.afp.com/attention-cette-video-denoncant-une-fraude-corona-et-des-crimes-contre-lhumanite-comporte-plusieurs

s'accommoder de l'absence d'assises scientifiques crédibles pour défendre fanatiquement leurs théories du complot. Après tout, ne disent-ils pas que les scientifiques, les chercheurs, les élites font **tous** partie du grand complot?

Faut-il alors suspecter un inconfort chez ces adhérents les conduisant à vouloir solidifier quelque peu l'architecture de leurs élucubrations?

C'est pourquoi il n'est pas tout à fait étonnant de les voir se jeter dans les bras des scientifiques qui voudront joindre leurs rangs en confirmant, du haut de leur statut, ce que Kevin avançait jusque-là, de son sous-sol. Bref, ils alignent, eux aussi, certains experts, moutons noirs de leur profession, qui leur viennent en renfort. Sauf que le coup de main se transforme bien souvent en croc-en-jambe.

C'est le cas de la biologiste Judy Mikovits qui, dans une vidéo[61], s'en prend sans demi-mesure au Dr Anthony Fauci, directeur de l'Institut national des maladies infectieuses aux États-Unis. La chercheuse l'accuse d'avoir tenté de la faire taire depuis des années. C'est elle qui est également en vedette d'un documentaire, intitulé *Plandemic*, censé nous dévoiler les secrets derrière la pandémie de COVID-19.

On voit déjà les complotistes jubiler : « on a trouvé notre experte! »

Sauf que lorsque les journalistes se mettent à vérifier les affirmations du documentaire, tous les morceaux tombent un à un, comme un château de cartes. Il ne reste à la fin qu'un Joker, une farce, qui n'a pas la moindre chance de convaincre ceux qui sont moindrement dotés de jugement.

Sur le site de Radio-Canada, on trouve un article qui se prête à l'exercice de l'analyse de l'extrait du documentaire, disponible en

[61] https://childrenshealthdefense.org/news/the-truth-about-fauci-featuring-dr-judy-mikovits/?fbclid=IwAR13dgh4UeaxWLdVM0VmRLc1dD5VB8fG-ap-rcG2XNwlCeRXuGanOdH3tOQ

ligne. On apprend alors que la vidéo contient « un nombre très élevé de fausses affirmations ».

> « L'extrait en ligne met en scène la biologiste Judy Mikovits. Dans l'entrevue, elle affirme faussement avoir été emprisonnée pour une étude controversée sur la cause des maladies chroniques. En réalité, l'étude a été rétractée par ses coauteurs à cause de résultats faussés, et Mme Mikovits a plutôt été arrêtée pour vol de documents chez son ancien employeur »[62].

Dans l'article, c'est le virologue de l'Université du Québec à Montréal, Benoit Barbeau, qui a accepté de visionner le tout pour émettre son opinion. « C'est un grand mélange d'idées qui sont peu fondées », résume-t-il. La déconstruction du discours du documentaire se fait, pas à pas, relevant les inexactitudes, les faussetés, les provocations : la chercheuse n'a pas « révolutionné » le traitement du sida, son étude sur un virus jouant un rôle dans le syndrome de fatigue chronique a été rétractée,[63] car de nombreux laboratoires n'ont pu confirmer le lien qu'elle avançait, elle n'a pas été congédiée pour les secrets qu'elle aurait dévoilés, mais pour son manque de respect envers un collègue et sa supérieure, elle n'a pas été arrêtée sans raison : elle a volé des documents et du matériel informatique. Etc. Etc.

La liste est longue et il en va de même pour les affirmations faites concernant la pandémie, la « manipulation » de virus en laboratoire, les vaccins, incluant les commentaires des médecins (non identifiés) qui critiquent les masques et les mesures sanitaires.

Ce qu'on réalise, en somme, c'est qu'il s'agit d'un conflit personnel entre la biologiste et le Dr Fauci qui aurait, dit-elle, « saboté ses travaux »[64]. Et cette histoire personnelle la pousse au-devant de la scène, avec les conséquences que l'on observe, aujourd'hui.

---

[62] https://ici.radio-canada.ca/nouvelle/1701064/documentaire-plandemic-judy-mikovits-fauci-covid-19-coronavirus-faux
[63] https://science.sciencemag.org/content/334/6063/1636.1
[64] https://ici.radio-canada.ca/nouvelle/1701064/documentaire-plandemic-judy-mikovits-fauci-covid-19-coronavirus-faux

La Suède

Et quand ce n'est pas sur un juriste, un médecin, une biologiste ou un ancien expert quelconque qu'elle s'appuie, la complosphère s'emballe pour certains pays à travers le monde qui font bande à part, « preuve » que les autres font volontairement partie d'un complot mondial. Parmi ces exemples, la Suède s'est nettement démarquée pour la souplesse de ses mesures et le calme d'apparence raisonnable de son approche. Ainsi, les covidiots ont eu une soudaine admiration pour ce pays à qui on doit notamment IKEA, ABBA et le fabuleux Peter Forsberg.

Or, la Suède qui ne recommandait le port du masque nulle part a été forcée d'effectuer un virage spectaculaire. « Face au bilan de plus en plus lourd de la deuxième vague dans le pays, la Suède a effectué vendredi un nouveau revirement dans sa stratégie atypique face au coronavirus, en recommandant pour la première fois le masque dans les transports publics »[65].

C'est que la deuxième vague en question venait de faire plus de 2 000 morts dans ce pays de 10 millions d'habitants, ce qui portait le total de décès liés à la COVID-19 à près de 8 000. Une situation des plus sérieuses qui fera dire au roi de Suède Charles XVI Gustave : « Je crois que nous avons échoué ».

Pour une approche plus réussie, les covidiots auraient tout intérêt à tourner leur regard vers la Nouvelle-Zélande qui est parmi les pays développés celui qui a compté le plus faible nombre de cas de Covid-19 lors de la première vague de la pandémie.

> « Au 28 octobre, on compte en Nouvelle-Zélande 66 cas actifs et 25 décès. Le nombre total de cas confirmés est de 1 587, sur un total de 1 943 cas (confirmés et probables). Le nombre total de tests réalisés est à ce jour de 1,07 million. »[66]

---

[65] https://www.latribune.ca/covid-19/revirement-de-la-suede-masques-obligatoires-et-tablees-reduites-b6481c4fa9e0d4ae8804aa6457872115

[66] https://www.lemonde.fr/blog/realitesbiomedicales/2020/10/28/controle-de-lepidemie-de-covid-19-les-lecons-de-la-nouvelle-zelande/

Il faut dire que ce petit pays de 5 millions d'habitants n'a pas choisi la voie tranquille : les autorités ont opté pour la mise en place rapide de mesures contraignantes, une stratégie de tests et un traçage vigoureux, un confinement rigoureux, de strictes règles de quarantaine et la fermeture des frontières, le tout assuré par une communication efficace et une forte adhésion de la population.

Aussi, pour Alexis Robert, chercheur à la London School of Hygiene and Tropical Medicine, « l'expérience de la Nouvelle-Zélande montre que le succès des interventions non pharmaceutiques dépend autant de la réaction précoce et décisive des autorités sanitaires, de systèmes de surveillance performants et de stratégies ciblées en matière de tests autant que de la sévérité de ces mesures »[67].

La Nouvelle-Zélande n'a pas complètement évité la deuxième vague, mais force est de constater que son cas est parlant : ce n'est qu'à la fin de janvier 2021 que les autorités sanitaires ont indiqué avoir enregistré leur premier cas local de nouveau coronavirus depuis plus de deux mois[68]. En effet, on n'avait recensé aucun cas local depuis le 18 novembre...

Difficile de se moquer de la Nouvelle-Zélande après tout ça.

Légalité de l'action policière

Les covidiots ont tendance à croire que la publication du travail policier « aide » leur cause et prouve l'instauration en temps réel d'une dictature. Ils en publient de nombreuses dans lesquelles on voit un ou des individus invoquer la loi et déplorer l'action policière contraignant les gens à respecter les consignes sanitaires. Par exemple, une vidéo diffusée à la suite d'une altercation entre des policiers de Gatineau et des citoyens a fait grand bruit, forçant

[67] Ibid.

[68] https://www.lapresse.ca/international/asie-et-oceanie/2021-01-24/covid-19-en-nouvelle-zelande/un-premier-cas-local-repertorie-en-plus-de-deux-mois.php

le Service de police à réagir publiquement afin de « remettre les pendules à l'heure »[69].

Dans la vidéo, on voit l'escalade de tension « entre les citoyens et des agents du SPVG, alors que ces derniers tentaient d'obtenir la coopération des récalcitrants » réunis illégalement le soir du 31 décembre. L'homme qui a partagé la scène affirme que les agents ont fait un « usage excessif de la force ».

Suite au refus des citoyens de mettre fin au rassemblement, la situation a dégénéré « au point où un individu a été arrêté. Des accusations criminelles devraient être déposées ». Sur son compte Twitter, le SPVG a tenu à préciser :

> « La vidéo ne montre qu'un extrait de l'intervention. Les individus étaient récalcitrants et ont refusé de collaborer. L'individu arrêté sur la vidéo avait commis une voie de fait sur un policier, le frappant au visage à quelques reprises ».

Oui, les policiers respectent la loi. D'ailleurs, il faut une bonne dose d'aveuglement volontaire pour croire que des policiers municipaux se présenteraient dans les résidences des citoyens sans être suffisamment appuyés sur plan juridique. Il faut avoir vu agir un greffier pour réaliser qu'aucune autorité municipale ne se jetterait dans le vide ainsi, sachant les risques et l'impact sur l'image de la ville.

Sur le site de la firme d'avocats Roy Bélanger[70], on indique très clairement les pouvoirs que la loi confère aux forces policières. D'entrée de jeu, Me Andrew Charbonneau écrit :

> « Dans un monde idéal, les recommandations du Dr Horacio Arruda, directeur national de la Santé publique, seraient exécutées et respectées par tous les Québécois. Or, force est de constater que la carotte n'est pas infaillible et qu'il faille

[69] https://www.ledroit.com/actualites/justice-et-faits-divers/altercation-lors-dun-rassemblement-illegal-les-policiers-clarifient-la-situation-1cbc27d25a886507d4010c0c80615686

[70] https://rbdavocats.com/covid-19-et-pouvoirs-policiers-les-moyens-dintervention-des-policiers-en-periode-de-crise-sanitaire/

parfois recourir au bâton. La Loi sur la Santé publique est un outil puissant qui munit la Direction de la santé publique de larges pouvoirs d'intervention et de coercition. »

Puis, on y aborde les articles de la loi, à proprement parler, desquels on peut retenir ceux-ci (extraits):

« **106.** *Lorsqu'un directeur de santé publique est d'avis, en cours d'enquête, qu'il existe effectivement une menace réelle à la santé de la population, il peut:*

2° ordonner l'évacuation d'un édifice;

5° ordonner la cessation d'une activité ou la prise de mesures de sécurité particulières si c'est cette activité qui est une source de menace pour la santé de la population;

8° ordonner à une personne de respecter des directives précises pour éviter toute contagion ou contamination;

Ces pouvoirs visent à réduire les risques de propagation d'un virus comme la COVID-19 par exemple.

À ces pouvoirs, propres à l'enquête épidémiologique, le gouvernement peut décréter l'état d'urgence sanitaire. [...] Une fois décrété, l'état d'urgence octroie de nouveaux pouvoirs à l'État :

123. *Au cours de l'état d'urgence sanitaire, malgré toute disposition contraire, le gouvernement ou le ministre, s'il a été habilité, peut, sans délai et sans formalité, pour protéger la santé de la population:*

1° ordonner la vaccination obligatoire de toute la population ou d'une certaine partie de celle-ci contre la variole ou contre une autre maladie contagieuse menaçant gravement la santé de la population et, s'il y a lieu, dresser une liste de personnes ou de groupes devant être prioritairement vaccinés;

8° ordonner toute autre mesure nécessaire pour protéger la santé de la population.

Le gouvernement, le ministre ou toute autre personne ne peut être poursuivi en justice pour un acte accompli de bonne foi dans l'exercice ou l'exécution de ces pouvoirs.

La déclaration d'état d'urgence sanitaire a mené à l'adoption de certains décrets imposant des ordonnances précises reliés aux pouvoirs prévus aux articles 106 et 123, notamment par la fermeture :

- des bars, de discothèques et certains restaurants de type buffet ou cabane à sucre ;
- de lieux à des fins culturelles, sportives, éducatives, de loisirs ou de divertissement ;
- des services de garde, de garderie ou des centres de petite enfance (CPE) (exceptés ceux pour les parents exerçant des fonctions en lien avec les services essentiels);
- des autres lieux d'enseignement ;
- des centres commerciaux.

À cela s'ajoute l'interdiction de tout rassemblement intérieur ou extérieur. L'ensemble de ces mesures entraîne une obligation légale de les respecter pour les citoyens. »

La loi est limpide : le directeur de santé publique **peut ordonner** à une personne de **respecter des directives**, peut ordonner la **vaccination** ou toute mesure nécessaire, peut ordonner **l'interdiction de tout rassemblement** et les citoyens ont **l'obligation légale** de les **respecter**.

Ça ne peut pas être plus clair.

Quant au fameux pouvoir policier, le rôle de l'agent de la paix n'est pas directement prévu, mais découle de son pouvoir général de faire appliquer la loi. Dans le *Code de procédure pénale*, on lit (extraits) :

> « **72.** *L'agent de la paix qui a des motifs raisonnables de croire qu'une personne a commis une infraction peut exiger qu'elle lui déclare ses nom et adresse, s'il ne les connaît pas, afin que soit dressé un constat d'infraction.*
>
> **75.** *L'agent de la paix qui constate qu'une personne est en train de commettre une infraction peut l'arrêter sans mandat si l'arrestation est le seul moyen raisonnable à sa disposition pour mettre un terme à la perpétration de l'infraction.* »

Le policier a donc le **droit d'arrêter une personne** en train de commettre une infraction, et ce, **sans mandat**. Son pouvoir d'arrestation peut déplaire, mais il reste factuel et bien inscrit dans la loi. Tout argument allant dans le sens contraire fait fausse route, tout simplement. Autrement dit, le policier a tout à fait le droit de frapper à votre porte s'il a des raisons de croire qu'il se commet chez vous une infraction. Il a le droit de demander l'identité des personnes et elles sont tenues de les donner.

La loi est, au fond, ainsi faite pour protéger **l'ensemble** des « récalcitrants » qui s'imaginent qu'ils peuvent, armés de leur insouciance, tuer qui ils veulent par leur négligence. Fort heureusement, ça ne fonctionne pas de la sorte.

La loi protège – du mieux qu'elle le peut – des cons.

Un rationnel irrationnel

La science a beau faire des bonds de géant, la presse a beau déboulonner chacun des mythes et complots auxquels les crédules s'accrochent, les croyances dans les phénomènes paranormaux ne perdent pas de vitesse. Et ce qui caractérise ces adhérents aux croyances irrationnelles, c'est leur conviction qu'il existe une connexion entre les événements, un signe qui prouve que « tout est lié », « tout est planifié », « il n'y a pas de hasard ». La chose est « évidente » et il fallait l'œil aiguisé du croyant pour le démontrer. « Faites vos recherches ! » est devenu un classique des réseaux sociaux, soit comme « argument massue » pour clore un débat ou comme *punch line* quand il s'agit de verser dans le sarcasme. Chez les plus délirants des adhérents, on observe une forte volonté de simplifier le monde, pourtant de plus en plus complexe, en « ramenant la plupart des événements importants à une cause unique (comme l'action des *Illuminati* ou des extraterrestres) ».

Faites vos recherches!

On est donc ici les deux pieds bien plantés dans un univers aussi fascinant qu'inquiétant, soit celui du **complot**. On peut tenter la définition suivante pour décrire une *théorie du complot* comme étant « une explication d'un événement historique (ou d'événements historiques) fondée sur le rôle causal d'un petit groupe d'individus agissant en secret »[71]. Ou de manière un peu plus détaillée, nous pourrions proposer celle-ci :

> **Complot/conspiration (définition)**
> « Pour schématiser, les termes *complot* et *conspiration* en sont venus à désigner, l'un et l'autre, (a) une action concertée entre au moins deux personnes, (b) préparée en secret, en d'autres termes, soustraite au regard de tous ceux qui ne conspirent pas, et (c) cherchant à nuire, soit à un personnage public ou à une institution, soit, comme c'est généralement le cas aujourd'hui, au plus grand nombre, au peuple, aux citoyens, aux masses laborieuses, aux honnêtes gens, etc. Les manœuvres en cause (d) sont alors supposées déstabiliser un certain ordre des choses réputé harmonieux, créer du désordre ou une rupture dans la continuité, mettre en péril ce qui, jusque-là, était réputé bien établi, sûr et stable. »[72]

[71] https://books.openedition.org/editionscnrs/16268?lang=fr

[72] https://www.google.com/url?sa=t&rct=j&q=&esrc=s&source=web&cd=&ved=2ahUKEwiYmpm_9dbvAhWJGFkFHSaIDUYQFjAAegQIAhAD&url=https%3A%2F%2Fjournals.openedition.org%2Fquestionsdecommunication%2Fpdf%2F10491&usg=AOvVaw1rT42smPj5HPxDiZehKEJv (p.312)

Même si le rationnel du théoricien du complot est essentiellement irrationnel, le concept, lui, peut être décrit comme suit : une bonne théorie du complot comprend un certain nombre d'éléments récurrents la définissant. Il y a d'abord les **conspirateurs** qui agissent en secret, qui ont *des intentions cachées qui sont néfastes,* des gens qui « font preuve d'une volonté manifeste de cacher la vérité »[73].

Évidemment, le *secret* est absolument fondamental dans la conception conspirationniste, puisqu'il s'agit de découvrir ce qu'on veut nous cacher, cela permettant à l'adhérent complotiste d'exprimer sans contrôle ses fantasmes et questions les plus variées.

Ces théories du complot contredisent une version « officielle » ou « évidente », et « lient des événements qui n'ont pas de rapport évident entre eux »[74].

> « Finalement, les **données aberrantes** (éléments contradictoires ou qui n'ont pas été expliqués dans la version « officielle ») sont les éléments de base des théories du complot. Le contenu des théories du complot est traversé par un paradoxe : on y trouve souvent des éléments fantaisistes, mais en même temps une espèce d'hypercohérence logique dans les détails invoqués pour soutenir le récit. Les auteurs s'accordent à écrire que les théories du complot sont de ce fait souvent irréfutables, tout argument contre le complot étant transformé en preuve de son existence »[75].

Déjà, on reconnaît fort bien le portrait typique : des éléments contradictoires, fantaisistes, néanmoins liés entre eux par une logique qui n'a aucun sens. Souvent, lorsqu'un événement tragique survient, des théories du complot apparaissent, à savoir « des explications naïves concurrentes aux versions officielles, impliquant souvent l'intervention d'un groupe agissant dans

[73] https://www.cairn.info/revue-internationale-de-psychologie-sociale-2007-4-page-31.htm?1=1&DocId=380679&hi
[74] Ibid.
[75] Ibid.

l'ombre »[76]. Les théories gravitent souvent entour des minorités qui menaceraient l'ordre établi (le complot juif, les musulmans, les communistes, etc.), sinon autour des *élites* maléfiques et puissantes (les gouvernements, les riches, le Grand capital, les aristocrates, la bureaucratie, les services secrets, les pharmaceutiques, les grandes entreprises technologiques, etc.). Étant incapable de définir clairement l'ennemi, souvent, le complotiste parlera du « système », parce que tout est finement et rigoureusement organisé contre lui, contre la liberté, contre les gens de bien.

Par exemple, pour plusieurs théoriciens du complot, la pandémie de coronavirus n'était en réalité qu'une ultime tentative de « l'establishment mondialiste » pour faire chuter Donald Trump. « L'Organisation mondiale de la Santé [OMS] vient de condamner l'utilisation de la chroloquine. Ils ne veulent pas que leur plan s'effondre, les salopards, parce que Trump vient de leur damer le pion »[77], avait avancé Alexis Cossette-Trudel sur son webjournal, en réaction à la décision de l'OMS de mettre un terme à l'étude de l'hydroxychloroquine et de l'association de lopinavir et de ritonavir, un traitement homologué contre le VIH, comme traitement pour les patients infectés par le coronavirus, une solution pourtant préconisée et vigoureusement défendue par le président Trump.

Remarquez, le complot a fonctionné : Trump a perdu ses élections...

Cette vision simpliste des choses amène souvent la réflexion suivante, sur le ton de la dérision : pourquoi diable s'investir autant pour rester secret s'il ne fallait qu'un Kevin ou un Steeve pour les démasquer facilement en regardant YouTube?

Du reste, les amateurs de complots sont sans doute nombreux et présents depuis toujours, car les exemples classiques, connus de tous, font partie de la culture populaire. Pensons à :

---

[76] https://www.cairn.info/revue-internationale-de-psychologie-sociale-2007-4-page-31.htm?1=1&DocId=380679&hi

[77] https://www.lapresse.ca/covid-19/2020-04-05/pandemie-de-fausses-nouvelles

- L'assassinat du président des États-Unis John F. Kennedy le 22 novembre 1963, qui a été imputé à un tueur solitaire, Lee Harvey Oswald. La thèse officielle a été fortement contestée : des sources croient qu'il s'agit plutôt d'un attentat commandité par la CIA.
- La mission Apollo qui conduit, le 21 juillet 1969, au premier homme à poser le pied sur la lune. Plusieurs ont « analysé » les images officielles et conclu qu'il s'agissait d'un photomontage, bref une supercherie destinée à battre l'URSS dans la course dans l'espace.
- La mort de la princesse Diana et son compagnon Dodi Al-Fayed, le 31 août 1997, dans un accident de voiture à Paris. Si l'enquête a révélé l'état d'ébriété du chauffeur, certains croient plutôt que le couple a été victime d'un assassinat de la part des services secrets britanniques.
- La tragédie du 11 septembre 2001, qui a été l'occasion de multiples théories qui écartent la version officielle concluant à un attentat terroriste mené par Al-Quaïda et son chef Oussama Ben Laden : aucun avion ne serait tombé sur le Pentagone, ce serait une supercherie orchestrée par la CIA et ce serait le gouvernement américain lui-même qui aurait fait tomber les deux tours du *World Trade Center* afin de simuler une crise et prendre le contrôle des citoyens.

Cet échantillon donne un minuscule aperçu des théories qui ont circulé et circulent encore de nos jours. Il en existe bien d'autres, innombrables, qui circulent encore plus facilement et largement depuis qu'Internet est arrivé dans le décor. La crédulité des gens à leur propos reste néanmoins variable, certaines théories étant plus convaincantes que d'autres. Par exemple, 51 % des Américains pensent qu'il y a effectivement un complot derrière l'assassinat de John F. Kennedy, 36 % sont d'avis que le gouvernement américain a laissé faire, voire organisé les attentats du 11 septembre 2001, alors que seulement 6 % des répondants croient que les astronautes américains ne sont jamais allés sur la Lune[78].

---

[78] https://www-cairn-info.acces.bibl.ulaval.ca/revue-diogene-2015-1-page-107.html

C'est déjà ça de pris.

Évidemment, les croyances varient selon les groupes sociaux, selon les pays et les époques. En revanche, on remarque chez ces gens des adhésions préférentielles à telle ou telle théorie, en fonction de sa capacité à confirmer les idées, les croyances et les préjugés. Blaise Pascal disait avec lucidité que « tout ce qu'il y a d'hommes sont presque toujours emportés à croire non pas par la preuve, mais par l'agrément »[79], ce qui revient à dire que les gens se laissent convaincre par les choses *qui leur plaisent*.

On appelle aussi cela le *biais de confirmation*, soit un « biais cognitif qui consiste à privilégier les informations confirmant ses idées préconçues ou ses hypothèses et/ou à accorder moins de poids aux hypothèses et informations jouant en défaveur de ses conceptions, ce qui se traduit par une réticence à changer d'avis. »[80]

C'est ce mécanisme psychologique particulier, le biais de confirmation, qui explique notamment qu'il soit aussi difficile de convaincre un covidiot conspirationniste qu'il a tort, même avec les meilleurs arguments du monde, les plus solides et scientifiquement éprouvés. Même en faisant la preuve des contradictions grossières sur lesquelles il s'appuie.

Ce n'est pas ce qu'il *veut* entendre.

Quand le faux prolifère

Dans le cas de la pandémie de coronavirus, le rationnel se fait aussi particulièrement abracadabrant. Il reprend ce que l'on peut observer dans le conspirationnisme à la mode qui se veut tout sauf circonspect. Pour le politologue Vivek Venkatesh, codirecteur de la Chaire de l'UNESCO sur la radicalisation et l'extrémisme violent, la « logique » déployée pour convaincre les fidèles facilite

[79] PASCAL, Blaise, *De l'art de persuader*, Éditions mille et une nuits, 2001, p. 7.
[80] https://fr.wikipedia.org/wiki/Biais_de_confirmation

la tâche des théoriciens qui s'offrent le luxe d'assembler les faits pour servir leurs intérêts. Et ça marche! La popularité des blogueurs conspirationnistes monte en flèche. « Ces gens tapent sur des informations qu'on ne peut ni prouver ni démentir, explique le politologue. Si on parle de morts, ils veulent voir les corps. S'il n'y a pas de corps, ils n'y croient pas. C'est facile de créer une théorie du complot quand tu ne peux pas prouver le contraire. »[81]

Ce qui explique que les exemples pullulent sur les réseaux sociaux d'ici et d'ailleurs, les rumeurs et faux complots prolifèrent, des vidéos sont partagées des milliers de fois et finissent par attirer l'attention des médias traditionnels. Dans les journaux, on a rapporté celle prétendant que l'armée était appelée en renfort au Québec pour forcer le respect du confinement et des consignes sanitaires. Une vidéo a abondamment circulé « montrant des véhicules militaires sur un train »[82] dans la région de Montréal. Or, il s'agissait d'équipement rapporté à la base militaire après l'annulation de manœuvres en Alberta, a-t-on appris.

Un canular américain a également beaucoup circulé, celui affirmant que de la COVID-19 avait été trouvée dans des rouleaux de papier hygiénique. Cette histoire émanait du site *Now8News*, reconnu pour ses fausses nouvelles invraisemblables. On a aussi vu circuler des photos truquées laissant croire que la pandémie avait provoqué d'importantes chutes des prix de l'essence, jusqu'à 41,9 centres/litre. « La publication a été retransmise près de 8000 fois et a récolté 700 commentaires. Heureusement, plusieurs internautes ont aussi dénoncé le trucage. »[83]

Parfois, les histoires locales prennent des proportions gigantesques, comme celle de ce courriel envoyé à des conspirationnistes de l'Ouest canadien qui est devenu, en quelques semaines à peine, une des fausses nouvelles les plus populaires de la planète.

---

[81] https://www.lapresse.ca/covid-19/2020-04-05/pandemie-de-fausses-nouvelles
[82] https://www.lapresse.ca/covid-19/2020-04-05/pandemie-de-fausses-nouvelles
[83] https://www.lapresse.ca/covid-19/2020-04-05/pandemie-de-fausses-nouvelles

Un soi-disant lanceur d'alerte, prétendant être membre du « comité du Parti libéral du Canada » et membre du « comité de planification stratégique (dirigé par le cabinet du premier ministre) », aurait eu accès à la feuille de route du gouvernement pour les prochains mois : « un confinement total, le déploiement de l'armée, l'émergence d'un nouveau virus appelé COVID-21, en passant par la vaccination obligatoire, des camps d'internement pour les récalcitrants et rien de moins que l'abolition de la propriété privée au pays »[84]. Et notre héros d'ajouter : « Tout ce que je sais, c'est que je n'aime pas ça et je pense que ça va placer les Canadiens dans un avenir sombre ».

Les éléments de l'histoire ont été réfutés, le fameux comité n'existe même pas, rien de tout cela n'a la moindre parcelle de bon sens, mais ça n'a pas empêché le courriel de faire le tour du monde, de faire l'objet d'un texte de blogue partagé des milliers de fois, de vidéos, incluant des traductions du courriel « en espagnol, en italien, en portugais, en allemand, en hongrois, en russe et en polonais. Aux Philippines, une vidéo à propos de cette fausse fuite a cumulé pas moins de 3,4 millions de vues sur Facebook »[85]. La nouvelle a même été récupérée en France et modifiée pour faire croire qu'il s'agissait d'une fuite du gouvernement français!

Un mensonge, transformé en un autre mensonge pour duper un autre public. Décidément, le complotisme ne s'embarrasse pas de morale!

Il demeure que la pandémie est une source exceptionnelle pour la propagation du virus, d'une part, mais aussi de théories d'un ridicule complet. Pour plusieurs covidiots complotistes, le premier ministre François Legault est un « anarchiste » qui prépare la guerre civile. C'est notamment l'avis de Jonathan Bernier, alias Jo Bern, fondateur du groupe radical Résistance Québec[86], qui en veut pour « preuve » la photo qui a été publiée sur laquelle on aperçoit un drapeau « noir » placé derrière le premier ministre.

[84] https://ici.radio-canada.ca/nouvelle/1756470/lpc-leaker-covid-19-faux-courriel-plan-2021-armee-camps?fromApp=appInfoIos&partageApp=appInfoiOS&accesVia=partage
[85] Ibid.
[86] https://twitter.com/xaviercamus1/status/1346551818143326211/photo/1

Ce drapeau « pirate » symboliserait l'agression contre le peuple – et le peuple, c'est eux, évidemment – certains ayant dénoncé par cette image l'intrusion de l'OMS, de *Black Lives Matter*, y voyant même les couleurs de l'État islamique...

Oui, c'est du solide.

Le hic, comme l'indique Xavier Camus sur sa publication, c'est que ce drapeau « n'est même pas noir, il est bleu, et porte en son centre les armoiries du lieutenant-gouverneur du Québec. Quand le premier ministre se trouve en présence du lieutenant-gouverneur, la tradition veut que les deux drapeaux soient affichés »[87].

Et si vous faites remarquer l'erreur grossière commise par les conspirationnistes, incapables de distinguer un drapeau officiel bleu d'un drapeau de pirate noir, votre réfutation sera impuissante devant leur « implacable » logique : « On nous prend pour des caves ! », écrivent-ils, prétextant que les élites ont fait disparaître le drapeau pirate en le remplaçant par celui du lieutenant-gouverneur. La preuve? Entre les clichés, les deux chaises ont changé de place...

J'entends vos soupirs jusqu'ici. Peut-être même un rire incoercible. Mais, la suite est moins drôle.

Il faut savoir que Jo Bern est devenu, après un passage dans *La Meute*, un énergique activiste anti-masques. Il souhaite faire arrêter Legault et Arruda « en vertu du Code criminel » (or, nous l'avons vu, le Code criminel et la Loi de santé publique *permettent* à Legault et Arruda d'agir, justement).

D'ailleurs, à la veille de l'annonce du reconfinement par le gouvernement Legault, les complotistes se sont déchaînés et se sont faits menaçants en planifiant une nouvelle manifestation. Sur Facebook, on pouvait lire que certains souhaitent mettre le feu aux bureaux de TVA, pour « ralentir la propagande », d'autres invitent

---

[87] https://www.facebook.com/photo/?fbid=10164070258110223&set=a.10155427478220223

les troupes à « mettre le feu au Parlement », armés de cocktails Molotov et de gaz. Dans les échanges, on suggère de faire une « émeute violente et sanglante » pour faire regretter le choix de carrière des policiers et des politiciens. « Plus de sang! », se réjouit l'un d'eux.

Certains menacent même directement la vie du premier ministre en écrivant qu'il « va payer » et que « son temps sur cette Terre achève », parce que quelqu'un finira bien par « franchir la ligne et faire ce qui doit être fait », explique-t-on. Ici, on ne joue pas sur les mots en parlant de *menaces de mort*, d'*assassinats* et d'*incitation* à *l'émeute sanglante*. On est dans le terrorisme domestique le plus manifeste.

Et ce n'est plus seulement chez nos voisins du sud, car les complotistes ont importé les méthodes de l'extrême droite américaine, ceux-ci étant d'ailleurs de fidèles partisans de Trump, ayant même prévu une manifestation afin de le soutenir le président déchu dans son futile combat contre la démocratie.

Ainsi, deux mois après la défaite, ils adoptaient toujours des comportements d'une asinienne stupidité. Et ce, en plein jour.

Écrivant au sujet de la manifestation organisée près du Stade olympique, à Montréal, le 1er mai 2021, en opposition à la campagne de vaccination, le chroniqueur Patrick Lagacé rappelle ce lien qui existe entre le fascisme de l'extrême droite et le courant conspirationniste anti-masque. Convaincus qu'ils luttent contre une dictature, ces manifestants ont néanmoins fait la preuve qu'ils vivent en démocratie, puisqu'ils ont pu se rassembler pour répandre leurs idées et leurs microbes. L'histoire eut été différente en Russie, en Turquie, en Birmanie, en Iran ou en Biélorussie, rappelle le journaliste.

> « Bien sûr, si la dictature advenait, on sait qu'ils seraient du bord des fossoyeurs de la démocratie : dans les bonnes conditions, beaucoup des manifestants de samedi se

bousculeraient pour acheter une chemise brune à la demande de leurs gourous.

Oui, des chemises brunes : j'évoque le fascisme, je ne le fais jamais à la légère. Je l'évoque parce que plusieurs leaders antisanitaires d'aujourd'hui – pas tous – étaient hier dans la mouvance de la xénophobie incarnée par La Meute. Vous vous souvenez de La Meute, de l'obsession maladive du chemin Roxham, de la fixation sur le Grand Remplacement des Blancs, du complot « globaliste ».

Ceux qui délirent là-dessus se sont convertis dans le délire du négationnisme sanitaire. Même pensée d'extrême droite. Mêmes leaders, à quelques exceptions. Même type de croisés qui les suivent aveuglément, qui gobent n'importe quelle connerie. »[88]

Cet aveuglement est sérieux et inébranlable, constate Lagacé, qui n'hésite pas à comparer cela à de la *foi* et ce mouvement à une *secte* dont les membres, radicalisés, ne « croient » pas la science, mais s'abreuvent aux prêches quotidiens de gourous tels que « Fillion, Maurais, Cossette-Trudel, Blais, Grenier, Goyer, Duhaime et autres Bernier ».

C'est justement cette dynamique sectaire que j'aborde maintenant, celle qui trouve son origine chez nos voisins du sud.

QAnon

Le nom vous dit déjà quelque chose. La plupart des gens qui suivent moindrement l'actualité ont entendu parler de *la conspiration QAnon*, un mouvement né aux États-Unis, mais dont les tentacules se sont étendus jusqu'au Québec où l'on trouve des adeptes convaincus et bruyants.

---

[88] https://www.lapresse.ca/actualites/2021-05-02/retarder-le-groupe.php

Pour résumer, QAnon est un mouvement conspirationniste sans fondement « prétendant que le président américain, Donald Trump, prépare en secret un coup d'État contre une prétendue cabale sataniste pédophile qui contrôlerait clandestinement le gouvernement américain »[89].

Le créateur de ce délire utilise, depuis octobre 2017, le pseudonyme Q et publie des messages codés, appelés « Q drops » sur des forums anonymes. Pour convaincre les crédules, Q affirme être un membre des services de renseignements américains, ce qui persuade ses lecteurs conspirationnistes qu'ils obtiennent ainsi de l'information secrète confirmant le coup d'État.

Parmi les théories poussées par l'énigmatique Q, il y a celle voulant que l'ancienne rivale de Donald Trump, la démocrate Hillary Clinton, ait été arrêtée et que la Garde nationale ait été déployée dans les grandes villes américaines en prévision de manifestations. Il a également fait croire à son public que 100 000 enfants maltraités ont été retrouvés dans les tunnels de la fondation Clinton (il y a décidément chez lui une obsession pour les enfants et les Clinton) et que la COVID-19 a servi de « couverture pour instaurer un *black-out* généralisé »[90] permettant l'arrestation de milliers de « traîtres ». Pour ce faire, à bord d'Air Force One, le président Trump, profitant du *black-out* interrompant Internet et la téléphonie cellulaire, tweetera : « nous sommes dans la tempête ».

Ça, c'est le signal!

> « Le président fera alors jouer en boucle pendant des heures sur tous les téléviseurs du pays les aveux de citoyens américains – pour la plupart des stars hollywoodiennes, des journalistes et des politiciens du Parti démocrate – dans lesquels ils admettront leurs crimes sordides. Au menu : satanisme, trahison, prélèvement de sécrétions corporelles

[89] https://ici.radio-canada.ca/nouvelle/1727769/qanon-groupes-facebook-supprimes
[90] https://ici.radio-canada.ca/nouvelle/1691511/conspiration-qanon-covid-etats-unis-fausse-nouvelle-clinton-trump-theories-enfants

dans des cadavres d'enfants pour en fabriquer une drogue psychotrope. »[91]

QAnon n'est pas le seul mouvement à verser dans le délire conspirationniste, mais le « génie » du concepteur réside en partie dans la formule de communication choisie : des codes, du mystère, quelque chose qui, pour un crédule assoiffé de complot, peut avoir du sens. Les théories évoluent au fil des échanges, entretenant un flou suffisant pour qu'on puisse leur rattacher à peu près n'importe quelle interprétation de gens de tous horizons.

« Des YouTubeurs populaires ont commencé à scruter à la loupe tous ses messages. Les publications cryptiques et parfois même incompréhensibles de « Q » sont devenues en quelque sorte des feuilles de thé, dans lesquelles des devins tentent de prédire l'avenir. « Q » a publié un message exactement une heure avant un tweet du président Trump? C'est la preuve qu'il existe. « Q » a dit de surveiller tel ou tel politicien, et deux mois plus tard celui-ci se retrouve dans l'embarras? « Q » l'a prédit. Et ainsi de suite. »[92]

Sur le site de Radio-Canada, le décrypteur Jeff Yates explique aussi l'attrait du mouvement par sa façon de susciter la participation des complotistes :

« La nature participative de QAnon aide aussi à expliquer sa popularité. Plutôt que d'offrir à ses partisans des messages clairs, Q leur envoie des énigmes à résoudre. Il ne dit pas : Il se passera telle chose à telle date, mais : Quel politicien fait les manchettes aujourd'hui? Comment cet événement est-il lié à un autre événement qui a eu lieu la semaine dernière? Faites vos propres recherches.

Ces casse-têtes sont invariablement interprétés de toutes sortes de façons par la communauté, et ses membres arrivent à

---

[91] https://ici.radio-canada.ca/nouvelle/1691511/conspiration-qanon-covid-etats-unis-fausse-nouvelle-clinton-trump-theories-enfants
[92] https://ici.radio-canada.ca/nouvelle/1691511/conspiration-qanon-covid-etats-unis-fausse-nouvelle-clinton-trump-theories-enfants

des solutions différentes. Un partisan qui offre une solution jugée intéressante par la communauté recevra des félicitations et verra ses idées propagées au sein du mouvement. Il aura, à sa façon, participé à l'élaboration d'une œuvre en constante évolution. »[93]

Avec le temps, le mouvement est devenu un phénomène social aux États-Unis. Il n'était pas rare de voir des adeptes arborant t-shirts et affiches identifiés à QAnon lors des rassemblements de Trump, de même que dans plus en plus de manifestations contre les mesures sanitaires au Canada et au Québec. Sur les réseaux sociaux, les vidéos détaillant les théories du complot de QAnon se sont multipliées, tout comme les groupes Facebook, les livres, les films, etc. Un succès à l'image du mouvement : surréaliste.

Selon le chercheur Marc-André Argentino, qui consacre sa thèse doctorale à QAnon, il y aurait une « augmentation de plus de 2 millions d'adeptes QAnon en six mois [soit depuis le début 2020], une croissance de près de 950 % à l'international et de 520 % aux États-Unis. Selon son analyse, la mouvance est désormais présente dans plus de 70 pays »[94].

La conspiration QAnon a réussi à attirer l'attention du Federal Bureau of Investigation (FBI) qui a désigné le mouvement comme représentant un danger public, considéré comme une menace terroriste nationale. Et pour cause, car on déplore de nombreux incidents liés à QAnon. Par exemple, en juin 2018, un homme « lourdement armé a bloqué la circulation routière sur le barrage Hoover, à la frontière entre l'Arizona et le Nevada. Il demandait des documents en lien avec la conspiration QAnon. En octobre 2018, Cesar A. Sayoc Jr. a envoyé par courrier une série de bombes artisanales à des démocrates éminents et à d'autres personnes qu'il croyait membres de « l'État profond ». En mars 2019, un partisan de QAnon, Anthony Comello, a assassiné Frank Cali, un membre de la famille du crime organisé Gambino, à New York. L'assassin était convaincu que sa victime faisait partie d'un vaste complot qui

---

[93] https://ici.radio-canada.ca/nouvelle/1727900/mouvement-qanon-conspirationniste-complot-web-approche
[94] https://ici.radio-canada.ca/recit-numerique/1030/qanon-conspirations-complot-canada-quebec-trump

lui avait été révélé par « Q ». »[95] Puis, sur Facebook, plusieurs centaines de groupes appartenant à des mouvements conspirationnistes ont organisé et encouragé des émeutes et manifestations violentes, certains d'entre eux étant associés à des groupes de milice armée.

Plus connu encore, le « Pizzagate » dont les partisans étaient persuadés qu'un restaurant de Washington DC, le *Comet Ping Pong*, était en réalité « une couverture derrière laquelle opère un vaste réseau pédophile sataniste, dont les principaux bénéficiaires seraient les cadres du Parti démocrate et le cerveau John Podesta, le directeur de campagne d'Hillary Clinton »[96]. La « preuve » venait des courriels rendus publics par WikiLeaks volés sur le compte de Podesta dans lesquels on faisait référence à « pizza » et « pâtes », des mots codés pour désigner « petites filles » et « petits garçons »[97].

Convaincu de cela, un fervent chrétien du nom d'Edgar Maddison Welch décida, le 4 décembre 2016, de partir de chez lui en Caroline du Nord pour aller enquêter lui-même à Washington pour sauver les « enfants esclaves sexuels » qui se trouvaient au sous-sol de l'établissement. Muni d'un fusil d'assaut AR-15, il menaça un employé et fit feu dans le restaurant pour découvrir – surprise! – que le bâtiment n'avait même pas de sous-sol, et donc, pas d'enfants.

L'échec monumental de cette « enquête » n'a cependant pas découragé les zélotes conspirationnistes qui ont répliqué qu'Edgar Welch était, d'après eux, « un acteur payé pour agir de la sorte, afin de discréditer leur mouvement »[98]. La théorie, largement relayée par les médias conservateurs et conspirationnistes, a même pris de l'ampleur avec le tweet de Michael G. Flynn, fils du conseiller à la sécurité nationale de Donald Trump, assurant après

---

[95] https://ici.radio-canada.ca/nouvelle/1691511/conspiration-qanon-covid-etats-unis-fausse-nouvelle-clinton-trump-theories-enfants
[96] https://www.liberation.fr/planete/2016/12/05/pizzagate-la-rumeur-complotiste-debouche-sur-un-coup-de-fusil_1533185
[97] https://www.theatlantic.com/magazine/archive/2020/06/qanon-nothing-can-stop-what-is-coming/610567/
[98] https://www.france24.com/fr/20161206-pizzagate-complot-fusillade-conspiration-washington-comet-ping-pong-welsh-fake-news-clinton

la fusillade que « jusqu'à ce que le pizzagate soit prouvé faux, ça reste une info ».

Bien qu'on trouve de nombreux adeptes de QAnon dans plusieurs pays à travers le monde, l'une des plus importantes concentrations hors du pays de Trump serait au Canada, et « surtout au Québec ». C'est au cours de l'été 2020 qu'on a pu observer les adeptes de chez nous du mouvement QAnon lors des manifestations contre les mesures sanitaires. « Dans les rues, les adeptes du mouvement se mêlaient à la foule bigarrée, brandissant des pancartes ornées de Q enflammés ou de l'acronyme #WWG1WGA, une référence à « Where we go one we go all », la devise du groupe. Certains portaient des casquettes MAGA rouges, d'autres jonglaient avec un drapeau américain d'une main et un drapeau québécois de l'autre »[99]. Et ce qu'il y a de frappant, c'est de voir la passion pro-Trump franchir allègrement les frontières américaines pour enflammer les complotistes et covidiots locaux. Chez eux, le même discours : la pandémie est fausse et a été créée pour empêcher la réélection de Trump.

Et comme aux États-Unis, on vit des conséquences fâcheuses du conspirationnisme ambiant. Outre l'obstination contre les mesures sanitaires, la Sûreté du Québec rapportait en septembre 2020 « une hausse marquée du nombre de menaces proférées à l'égard des politiciens. Les politiciens ne sont pas les seuls dans la ligne de mire : Guy Lapointe, porte-parole de la SQ, parle aussi d'une « hausse fulgurante » de signalements concernant des menaces en ligne auprès du grand public. Il mentionne que de nombreuses interventions ont été menées, beaucoup plus que ce qui a été médiatisé ».[100]

[99] https://ici.radio-canada.ca/recit-numerique/1030/qanon-conspirations-complot-canada-quebec-trump
[100] https://ici.radio-canada.ca/recit-numerique/1030/qanon-conspirations-complot-canada-quebec-trump

La religion QAnon

Le mensuel américain *The Atlantic* a consacré un excellent dossier[101] au mouvement QAnon qui permet un tour d'horizon à la fois complet et inquiétant. Plus on lit, plus on s'enfonce et plus on peine à y croire. « Les théories du complot américaines entrent dans une nouvelle phase plus dangereuse », écrit la journaliste Adrienne LaFrance qui constate que les « théories du complot sont une constante de l'histoire américaine, et il est tentant de les écarter comme étant sans importance. Mais au fur et à mesure que le XXIe siècle avance, un tel rejet commence à exiger un aveuglement volontaire ».

Au début, on regarde autour de nous avec l'impression qu'aucun de nos proches ne croit à ses sottises. Puis, on se rend compte que tout près, il y a un adepte, puis un autre, puis un autre. Sur les réseaux, on peut désormais difficilement lire une publication sans voir, quelque part, niché sous un commentaire, une de ces réflexions paranoïaques inspirées du mouvement complotiste. Quand, enfin, on les voit envahir le Congrès américain, on réalise que ce n'est plus que l'affaire de deux ou trois fêlés. QAnon doit être pris au sérieux.

> « QAnon est emblématique de la susceptibilité de l'Amérique moderne aux théories du complot, et de son enthousiasme pour celles-ci. Mais c'est aussi déjà bien plus qu'une simple collection d'habitants de salons de discussion à l'esprit conspirateur. Il s'agit d'un mouvement uni dans le rejet massif de la raison, de l'objectivité et d'autres valeurs des Lumières. Et nous sommes probablement plus proches du début de son histoire que de la fin. Le groupe exploite la paranoïa pour susciter un espoir fervent et un profond sentiment d'appartenance. La façon dont il insuffle de la vie à une ancienne préoccupation concernant la fin des temps est également radicalement nouvelle. Regarder QAnon, c'est voir

[101] https://www.theatlantic.com/shadowland/

non seulement une théorie du complot, mais aussi la naissance d'une nouvelle religion. »[102]

La religion de QAnon est effectivement mieux organisée qu'on veut l'admettre. Sa mécanique se déploie, appuyée sur des fidèles, consacrée par des rituels qui rappellent les communautés secrètes. « Rien ne peut arrêter ce qui arrive », « Faites confiance au plan », « le calme avant la tempête » répètent-ils, comme un cri de ralliement, comme une façon de faire comprendre qu'eux, ils savent. Ils font partie des initiés qui ont pour mission de renverser l'ordre mondial établi.

Si l'on ne peut avancer de chiffres concernant le nombre d'adhérents – parce qu'ils ne se distinguent physiquement en rien des autres, « ils sont parmi nous », comme on dit dans le film *L'Invasion des profanateurs*, ils peuvent être n'importe qui et n'importe où – on est certain que le mouvement augmente considérablement et continuellement, au point de contaminer sérieusement la sphère politique. Car, outre le président Trump, pas moins de 97 candidats au Congrès en 2020, dont 89 républicains, ont approuvé ou crédité la théorie du complot ou promu le contenu QAnon[103]. De ce groupe d'illuminés, deux ont même été élues au Congrès en novembre 2020 : Marjorie Taylor Greene, candidate républicaine pour le 14e district de Géorgie et Lauren Boebert, candidate républicaine pour le 3e district du Colorado.

Pour la petite histoire, il faut savoir que la républicaine Marjorie Taylor Greene a indiqué à plusieurs reprises son soutien à l'exécution d'éminents politiciens démocrates en 2018 et 2019 avant d'être élue au Congrès, comme l'a montré un examen de sa page Facebook[104]. Greene a aussi, notamment, aimé un commentaire qui disait qu'une « balle dans la tête serait plus rapide » pour destituer la présidente de la Chambre, Nancy Pelosi. D'autres de ses publications soutenaient l'exécution d'agents du

---

[102] https://www.theatlantic.com/magazine/archive/2020/06/qanon-nothing-can-stop-what-is-coming/610567/
[103] https://www.mediamatters.org/qanon-conspiracy-theory/here-are-qanon-supporters-running-congress-2020
[104] https://www.cnn.com/2021/01/26/politics/marjorie-taylor-greene-democrats-violence/index.html

FBI qui, à ses yeux, faisaient partie de « l'état profond » opposé à Trump.

Oui, la folie chez elle, c'est profond.

Idem lorsqu'il est question des fusillades aux États-Unis. Sur une vidéo datant de 2019, on la voit suivre un rescapé de la tuerie du lycée de Parkland (qui avait fait 17 morts en 2018), David Hogg, âgé de 20 ans, pendant plusieurs minutes où elle le traite de « lâche ». Greene, qui n'avait pas encore été élue, « avait aussi écrit que plusieurs fusillades dans des écoles, comme celle-ci, étaient en réalité des mises en scène orchestrées pour durcir l'encadrement des armes à feu »[105]. Du conspirationnisme pur jus.

Enfin, avec la pandémie de coronavirus et les élections américaines, les conspirationnistes de QAnon s'en sont donnés à cœur joie dans une frénésie de spéculation, faisant circuler les idées les plus farfelues. Par exemple, la décision de Trump de porter une cravate jaune lors d'un briefing de la Maison-Blanche sur le virus « était le signe que l'épidémie n'était pas réelle »[106]. Et pourquoi le jaune? Parce que « c'est exactement la même couleur que le pavillon maritime qui représente le navire qui n'a pas de personnes infectées à bord », a écrit un conspirationniste dans une publication largement relayée dans les médias sociaux.

Quant aux élections, « volées » par les démocrates, Hollywood et les médias, Q lui-même, leader du mouvement, n'a cessé de prévenir ses disciples de ce qui s'en venait : « ils ne reculeront devant rien pour reprendre le pouvoir », écrit-il pour expliquer que l'hystérie provoquée par la pandémie n'est là que pour servir les intérêts politiques des adversaires de Trump. Et, toujours, flotte au travers des messages cette approche calquée sur la religion. « Dieu gagne », lit-on, comme leurs slogans, appuyés de versets d'Éphésiens : « Enfin, soyez forts dans le Seigneur et dans la force

[105] https://www.lapresse.ca/international/etats-unis/2021-01-28/marjorie-taylor-greene/une-trumpiste-radicale-appelee-a-demissionner-du-congres-americain.php

[106] https://www.theatlantic.com/magazine/archive/2020/06/qanon-nothing-can-stop-what-is-coming/610567/

de sa puissance. Mettez toute l'armure de Dieu afin de pouvoir résister aux plans du diable. »[107]

Évidemment, la fermeture de nombreuses pages Facebook et YouTube de groupes conspirationnistes leur a porté un dur coup. Mais, de là à annoncer la mort du mouvement QAnon, il y a un pas – énorme – que le journaliste Jeff Yates ne franchit pas.

> « Parce que QAnon est devenu populaire à cause de la pandémie et de l'élection américaine, on se dit que quand ces choses-là vont être terminées ça va tuer le mouvement, dit-il. Mais c'est une pensée magique. Il compare QAnon à un groupe sectaire aux croyances immuables : que Trump gagne ou non, ça sera la preuve que "Q" avait raison. »[108]

Il reste que l'on a pu voir certains reportages faisant état de la « désillusion » de croyants à ces théories qui, avec la confirmation de Joe Biden le 6 janvier 2021, ont fini par comprendre que *Le moment du jugement* promis par le mouvement QAnon n'aura pas lieu. Pas plus que la prophétie qui annonçait une grande « tempête » ni l'arrestation massive des « traîtres pédosatanistes », l'expulsion d'élus démocrates vers Guantánamo, la mutinerie de l'armée contre Joe Biden ou le « black-out ». Échec sur toute la ligne, à la stupéfaction des adeptes de QAnon. « Maintenant, ils perdent la foi. Aujourd'hui, de nombreux croyants se sentent confus, trompés et incertains de la suite des événements »[109].

« Come on, là, on va être rendu en 2034, esti, pis on va encore dire : *trust the plan* »[110], commentait l'un des conspirationnistes désillusionnés et plus lucides que les autres, sur les réseaux sociaux.

[107] https://www.theatlantic.com/magazine/archive/2020/06/qanon-nothing-can-stop-what-is-coming/610567/
[108] https://ici.radio-canada.ca/recit-numerique/1030/qanon-conspirations-complot-canada-quebec-trump
[109] https://www.cnn.com/videos/business/2021/01/21/conspiracy-theories-qanon-inauguration-trump-biden-orig.cnn-business
[110] https://www.lapresse.ca/international/etats-unis/2021-01-21/stupefaction-chez-les-adeptes-de-qanon.php

Négationnisme

Plusieurs ont pu remarquer, au fil des manifestations au Québec, aux États-Unis, en France ou ailleurs, des militants arborant des t-shirts, drapeaux ou autres signes tangibles d'un racisme décomplexé (notamment chez les membres de groupes d'extrême droite ultranationalistes) ou même d'un antisémitisme pleinement assumé. Certains leaders conspirationnistes sont d'ailleurs des négationnistes affichés (le négationnisme étant, faut-il le rappeler, une position idéologique consistant à nier l'existence des camps d'extermination nazis) et n'hésitent pas à occuper les tribunes pour diffuser leurs messages empoisonnés, trempés dans le conspirationnisme le plus classique.

Rudy Reichstadt, directeur de l'Observatoire du conspirationnisme (Conspiracy Watch), constate également qu'il y a, en France notamment, une tendance à retrouver le *négationnisme* chez les conspirationnistes. Plusieurs des figures de proue qui nourrissent l'espace public de théories du complot, comme Alain Soral, Thierry Meyssan ou Dieudonné M'Bala M'Bala, tiennent effectivement des propos pour lesquels ils ont été taxés d'antisémites ou de négationnistes (ou les deux). Ces figures du conspirationnisme font évidemment la part belle aux Juifs, qui sont associés depuis des siècles à un grand complot visant à leur permettre de prendre le contrôle du monde.

De toute évidence, les preuves accumulées au fil des années n'ont pas réussi à mettre un terme au négationnisme, au révisionnisme ou au conspirationnisme anti-juifs. Au contraire, Internet et les réseaux sociaux fournissent désormais un moyen concret et efficace aux adeptes de ces théories à travers le monde pour se retrouver et nourrir le mythe. Ce « révisionnisme en temps réel » que constitue le « complotisme à l'ère d'Internet ne peut-il, dès lors, être vu à bon droit comme prolongeant, selon des modalités différentes, la croisade antijuive entreprise par les négationnistes ? »[111], demande Reichstadt.

[111] https://www.cairn.info/revue-diogene-2015-1-page-64.htm (p.73)

Les décrypteurs à la rescousse

Quand Marx affirmait que sa devise préférée était *De omnibus dubitandum* (douter de tout), il n'avait certainement pas à l'esprit la paranoïa des complotistes qui doutent de tout... ce qui émane du gouvernement, des élites, des médias traditionnels, en somme de tout ce qui ne confirme pas les théories dont ils s'abreuvent. On est loin ici de Johannes Climacus du philosophe danois Søren Kierkegaard qui, pour faire de la philosophie, devait commencer par « douter de tout », une proposition qui allait jouer un rôle déterminant dans sa vie. *Douter de tout,* c'est une manière de chercher à penser par soi-même, mais « douter de tout n'est pas chose facile ; il ne s'agit pas, en effet, de douter de n'importe quoi, de telle ou de telle autre, de ceci ou de cela, mais d'un doute spéculatif et global, nullement facile à pratiquer. »[112]

Cette méfiance conduit les conspirationnistes, en effet, à mettre en doute toutes les explications fournies pour invalider leurs thèses, mais le doute n'est pas visible que chez eux. Dans la presse, on peut trouver des journalistes, des experts qui doutent, quant à eux, de la véracité et du bien-fondé des complots diffusés dans la sphère publique et qui se donnent pour mission de vérifier, d'analyser et de briser, autant que possible, le cycle infernal du mensonge.

Sur le site de Radio-Canada, en peu d'efforts, on se retrouve sur une page[113] qui compile les fausses nouvelles que des journalistes ont pris soin de valider. Quelques centaines de publications s'y entassent, avec des titres aussi révélateurs qu'ahurissants : « Le pape François arrêté pour trafic d'enfants : une fausse nouvelle née à Montréal »[114], « Voici la désinformation qui circule à propos de la COVID-19 », « Non, ces personnes qui ont assailli le Capitole ne sont pas des anti-Trump déguisés », « Non, il n'y a pas eu moins de mortalité au Québec en 2020 », « Non, ce ne sont pas que 3 % des morts de la COVID-19 qui sont réellement décédés du virus », « Non, le *ti-masque de dentiste* n'est pas inefficace contre la

[112] Kierkegaard, Søren. « Johannes Climacus ou il faut douter de tout », Rivages poche, Petite Bibliothèque, Paris, 1997, p.129.
[113] https://ici.radio-canada.ca/theme/281/fausses-nouvelles/1
[114] Mêler la religion catholique et la pédophilie. Pff! On se demande où ils vont chercher tout ça...

COVID-19 », « Non, cette photo d'un souper n'a pas été prise au Québec », « Le *Great Reset* n'est pas un complot pour contrôler le monde », etc. La longueur de la liste témoigne de la quantité de boulot qu'il faut abattre pour tenter de freiner l'incroyable élan de la désinformation et du conspirationnisme. Photos truquées, montages vidéo malhonnêtes, faux témoignages, amalgames tordus d'informations, preuves sans fondement, liens boiteux entre les événements, faux documents, tout y passe pour convaincre le crédule de ce qu'on essaie de lui faire avaler.

Aussi, les médias d'information se sont ajustés à cette nouvelle réalité en affectant des membres de leur effectif à la « désintoxication » de l'espace public. Par exemple, l'Agence France-Presse (AFP) compte sur un service de vérification des faits depuis 2017 auquel elle a ajouté une branche, en octobre 2020, consacrée exclusivement à ce qui circule sur le Web en s'associant au réseau social Tik Tok. « Quelque 90 journalistes enquêtent sur les contenus circulant en ligne dans 80 pays pour le compte de l'agence de presse » et l'AFP participe également au « Third Party Fact-Checking, un programme de vérification par des médias mis sur pied par Facebook qui rémunère une soixantaine de médias partout dans le monde – généralistes ou spécialisés – pour l'utilisation de leurs vérifications de faits sur sa plateforme et sur Instagram »[115].

Il existe également l'*International Fact-Checking Network*[116], une unité de l'Institut Poynter qui a pour mission de réunir les vérificateurs de faits du monde entier. Lancé en 2015, le réseau regroupe plus de 70 médias veillant à débusquer les fausses nouvelles qui circulent sur les réseaux sociaux. L'institut Poynter est une école de journalisme installée en Floride, propriétaire du journal Tampa Bay Times et du site Internet de vérification des faits *PolitiFact*, lauréat du prix Pulitzer pour ses enquêtes sur des politiciens et des experts.

[115] https://ici.radio-canada.ca/nouvelle/1738039/agencefrance-presse-tiktok-faits-desinformation-fausse-nouvelle
[116] https://www.poynter.org/ifcn/

D'ailleurs, aux États-Unis, la situation est un peu particulière, car le président Trump était lui-même une source majeure de diffusion de fausses nouvelles, de théories du complot, à un point tel que la plupart des grands médias ont créé une section ou une page de « fact-checking » (CNN, Los Angeles Times, Chicago Tribune, The New Yorker, Washington Post, Toronto Star, Politifact, FactCheck.org, etc.) à cause de lui ou fortement consacrée au leader républicain, tout le long de son mandat qui s'est conclu avec l'astronomique total surpassant les 30 500 déclarations fausses ou trompeuses[117].

Le célèbre biologiste britannique Richard Dawkins a pour sa part, avec le *Center for Inquiry*, créé un centre de ressources sur le coronavirus[118] (Coronavirus Resource Center) qui propose les articles et données les plus fiables afin de neutraliser l'effet des fausses nouvelles et conspirations circulant de par le monde. Cela découle de sa propre fondation qui a pour mission de promouvoir la culture scientifique et une vision du monde laïque.

Chez nous, on trouve aussi plusieurs journalistes affectés à la « désintoxication » de l'information diffusée au public. Au journal Le Soleil, Jean-François Cliche veille presque quotidiennement à vérifier les affirmations et questions que ses lecteurs lui soumettent en très grand nombre. Spécialisé depuis plusieurs années dans le contenu scientifique, Cliche utilise sa plume précise et son raisonnement méthodique pour confirmer ou, surtout, défaire patiemment les défis délirants auxquels il se mesure dans sa chronique appelée « vérification faite »[119].

Bien sûr, de nombreuses questions qu'il traite depuis un bon moment tournent autour de la COVID-19 : le nombre des décès liés à la COVID-19 est-il exagéré? Qu'en est-il des décès après le vaccin contre la COVID-19? Y a-t-il une grippe en ce moment? Avait-on vraiment prédit 400 000 hospitalisations? Les médecins reçoivent-ils vraiment une prime pour les décès attribués à la

[117] https://www.washingtonpost.com/graphics/politics/trump-claims-database/
[118] https://centerforinquiry.org/coronavirus/?_ga=2.201169326.1218890437.1618503922-194304943.1618503922
[119] https://www.lesoleil.com/actualite/verification-faite

COVID-19? Un hôpital laisse-t-il vraiment mourir ses patients atteints de COVID-19? Les lieux de culte sont-ils vraiment à risque pour la COVID-19? Est-ce toujours pire au Québec qu'ailleurs? Y a-t-il plus de morts que d'habitude en France? Etc.

Je parie que vous vous êtes vous-mêmes posés plusieurs de ces questions (ou au moins entendu). Aussi, si ce n'est déjà fait, vous auriez tout intérêt et beaucoup de satisfaction à aller faire un tour sur le site du Soleil pour trouver les réponses et les arguments utiles dans la section du journaliste Cliche.

Votre voisin covidiot n'a qu'à bien se tenir, désormais...

À Radio-Canada, il y a notamment ceux que l'on appelle *Les Décrypteurs*. Ils sont quelques journalistes à jumeler leurs efforts pour traquer « les fausses informations qui se propagent sur les réseaux sociaux », « combattre la désinformation et mettre en lumière les recoins les plus sombres du Web »[120].

Pour Jeff Yates, coanimateur de l'émission, la désinformation à l'ère de la COVID-19 est « du jamais-vu ». Sans surprise, il confirme que l'équipe est littéralement submergée par le flot de messages d'internautes qui lui demandent de vérifier une nouvelle ou une information.

> « On fait un triage comme aux urgences. On s'attarde aux nouvelles qui nous sont le plus souvent partagées, celles qui sont les plus virales ou celles qui ont le plus grand risque de semer la panique », explique-t-il.[121]

Panique, car les journalistes constatent un problème d'anxiété généralisé sur les réseaux sociaux en raison de la quantité de sites et d'informations qui circulent, faisant perdre le nord aux mieux intentionnés. D'où le besoin encore plus criant et important d'être bien informés, estime le professeur à l'École des médias de l'Université du Québec à Montréal, Jean-Hugues Roy.

[120] https://ici.radio-canada.ca/decrypteurs
[121] https://www.lapresse.ca/covid-19/2020-04-05/pandemie-de-fausses-nouvelles

« J'ai l'impression que l'on redécouvre les bienfaits de l'information de qualité dans une crise comme celle-ci. Au Devoir, ils ont eu un petit rebond de leurs abonnements. À Radio-Canada, les cotes d'écoute ont beaucoup augmenté », dit-il. La Presse connaît aussi une hausse marquée de son lectorat, qui est passé de 1 million de lecteurs par jour avant la crise à 2,1 millions en moyenne depuis le 12 mars. « C'est un signe que l'information de qualité est aussi reconnue. »[122]

La question qui se pose néanmoins est la suivante : les médias qui fournissent de l'information de qualité – et des journalistes pour vérifier les fausses nouvelles – parviendront-ils à suivre le rythme de croissance effrénée de la désinformation et du complotisme qui pourrissent actuellement nos sociétés ? Car, si certains médias profitent d'une embellie et voient leurs affaires prendre du mieux, la précarité des médias traditionnels demeure d'actualité : les journaux meurent les uns après les autres, plusieurs médias électroniques sont en difficulté et la tendance se maintient, dirait le célèbre Bernard Derome. En somme, comment rivaliser économiquement contre la diffusion de la désinformation qui ne coûte pas un sou, ou presque, sachant le prix d'une information rigoureuse et de qualité, surtout dans un contexte où les géants du Web (Google, Amazon, Facebook, Apple et compagnie) ne payent pas leur juste part?

Alors, pour reprendre à nouveau – librement – les mots de Marx : un spectre hante le monde. Ce spectre, c'est le complotisme. Ce à quoi il nous faudra répondre : « covidiots de tous les pays, séparez-vous! »

---

[122] https://www.lapresse.ca/covid-19/2020-04-05/pandemie-de-fausses-nouvelles

Chapitre deux
Qui sont-ils?

« Tout le monde autour de Trudeau baigne dans la pédophilie. »[123]

– Alexis Cossette-Trudel

N'importe qui

Pour Guillaume Brossard, du site Hoaxbuster, il existe deux types de conspirationnistes : « les idéologues tel Dieudonné, qui exploitent les événements pour propager leurs idées ; et ceux, pas nécessairement extrémistes, qui doutent de tout, sauf du fait qu'on leur cache quelque chose »[124].

Et ce doute s'est répandu, qu'on le veuille ou non. Selon un sondage, « près d'un Canadien sur deux croit que le coronavirus n'est pas naturel, et 15 % est d'avis que l'industrie pharmaceutique est à l'origine de la pandémie, entre autres ».[125]

Ça commence fort.

En revanche, le sondage révèle un fait intéressant : il existe une différence marquée entre les Québécois et la population du reste du pays.

> « Entre autres, près de 50 % des Québécois affirment faire confiance à leur gouvernement, contre seulement 26,8 % des Canadiens. Cela se traduit par une plus grande adhésion aux théories du complot à l'extérieur du Québec. À titre d'exemple, seulement 7,8 % des Québécois sondés croient au complot entourant la 5G, contre 15,7 % des autres Canadiens. De plus, seulement 18,6 % des Québécois pensent que le coronavirus

---

[123] https://xaviercamus.com/2020/04/19/portrait-dalexis-cossette-trudel-qui-accuse-trudeau-de-pedo-satanisme/
[124] https://www.cairn.info/revue-diogene-2015-1-page-51.htm
[125] https://ici.radio-canada.ca/nouvelle/1696346/covid-conspirations-sondage-jeunes-stress-quebec-canada-complot

a été créé en laboratoire, par rapport à 32,5 % des Canadiens »[126].

Mais, qui sont les covidiots? Qui sont ces personnes assoiffées de théories du complot de tous genres? Ça peut être le boucher, votre voisine fonctionnaire au ministère du Revenu, votre fils qui étudie en génie électrique, votre cousine enseignante au primaire, votre beau-père cartographe, le commis à l'épicerie, une comédienne connue, le curé du village. Ça peut être n'importe qui, n'importe où, dans n'importe quelle situation économique. Il n'y pas de profil type. La connerie ne connaît pas de frontière, penserait l'humoriste Coluche.

Radio-Canada, qui a enquêté à propos du phénomène QAnon a aussi pu confirmer la variété d'adeptes que l'on trouve au Québec.

> « Au fil de notre enquête, nous avons trouvé des adeptes québécois de QAnon qui disaient travailler dans des établissements de la santé, pour des services incendie et même auprès de forces policières et des Forces armées canadiennes. Plusieurs de ces internautes publient des messages contre le masque et contre les mesures sanitaires, ainsi que des propos conspirationnistes.
>
> [Pour le chercheur Marc-André Argentino] « N'importe qui est susceptible à ça, c'est pas juste du monde qui n'est pas éduqué, on voit des médecins, des avocats, des politiciens. N'importe qui peut tomber dans ce mouvement. »[127]

De fait, il « n'y a pas de profil sociologique spécifique des croyants au conspirationnisme. Les variables classiques (sexe, âge, etc.), si elles présentent parfois des corrélations avec les croyances ou les pratiques, sont en réalité des conséquences, des variables dépendantes et non indépendantes, de facteurs idéologiques et du degré d'implication »[128].

---

[126] Ibid.

[127] https://ici.radio-canada.ca/recit-numerique/1030/qanon-conspirations-complot-canada-quebec-trump

[128] https://www-cairn-info.acces.bibl.ulaval.ca/revue-diogene-2015-1-page-107.html

Il n'y a pas plus à tirer côté profil type avec le sexe des croyants au conspirationnisme parce qu'ils ne se différencient guère. Bien sûr, on trouvera davantage de femmes dans des mouvements comme les Jersey Widows (veuves du New Jersey), dont les conjoints sont morts lors des attentats du 11 septembre. Il n'y a rien d'étonnant à les voir se faire insistantes pour obtenir des explications, n'importe quelle explication. Par contre, on constate que les leaders conspirationnistes sont « presque toujours des hommes, à l'image des personnalités politiques »[129].

Concernant l'âge, en France, les sondages montrent que plus on est âgé, moins on est perméable aux théories du complot, alors que les plus jeunes (15-24 ans) y adhèrent plus facilement. Quant au niveau d'instruction, on y trouve d'intéressants constats : en France, un faible niveau d'instruction « rend indifférent aux idées conspirationnistes, plus d'instruction (niveau lycée) favorise les idées conspirationnistes et plus d'instruction encore (niveau études supérieures) en éloigne »[130]. C'est comme s'il fallait un minimum d'instruction pour pouvoir imaginer des complots et bricoler des théories, mais pas suffisamment pour pouvoir les mettre à l'épreuve avec rigueur.

Il y a cependant une constante dans les études : plus on est à l'extrême sur le plan politique et plus on croit aux idées conspirationnistes. « Les pourcentages les plus élevés d'adhésion à une vision complotiste se trouvent chez les électeurs de Marine Le Pen (72 %) et chez les électeurs de Jean-Luc Mélenchon (56 %). [...] On note aussi un pourcentage élevé d'adhésion au conspirationnisme chez les abstentionnistes, ce qui confirme les analyses sur la méfiance envers le politique »[131].

Dans une étude publiée par la revue *Social Psychiatry and Psychiatric Epidemiology*, deux chercheurs britanniques ont, à partir de données d'une enquête américaine sur la santé mentale,

---

129 Ibid.

130 Ibid.

131 Ibid.

dressé le « portrait-robot » des adhérents types des théories du complot.

> « Se dessine le profil d'individus en général non mariés, au niveau d'études peu élevé, souvent exclus du marché du travail. Leur niveau de revenus est très nettement inférieur à celui des non-complotistes et il leur est plus fréquemment arrivé de souffrir de la faim sans avoir les moyens de l'assouvir. Ils ont connu des histoires familiales difficiles (séparation des parents biologiques, séjours prolongés hors du foyer) et leur réseau personnel (famille, amis) est en moyenne moins développé. Plus grande solitude, moins d'espoir en l'avenir, autodépréciation, plus grande détresse psychologique, colère et manque de contrôle, moindre confiance... Le mécanisme d'adhésion au discours complotiste fait intervenir des facteurs de prédisposition (défiance envers l'autorité, faible capacité à accepter l'incertain, etc.), des déclencheurs (essentiellement des événements à fort pouvoir émotionnel) et des biais de raisonnement (sources d'informations sélectionnées, biais de confirmation, rigidité cognitive, confiance en ses intuitions) »[132].

C'est du moins le portrait que l'on peut tirer chez les Américains, à l'époque de l'enquête (2001 à 2003). Les choses ont probablement changé (et empiré) depuis, notamment depuis l'ère Trump et l'influence de mouvements tels que QAnon. Un article paru en ce sens dans *La Presse* présentait notamment les résultats d'une étude publiée dans la revue scientifique *Nature* qui fait un lien entre les croyances politiques aux États-Unis et la distanciation physique, à l'heure de la pandémie de coronavirus.

> « Et voici ce que les chercheurs ont découvert : plus une circonscription américaine avait voté Trump (à droite), moins ses habitants avaient eu tendance à pratiquer la distanciation physique, entre le 9 mars et le 29 mai 2020, distanciation déterminée en deux pôles : la réduction des déplacements en

[132] https://www.lemonde.fr/passeurdesciences/article/2017/04/05/les-dessous-psychologiques-des-theories-du-complot_6001908_5470970.html

général et la fréquentation de commerces non essentiels. [...] Plus une circonscription était pro-Trump, moins ses habitants avaient eu tendance à limiter leurs déplacements généraux (9,5 % de moins que les circonscriptions pro-Clinton) et leurs visites de commerces non essentiels (19,5 %). »[133]

Pire encore, à mesure que la pandémie s'aggravait aux États-Unis, l'écart gauche-droite s'est creusé.

> « Les gens des circonscriptions pro-Trump ont de moins en moins respecté les mesures de distanciation, principalement celles sur les commerces non essentiels ! Pour les chercheurs de l'étude de *Nature*, si les circonscriptions pro-Trump avaient respecté les mesures de distanciation comme les circonscriptions pro-Clinton, ils auraient pu y freiner les taux d'infection et de mortalité liés à la COVID-19 »[134].

Au Québec, un sondage CROP publié en octobre 2020 révélait qu'une personne sur cinq, soit environ 20 % de la population québécoise, « adhère à l'une ou l'autre des théories du complot qui entourent la pandémie de COVID-19 »[135].

> « Une personne sur cinq croit que la pandémie a été inventée pour contrôler la population, ou qu'elle est un prétexte pour nous conditionner à la docilité et à la répression policière. C'est infiniment plus important que ce à quoi on s'attendait. Je suis tombé des nues », commente Alain Giguère, président de la firme de sondage.[136]

La suite n'est pas plus réjouissante : « un répondant sur quatre (25 %) affirme être totalement d'accord ou en partie d'accord avec les thèses conspirationnistes de QAnon », des thèses qui parlent de satanisme et de pédophilie, faut-il le rappeler. Et puis, plus du quart de la population (27 %) croit que la COVID-19 n'est « pas plus dangereuse qu'une grosse grippe ».

---

[133] https://plus.lapresse.ca/screens/1c8fc76e-6023-4c19-983b-d6c3361eb14a__7C___0.html
[134] Ibid.
[135] https://www.lapresse.ca/covid-19/2020-10-24/sondage-crop/une-personne-sur-cinq-adhere-a-des-theses-complotistes.php
[136] Ibid.

Le même sondage nous apprend qu'au Québec, les hommes adhèrent davantage aux théories du complot (24 %) que les femmes (17 %). Comme chez les cousins français, les jeunes de 18 à 34 ans y croient davantage (32 %) que ceux âgés de plus de 55 ans (9 %). Nous divergeons légèrement de la France au chapitre du niveau d'instruction et de son effet sur la croyance en ces théories : « 25 % des répondants titulaires d'un diplôme secondaire y croient, une proportion qui chute à 17 % chez les diplômés collégiaux et à 18 % parmi les titulaires d'un diplôme universitaire ».

Si on reprend le sondage[137] mentionné précédemment s'intéressant spécifiquement à la pandémie de coronavirus, on remarque à nouveau cette distinction dans les résultats entre les plus jeunes et les plus âgés :

« Le gouvernement me cache des informations »
- 18 à 44 ans : 47,5 %
- 65 ans et plus : 26,6 %

« Le coronavirus a été créé en laboratoire »
- 18 à 44 ans : 35 %
- 65 ans et plus : 19,6 %

Les compagnies pharmaceutiques sont derrière la pandémie
- 18 à 44 ans : 19,3 %
- 65 ans et plus : 7 %

Il y a un lien entre la 5G et la COVID-19
- 18 à 44 ans : 15,1 %
- 65 ans et plus : 7,7 %

La professeure Marie-Ève Carignan, dans un article publié à ce propos, explique que plus un individu est scolarisé, moins il a tendance à adhérer aux théories du complot. « Les plus jeunes, qui n'ont pas de niveau universitaire, peuvent sentir qu'il y a une élite

[137] https://ici.radio-canada.ca/nouvelle/1696346/covid-conspirations-sondage-jeunes-stress-quebec-canada-complot

plus instruite, qui a plus de pouvoir financier, et ça rejoint leur perception que cette élite-là ne joue pas franc jeu, ne dit pas la vérité, fait des manigances en secret »[138].

Et puis, CROP fait également une corrélation entre le revenu et l'adhésion aux théories du complot : « Ce sont 30 % des répondants qui gagnent moins de 40 000 $ qui y adhèrent, alors que la proportion chute à 20 % parmi ceux qui gagnent entre 40 000 $ et 80 000 $ par année, et à 12 % parmi ceux qui ont des revenus de plus de 80 000 $ par année »[139].

Le point commun entre les personnes qui croient en ces thèses? *Un sentiment d'exclusion social* nous apprend le sondage. Et puis, il y a aussi une « très forte corrélation » entre ceux qui adhèrent aux théories du complot et la pensée des « Incels », « ces célibataires involontaires qui se sentent rejetés par la société en général, et par les femmes en particulier ». Pour Martin Geoffroy, directeur et chercheur principal du Centre d'expertise et de formation sur les intégrismes religieux, cet élément est une nouveauté :

> « C'est encore une fois un indicateur que les gens qui croient en ces théories ont l'impression de manquer d'emprise sur leur vie. Ils sont donc portés à inventer ou à croire des histoires qui leur donnent l'impression de reprendre un certain contrôle sur leur destinée. »[140]

Enfin, le sondage CROP observe chez les adeptes des théories du complot une forte tendance « à être favorables à un repli sur des valeurs traditionnelles, comme l'autorité patriarcale, et croient faiblement à l'égalité des sexes ». Un article publié par *Cerveau & Psycho* citant une étude slovène[141] s'est intéressé à cet aspect idéologique du profil du conspirationniste ou du covidiot type. On y lit que « le fait d'être conservateur, religieux et complotiste

---

[138] https://www.journaldequebec.com/2020/06/20/le-virus-des-fausses-nouvelles-portrait-type-du-complotiste
[139] https://www.lapresse.ca/covid-19/2020-10-24/sondage-crop/une-personne-sur-cinq-adhere-a-des-theses-complotistes.php
[140] Ibid.
[141] https://www.tandfonline.com/doi/full/10.1080/13548506.2020.1772988

constituerait le cocktail idéal pour refuser de porter un masque ou de garder ses distances en contexte épidémique »[142].

L'étude a, de fait, révélé que « plus une personne est conservatrice, religieuse et complotiste, moins elle prend au sérieux le danger représenté par le virus et les faits rapportés par la science, ce qui l'amène à négliger les recommandations essentielles en matière de protection et de santé publique ». Citant les exemples de Jair Bolsonaro (Brésil), Donald Trump (États-Unis) et Boris Johnson (Royaume-Uni), l'auteur de l'article insiste sur le rôle et l'impact de l'idéologie portée par les chefs d'État (hostile aux mesures sanitaires, politiquement conservatrice, religieuse ou soutenant un fondamentalisme religieux) sur leurs électorats qui représentent une part « importante de l'humanité qui pourrait être victime de ce biais entre vision idéologique et vulnérabilité aux épidémies. Par exemple, au Brésil, le déni du danger s'est récemment accompagné d'une théorie du complot assez incroyable : la théorie des cercueils vides. Selon les internautes qui font circuler cette rumeur, il n'y aurait pas de morts du Covid-19, seulement des cercueils vides qu'on met en terre »[143].

Bien que l'échantillon de l'étude soit modeste et que de nombreux biais soient possibles, les résultats soulignent néanmoins « que la prévention contre les pandémies de demain devra inclure un travail sur l'arrière-plan idéologique de l'opinion ».

Ainsi, il n'y pas peut-être pas de covidiot ou de conspirationniste typique, mais certaines caractéristiques ressortent du lot : des hommes, jeunes, conservateurs, avec un niveau d'instruction relativement modeste chez qui on trouve un fort sentiment d'exclusion. Voilà pour le profil que l'on peut dresser, tout en gardant à l'esprit que l'élément le plus fascinant et inquiétant est que l'on trouve des adeptes (en proportion moindre, mais tout de même) de ces théories *partout*, dans toutes les tranches d'âge, hommes ou femmes, avec tous les niveaux d'instruction et tous les

---

142 https://www.cerveauetpsycho.fr/sd/psychologie-sociale/covid-19-la-menace-ideologique-20012.php

143 Ibid.

niveaux de revenu disponible. Aucun profil n'est totalement exclu. Mais, qu'en est-il des leaders?

Voici donc un portrait de quelques-uns de leurs meneurs les plus fameux et influents, d'ici et d'ailleurs.

Vampire cherche crédules

Alexis Cossette-Trudel ne disait rien à personne – ou si peu – jusqu'à ce qu'il saisisse l'opportunité de la Covid-19 pour sortir de l'ombre de façon spectaculaire[144].

Ce titulaire d'un doctorat en sciences des religions (ça ne s'invente pas!) est le fils des ex-felquistes Jacques Cossette-Trudel et Louise Lanctôt. « Le hasard fait ainsi qu'il est le petit-fils de Gérard Lanctôt, successeur du nazi canadien Adrien Arcand, en tant que dirigeant du Parti de l'unité nationale »[145], apprend-on également au sujet de sa généalogie. De plus, il a brièvement été président du Comité national des jeunes du Parti québécois en 2000, pendant un peu plus de deux mois, fonction qu'il quittera à cause de « divergence de vues avec les représentants régionaux »[146].

La rhétorique, l'argumentaire, le style et le ton employés dans son webjournal diffusé sur YouTube ont su capter l'attention d'un auditoire qui a considérablement augmenté avec la crise du coronavirus.

> « L'auditoire de ce vlogueur, qui exprime aussi ses opinions dans des émissions diffusées en direct sur Facebook et Twitter, est en ces temps de crise cinq fois plus élevé que la moyenne des 36 000 visionnements que son canal « Radio-Québec »

[144] Je rends ici hommage à l'exceptionnel Xavier Camus, dont le remarquable travail d'enquête contre l'extrême droite et le complotisme nous fournit à tous, moi y compris, une mine d'or d'informations qui s'avèrent utiles pour ce segment biographique de Cossette-Trudel. Chapeau, M. Camus et merci!

[145] https://xaviercamus.com/2020/04/19/portrait-dalexis-cossette-trudel-qui-accuse-trudeau-de-pedo-satanisme/

[146] https://www.tvanouvelles.ca/2000/05/13/alexis-cossette-trudel-quitte-la-presidence-des-jeunes-du-pq

> récoltait en moyenne depuis trois mois. Beaucoup de ses auditeurs sont européens. »[147]

Avant qu'elle ne soit suspendue par YouTube et Facebook, sa chaîne « Radio-Québec » comptait plus de 58 000 abonnés et l'une de ses vidéos, qui soutient que le coronavirus est une fraude, avait été vue près de 500 000 fois. Avec la pandémie, la popularité de Cossette-Trudel était telle qu'il a plus que doublé son auditoire pour atteindre plus de 124 000 abonnés. Le chercheur Marc-André Argentino a comparé ces statistiques à ceux de l'influenceur QAnon américain principal, un dénommé Praying Medic, qui est suivi par 390 000 personnes.

> « Si on compare la population américaine à la population du Québec, on voit qu'Alexis Cossette-Trudel a quand même une influence importante, dit-il. Et c'est pas juste au Québec, ses vidéos sont traduites en espagnol, en italien, et on les trouve en Europe. Sur les pages Web de QAnon en France, on mentionne Radio-Québec comme une des références principales. Rudy Reichstadt, de l'Observatoire du conspirationnisme et des théories du complot en France, dit qu'Alexis Cossette-Trudel est un vecteur important de l'exportation du phénomène en Europe ».[148]

Décidément, la complosphère aime suivre le gourou québécois. Dans ses envolées, les mots de Cossette-Trudel sont durs, particulièrement à l'endroit de ses cibles pour lesquelles la nuance n'est pas de rigueur. Pour lui, Justin Trudeau verse dans le « pédosatanisme », sa femme, Sophie Trudeau, est une « agente » du milliardaire George Soros, tandis que le docteur Anthony Fauci, directeur de l'Institut national des allergies et des maladies infectieuses des États-Unis, est une « taupe » et un « adorateur » d'Hillary Clinton.

Chez lui, l'attaque est frontale, sans bémol. Les minorités et les progressistes sont vilipendés, y compris « Fardoche », le

---

[147] https://www.lapresse.ca/covid-19/2020-04-05/pandemie-de-fausses-nouvelles
[148] https://ici.radio-canada.ca/recit-numerique/1030/qanon-conspirations-complot-canada-quebec-trump

personnage de Passe-Partout que Télé-Québec a eu l'odieux de confier à un Noir. L'horreur!

Lorsqu'il veut « prouver » la pédophilie du premier ministre Trudeau au moyen d'une photo (qui ne prouve absolument rien, sauf l'aisance du premier ministre devant la caméra), sa charge est diffamatoire et directe, comme en fait foi ce passage tiré des réseaux sociaux : « Avez-vous comme moi entendu le branle-bas de combat au Cabinet du PM Trudeau ce matin? Alors que cette histoire de pédophilie qu'on croyait enterrée refait surface sur le Web au Québec? Une chance que les journalistes veillent au grain et feront tout pour que cette histoire ne soit pas éventée. On préfère s'en prendre aux « conspirationnistes du Web » qu'aux pédophiles en hauts lieux, surtout quand les subventions en dépendent »[149].

La recette est limpide : la pédophilie du premier ministre est connue, les journalistes sont complices parce qu'ils sont vendus. Ils s'en prennent plutôt aux « justiciers » qui disent la vérité.

Oui, c'est délirant.

Le thème de la pédophilie est récurrent est obsessif chez lui, allant jusqu'à affirmer que tout l'entourage de Trudeau « baigne dans la pédophilie », tout comme l'ensemble de la famille royale britannique que personne n'arrête pour des raisons de « sécurité nationale ». Cossette-Trudel fait partie de ceux qui croient que Donald Trump, qu'il appuie sans réserve, est venu en politique essentiellement pour démanteler les réseaux « pédocriminels ». Il affirme également que Satan est derrière tout ça, adoré par le *Deep State*, la CIA et ceux qui contrôlent les élus.

Oui, je sais.

Quant à la Covid-19, la thèse de Cossette-Trudel : la crise est créée par l'humain et non par un virus. La pandémie est orchestrée de longue date par l'élite médicale qui, avec les mondialistes, veut

---

[149] https://xaviercamus.com/2020/04/19/portrait-dalexis-cossette-trudel-qui-accuse-trudeau-de-pedo-satanisme/

faire tomber Trump. Pour lui, les médias « exagèrent gravement la mortalité du coronavirus par rapport à celle de la grippe pour créer un état de panique et faire tomber l'économie. Mais Donald Trump a « damé le pion » en révélant l'existence du remède miraculeux. « Pour que leur pandémie fonctionne et que ça soit un crash de la civilisation occidentale anti-Trump, il ne faut pas qu'il y ait de médicament comme la chloroquine », martèle le vlogueur, qui croit fermement que l'OMS et les médias font tout pour empêcher les médecins d'utiliser le médicament »[150].

Vous voyez le principe? Le complot, bien juteux, qu'un méchant gouvernement mondial nous cache, mais qui a été mis au jour – quelle chance! – par un groupe de gars et de filles qui regardent des trucs sur YouTube.

C'est tout ce que ça prenait. Et ça suffit aux complotistes pour embarquer avec zèle dans le bateau du capitaine Cossette-Trudel, subjugués par ses propos. Ils sont nombreux à le suivre, y compris des vedettes populaires comme Lucie Laurier, dont les commentaires ont attiré l'attention des médias et du public, la comédienne étant sévèrement critiquée pour ses étonnantes déclarations. Par exemple, elle a comparé Alexis Cossette-Trudel à Erin Brockovich, popularisée au cinéma pour son engagement auprès de citoyens, hors des sentiers battus. « Quand on regarde le film d'Erin Brockovich avec Julia Roberts, on adore ce genre d'histoire. Le gros bon sens et la justesse innée qui habitent des gens de valeur qui n'ont pas le style ou la facture imposée. Puis quand un des nôtres a cette dignité, on ne veut pas le reconnaître. Radio-Québec a ce courage »[151], écrit-elle sur les réseaux sociaux.

Alexis Cossette-Trudel collabore régulièrement avec André Pitre, alias « Stu Pitt », qui l'invite sur sa chaîne YouTube « Le Stu-Dio » pour propager les thèses conspirationnistes. Cette association rapproche Cossette-Trudel de l'extrême droite à laquelle s'identifie clairement André Pitre, qui est passé par le groupe de pression identitaire *La Meute* pour faire une tournée du Québec. L'ex-

---

[150] https://www.lapresse.ca/covid-19/2020-04-05/pandemie-de-fausses-nouvelles

[151] https://xaviercamus.com/2020/04/19/portrait-dalexis-cossette-trudel-qui-accuse-trudeau-de-pedo-satanisme/

syndicaliste Ken Pereira, « témoin-vedette de la Commission Charbonneau, participe occasionnellement à certaines webdiffusions de Stu Pitt, dans le cadre d'une émission appelée Complot inc. Il affirme que ses participations ont un « deuxième degré » et il se distancie de certains propos qui sont tenus sur ces canaux »[152].

Le terrain de l'extrême droite est occupé de différentes façons par Cossette-Trudel : il est un propagateur des thèses de QAnon (qui a été abordé précédemment) et s'est présenté aux élections provinciales pour *Citoyens au pouvoir*, le parti du syndicaliste Bernard « Rambo » Gauthier, lui-même associé pendant une période à *La Meute* notamment par ses militants. Il s'est également impliqué au municipal en faveur du parti d'extrême droite *Union patriote*.

Le marqueur identitaire (patriotisme québécois extrême) se constate d'ailleurs, comme une constante, dans les manifestations des conspirationnistes anti-masques qui, comme symbole phare, transportent avec eux le drapeau du Québec. La Meute, Atalante Québec et autres appuient leur action politique sur ce point précis, l'identité québécoise, qui permet à leurs gourous de jouer la corde sensible de la peur de disparaître, la crainte d'être assimilé par un grand complot visant l'éradication du peuple québécois, de sa culture, de sa langue, de son identité. Ce nationalisme d'extrême droite (ou gauche) est toujours un outil indispensable des grandes dictatures ou de ces mouvements qui parviennent à attirer des fidèles pour grossir les rangs des crédules inquiets. Cossette-Trudel, comme tant d'autres, sait, sans nul doute, faire vibrer cette corde avec talent.

La meilleure présentation – et probablement la plus fidèle – du personnage est venue de sa propre sœur, Marie-Ange Cossette-Trudel, professeure de philosophie, qui a publié une lettre dans les médias pour relâcher un peu de pression à son endroit et mettre au clair le profond malaise qui existe dans son clan familial.

---

[152] https://www.lapresse.ca/covid-19/2020-04-05/pandemie-de-fausses-nouvelles

« Ici, il n'est plus simplement question de désaccord ni de malaise, c'est un désastre à tous points de vue pour moi. Une grande, grande tristesse. Une honte aussi. Malgré tout mon amour, ma patience, mon écoute, ma ruse, je n'aurai pas réussi à le raisonner. C'est rendu trop gros pour moi, trop dangereux. Il est brillant, terriblement brillant. Il est fin stratège, il calcule tout, anticipe tout. J'aimerais être aussi optimiste que ma mère qui disait en entrevue qu'elle espérait qu'il se « déprogramme » (tout comme elle avait réussi à se libérer des idéologies qui dominaient jadis sa vie). Mais je crois qu'il se nourrit des crédules, tel un vampire. Il jubile.

[...] En ce sens, sur les réseaux sociaux, plusieurs se demandent comment on peut être si différents lui et moi : que s'est-il passé ? Rien, en fait. Tout en fait. La seule réponse qui semble avoir un certain sens pour moi est celle-ci : depuis toujours, je désire réenchanter ce monde, lui désire lui faire la guerre. »[153]

Le passage le plus significatif : *il se nourrit des crédules, tel un vampire. Il jubile*. Alexis Cossette-Trudel avait soif d'un auditoire, soif d'un public, de fidèles qui lui permettraient d'assouvir ce besoin de « faire la guerre » à ce monde. Le complotisme et surtout la pandémie de coronavirus auront offert au vampire des victimes sur un plateau d'argent.

D'ailleurs, cette popularité amène aussi des revenus qui permettent à Radio-Canada de poser la question : « On peut se demander si Alexis Cossette-Trudel, érudit et détenteur d'un doctorat en sciences des religions, est devenu prisonnier d'un personnage. Après tout, le succès de ses vidéos amène une certaine prospérité financière : la chaîne YouTube de l'animateur est monétisée, et il recueille des dons sur PayPal et Patréon. Plusieurs adeptes de son émission ont aussi commencé à vendre de la marchandise Radio-Québec et lui versent une part des profits. »[154]

Pouvoir et argent, encore?

---

[153] https://www.lapresse.ca/debats/opinions/2020-10-11/temoignage/fille-de-soeur-de.php
[154] https://ici.radio-canada.ca/recit-numerique/1030/qanon-conspirations-complot-canada-quebec-trump

Le roi des complotistes

Parmi ceux qui ont décidé de nous « sauver » du premier ministre François Legault et du directeur de la santé publique Horacio Arruda, on trouve une « figure de proue du mouvement anti-masque », Mario Roy. Celui-ci mène une invraisemblable croisade pour faire arrêter les deux hommes responsables de mener le Québec au travers de la pandémie pour « haute trahison »[155].

Déjà, on sent que c'est du sérieux.

> « M. Roy est dans le collimateur de l'ordre professionnel des avocats depuis des mois. Le syndic du Barreau lui reproche d'exercer illégalement le métier d'avocat sans en avoir les compétences, en multipliant les avis juridiques donnés aux dizaines de milliers de personnes qui suivent sa page Facebook. »[156]

De fait, depuis mai 2018, Mario Roy est sous le coup d'une ordonnance lui interdisant formellement d'agir de manière à faire croire qu'il peut faire des actes juridiques réservés aux avocats. Mais, le leader anti-masque est obstiné et refuse de se conformer aux ordres de la Cour, incitant « régulièrement son auditoire à défier les décrets sanitaires du gouvernement en affirmant qu'ils sont illégaux ».

La particularité de M. Roy est qu'il se donne le droit de faire des « arrestations citoyennes ». Le Barreau, d'ailleurs, lui reproche d'avoir diffusé une vidéo dans laquelle il prétend « avoir créé une jurisprudence en matière d'arrestations citoyennes ».

Se qualifiant lui-même d'illuminé[157], Roy soutient avoir des « preuves » que la direction de la protection de la jeunesse est un

---

[155] https://www.lapresse.ca/actualites/justice-et-faits-divers/2020-11-27/outrage-au-tribunal/nouvelles-plaintes-contre-la-figure-antimasque-mario-roy.php

[156] Ibid.

[157] https://plus.lapresse.ca/screens/81c9b6df-4f20-46d3-baf3-91b81168adb4__7C___0.html#:~:text=Son%20fondateur%2C%20Mario%20Roy%2C%20s,de%20financement%20pour%20l'UCEAC.&text=Mario%20Roy%20tra%C3%AEne%20par%20ailleurs%20un%20casier%20judiciaire%20assez%20lourd.

« réseau d'enlèvements d'enfants ». Il avance également que les juges et avocats sont corrompus et les médias complices.

Un classique du covidiot complotiste.

Mario Roy, qui « s'affiche fièrement en tant que membre à part entière de Storm Alliance, un groupe ultranationaliste anti-immigration », traine un casier judiciaire assez lourd, nous apprend la presse : « Au cours des 10 dernières années, il a été condamné pour agression armée, pour menace de mort ainsi que pour s'être battu avec les agents de sécurité d'un palais de justice. Il tentait de procéder à l'arrestation citoyenne de l'un d'eux »[158].

Allergique aux opposants, on aperçoit Mario Roy proférer des menaces verbales sans ambiguïté dans un message sur cellulaire[159], affirmant avoir des alliés avec des capacités d'enquête, un collègue possédant « un permis de menottage », d'avoir la capacité de procéder à des « arrestations citoyennes », sans oublier la possibilité de retracer les personnes qui commentent (qui ne partagent pas son opinion) grâce aux adresses IP et aux photos de famille afin de retracer les personnes « dangereuses pour le système », dit-il.

Je cherche le mot pour qualifier le tout, mais ce n'est certainement pas « grand démocrate » qui me vient à l'esprit...

Dans une autre vidéo[160], on apprend de la bouche de Mario Roy lui-même qu'il « n'organisera plus rien ». Déçu du manque d'entrain des Québécois qui ne sont pas prêts « à se lever », il dit avoir « eu sa leçon » et annonce se désengager du genre de manifestations qu'il cherchait à propager jusque-là.

Avant de crier votre joie, sachez cependant ceci : la même vidéo se termine par une nouvelle annonce. Il nous informe qu'un « autre mouvement va partir », un groupe incluant « 105

---

[158] Ibid.

[159] https://www.youtube.com/watch?v=xzVwdopWjxY

[160] https://www.youtube.com/watch?v=mrQW-G9lNsA

personnes », au sein d'un mouvement qui ne sera pas public, mais qui prendra de « l'ampleur dans les prochaines semaines ».

Et justement, cette pause n'a pas duré.

Le 13 mars 2021, Mario Roy participe à une manifestation contre les mesures sanitaires. Lui et ses copains, qui se font appeler les « Farfadaas », décident, au terme d'une marche qui s'est déroulée au centre-ville de Montréal, de bloquer le tunnel Louis-Hippolyte-La Fontaine. Ceux-ci ont immobilisé leurs véhicules au beau milieu du tunnel, vers 18 h 30, bloquant les trois voies en signe de protestation contre les mesures sanitaires et la « violence policière ».

Oui, ça leur prend, comme ça. Ils sont des Farfadaas.

Les choses ont failli mal tourner lorsqu'un homme, frustré d'être coincé dans ce bouchon de circulation volontaire, est sorti avec un marteau, frappant sur trois des véhicules qui bloquaient le tunnel.

> « Plusieurs vidéos qui ont circulé sur les réseaux sociaux montrent Mario Roy qui est sorti d'un des véhicules, téléphone à la main, et qui filme l'homme au marteau en le menaçant d'accusations d'agression armée. D'autres personnes qui portent des chandails « Fuck Legault » s'en prennent alors verbalement à l'homme et le filment, alors qu'il semble retourner à son véhicule. » [161]

Quelques jours plus tard, Mario Roy est arrêté, puis libéré contre promesse de comparaître, lui qui faisait déjà face à des accusations « d'intimidation et de harcèlement à l'égard de l'avocate du Barreau responsable des enquêtes sur la pratique illégale du métier d'avocat », en plus d'être alors en attente d'un jugement pour quatre chefs d'outrage au tribunal.

---

[161] https://www.lapresse.ca/actualites/justice-et-faits-divers/2021-03-24/le-complotiste-mario-roy-arrete-pour-mefait.php

Rien que ça.

Complotisme oblige, Mario Roy a affirmé, en marge d'un de ses procès, qu'il était victime d'une « filature » d'un groupe de « gauche radicale ». On l'aurait menacé de mort et il devait être tué avant le 15 mars, a-t-il expliqué, ajoutant qu'il s'agissait probablement d'une tactique visant à l'empêcher de se défendre efficacement, lui qui avance une « preuve » contre le Barreau lors de son procès.

Le Barreau n'a pas voulu réagir à ces allégations...

Après avoir promis – en vain – des arrestations en masse et des condamnations pour les crimes commis par ses ennemis, c'est surtout les échecs de Roy et sa bande qui prennent de l'ampleur, visiblement.

Puis, ultime revirement, la prison aurait fait réfléchir le leader anti-masque Mario Roy qui a fait savoir, par son avocat, qu'il était prêt à « enterrer la hache de guerre » avec le Barreau.

Ainsi, après quelques jours très dissuasifs passés derrière les barreaux, Roy a déclaré : « J'ai eu une bonne semaine de réflexion. Je ne peux pas sauver tout le monde avant de me sauver moi-même »[162].

Ce dernier a expliqué qu'il travaille sur un projet de cidrerie et qu'il souhaitait que cette saga ne mette pas fin à son rêve.

Des noms pour la cidrerie me viennent à l'esprit : *Le vin dicatif* ? *La pomme de discorde* ? *Lobo tomie* ?

J'y vois un beau potentiel.

[162] https://www.lapresse.ca/actualites/justice-et-faits-divers/2021-03-31/mario-roy-se-dit-pret-a-enterrer-la-hache-de-guerre.php

Un « artiste » nommé Alex Jones

Si l'influence de Cossette-Trudel et ses comparses est indéniable au Québec et en Europe, chez nos voisins du Sud on trouve encore bien pire, bien plus puissant et plus influent que sa version québécoise. Aux États-Unis, c'est Alex Jones, une « superstar conspirationniste américaine » qui se déchaîne et mène la guerre quotidienne au progressisme, à la gauche et à l'intervention de l'État sur son site *InfoWars*, fondé en 1999. Propagandiste efficace et populaire, soutien acharné de Donald Trump, il fait partie des complotistes qui laissent entendre que le gouvernement fédéral est responsable des attentats du 11 septembre 2001. De plus, l'animateur contribue également volontiers à la diffusion des thèses sur la traite des enfants et les réseaux de pédophilie.

Alex Jones est particulièrement odieux à propos du massacre de Sandy Hook, une fusillade survenue en 2012 au Connecticut qui a fait 28 morts, dont 20 enfants. Pour l'animateur conspirationniste, la tuerie n'aurait pas existé. Il reprend ici la théorie du complot voulant que la fusillade n'ait été qu'une mise en scène du président Obama, de mèche avec le gouvernement mondial, afin de mettre en place un sévère contrôle des armes. Ces complotistes affirmaient que les enfants que l'on voyait dans les médias apeurés et traumatisés par le massacre n'étaient en fait que des « acteurs ».

Les familles des victimes de Sandy Hook, qui ont décidé de poursuivre l'animateur américain, ont même été les cibles de « harcèlement et de menaces de mort »[163] de la part des partisans de Jones. Pour se défendre, celui-ci, qui a depuis reconnu que la fusillade avait eu lieu, a affirmé qu'un avocat des familles « avait tenté de le piéger avec de la pornographie juvénile ». La Cour l'a condamné pour ses propos.

Les médias ont également rapporté le cas de Lenny Pozner, dont le fils a été tué lors de la fusillade, qui a été harcelé et menacé de mort pendant des années par des théoriciens du complot. La

---

[163] https://ici.radio-canada.ca/nouvelle/1190764/sandy-hook-alex-jones-tribunal-sanctions-theorie-complot

situation était telle qu'il a dû fournir « un certificat de décès et des échantillons d'ADN pour prouver que Noah, tué lors de la fusillade, était bel et bien son fils ».

Les menaces et l'acharnement des partisans d'Alex Jones ont contraint Lenny Pozner et sa conjointe, Veronique De la Rosa, à « déménager à sept reprises depuis la tuerie. Ils habitent désormais à des centaines de kilomètres de l'endroit où leur Noah, 6 ans, est enterré. À chaque déménagement, des partisans d'Alex Jones les retrouvent, diffusent leurs coordonnées, puis les menaces reprennent aussitôt, dit Mme De la Rosa, qui vit aujourd'hui avec son conjoint à un endroit gardé sous haute sécurité »[164].

Depuis, M. Pozner mène une bataille contre les conspirationnistes. Il a créé un site Web « pour déconstruire les théories du complot propagées sur Internet au sujet de la fusillade ».

Quant à la pandémie de Covid-19, Alex Jones, sans surprise, affirme que « tout cela est un lock-down des mondialistes afin que le gouvernement ait l'air d'un héros et que les grandes compagnies technologiques puissent nous inoculer de force un vaccin. Tout cela est une affaire de tyrannie médicale »[165]. À son émission, Jones reçoit des médecins qui mettent en doute les mesures de distanciation... tout en invitant ses auditeurs « à se prémunir du virus en prenant des extraits de zinc, vendus par le site d'InfoWars sous la marque « The Real Red Pill » à 40 $ US pour 120 capsules de 7 mg (plus de 10 fois le prix en pharmacie pour une concentration équivalente). « C'est la meilleure façon de préparer votre corps à affronter ce virus », assure-t-il.

Évidemment, c'est une question d'argent. Ce métier d'agitateur n'est qu'une question d'argent et dépasser les bornes s'avère très payant.

---

[164] https://ici.radio-canada.ca/nouvelle/1115840/alex-jones-complot-conspiration-infowars-fusillade-sandy-hook-parents-enfants-tues
[165] https://www.lapresse.ca/covid-19/2020-04-05/pandemie-de-fausses-nouvelles

« Les Infowars et leurs sociétés affiliées sont privées et n'ont pas à rendre publics leurs résultats financiers. Mais en 2014, selon le témoignage de M. Jones dans une affaire judiciaire, ses opérations rapportaient plus de 20 millions de dollars par an. Les dossiers consultés par le New York Times montrent que la plupart de ses revenus cette année-là provenaient de la vente de produits tels que les suppléments Super Vitalité Masculine, qui prétend stimuler la testostérone, ou Brain Force Plus, qui promet de "surcharger" les fonctions cognitives.

Les archives judiciaires d'une affaire de divorce montrent que les entreprises de M. Jones ont rapporté plus de 5 millions de dollars en 2014. Les procédures judiciaires montrent que lui et sa femme de l'époque, Kelly Jones, se sont lancés dans des projets de construction d'un complexe de piscines à cette époque, comprenant une cascade et une cabane à manger avec une cheminée en pierre. M. Jones a acheté quatre montres Rolex en une journée en 2014, et a dépensé 40 000 dollars pour un aquarium d'eau salée. Les actifs du couple à l'époque comprenaient un piano à queue de 70 000 dollars, 50 000 dollars en armes à feu et 752 000 dollars en argent, or et métaux précieux, dans un coffre-fort, selon des documents judiciaires. »[166]

Jones en paye le prix, parfois, devant les tribunaux – en condamnations et en frais juridiques – et les réseaux sociaux réagissent, à l'occasion. Sa page personnelle a déjà été suspendue pendant un temps par Facebook et YouTube a déjà retiré de ses vidéos, lui reprochant ses discours haineux. Mais, lorsqu'on prend l'animateur en défaut, il réplique qu'il est cité hors contexte et qu'on veut le faire taire. Les avocats d'Alex Jones ont aussi allégué en Cour par le passé qu'il « joue un personnage » et doit être considéré comme un « artiste » plus qu'un « journaliste ».

Pour vrai.

---

[166] https://www.nytimes.com/2018/09/07/us/politics/alex-jones-business-infowars-conspiracy.html

Devant les tribunaux, Jones multiplie les stratagèmes pour tenter de se soustraire à toute responsabilité légale :

> « Tout en se montrant contrit, il continue parallèlement, note le recherchiste, à véhiculer des propos potentiellement diffamatoires, dont certains contre des personnes qui le poursuivent. [...] Alex Jones est intentionnellement provocateur. C'est ce qu'attendent de lui ses auditeurs. Il fait tout pour les convaincre qu'ils sont engagés dans la lutte de leur vie contre les "mondialistes" et les incite à acheter des produits naturels sur son site pour le soutenir », relève Tim Johnson, de Media Matters. [167]

L'artiste Jones ou l'art de vampiriser ses fidèles.

La science intuitive du docteur Raoult

En France, et dans le monde scientifique, l'influenceur le plus connu – vénéré ou critiqué – est sans contredit l'infectiologue Didier Raoult que de très nombreux complotistes et covidiots citent en exemple pour « appuyer » leurs dires.

Le professeur Didier Raoult pratique à l'institut hospitalo-universitaire (IHU) Méditerranée à Marseille. Il s'est surtout fait connaître (et critiquer) parce qu'il est un ardent défenseur de l'hydroxychloroquine comme traitement contre la COVID-19, et ce, sans preuve parfaitement solide.

Très présent dans les médias, Didier Raoult n'hésite pas à répondre aux commentaires (et aux critiques), en se montrant tout à fait certain de ce qu'il avance sur le plan scientifique. Aussi, l'ensemble de « l'œuvre » du doc Raoult attire évidemment l'attention (et les critiques). Outre sa chevelure longue qui rappelle les chansonniers des années 60, le professeur se fait aussi remarquer (et critiquer) pour ses propos qui, à certains égards,

[167] https://www.lapresse.ca/international/etats-unis/201904/02/01-5220523-lanimateur-conspirationniste-alex-jones-sous-forte-pression-judiciaire.php

ressemblent au narcissisme que l'on voit chez Trump. Cuistre ou scientifique, demandez-vous? « Je suis un grand scientifique »[168], dira-t-il, pour illustrer toute l'estime qu'il se porte.

Les sorties originales du docteur Raoult sont venues aux oreilles du Conseil national de l'Ordre des médecins français qui a porté plainte contre six médecins, dont le professeur Raoult, après des propos controversés sur l'épidémie de COVID-19. « Didier Raoult est au cœur d'une polémique pour avoir étrillé la gestion de la crise par les autorités et les conflits d'intérêts dans la recherche internationale sur le traitement de la COVID-19 »[169], lit-on dans la presse.

Parmi les critiques les plus sévères formulées à l'endroit du professeur Raoult, il y a celle d'un confrère retraité, ancien infectiologue, qui, dans une lettre ouverte[170], s'est vidé le cœur. « Par pitié, arrête! », lui supplie le Dr Gilles Roche, irrité par les accusations de son ancien collègue envers le système de santé et les mesures appliquées.

> « Je dois dire que depuis le mois de janvier, toutes tes déclarations se sont, malheureusement pour toi et pour nous tous, avérées fausses : les trois malades chinois qui ne devaient pas nous inquiéter... Ce sera une grippette! La comparaison avec les accidents de trottinette qui tueraient plus... Le risque de deuxième vague est un fantasme. Il n'y aura plus de cas à partir du mois d'août. L'hydroxychloroquine associée à l'azithromycine a résolu le problème, la partie est terminée. Il n'est pas nécessaire, et même il n'est pas éthique de faire des essais cliniques comparatifs pour valider ton intuition d'efficacité et de bonne tolérance du traitement que tu as proposé, qui s'est tout de même avéré notoirement inefficace. »

---

[168] https://www.ladepeche.fr/2020/06/24/les-meilleures-petites-phrases-de-didier-raoult-pendant-son-audition-a-lassemblee,8947988.php#:~:text=%2D%20%22Tous%20les%20gens%20qui%20font,par%20%C3%AAtre%20de%20la%20religion%22.

[169] https://www.lapresse.ca/international/europe/2020-12-21/covid-19-en-france/plainte-contre-six-medecins-pour-des-propos-controverses.php

[170] https://www.maxisciences.com/sante/didier-raoult-le-dr-roche-infectiologue-a-montpellier-laccable-dans-une-lettre-ouverte_art44876.html?fbclid=IwAR2_QBbHx0TLkj9-StyZx1LcHEG3KD8-iW1956mcIOVCarVbkZSDySAXzh8

Accusant Didier Raoult d'attiser les tendances complotistes, le Dr Roche ajoute : « Tu as laissé penser que la science, c'est du travail bâclé et des publications précipitées et non validées par les pairs [...]. Tu as encouragé sans vergogne les tendances complotistes et populistes les plus basses, porté par l'enthousiasme des foules en délire qui te confortaient dans ton idée d'être une sorte de divinité et te rendaient aveugle à la réalité. [...] Par pitié, arrête de dire toutes tes stupidités qui nuisent tellement à la société, aux patients, à la médecine et à la science! Laisse les professionnels faire leur travail et cesse de faire le malin. »

Enfin, au cours d'une entrevue média, le Dr Roche a voulu déboulonner les prétentions de son controversé confère concernant la validité de ses méthodes :

> « Il dit que l'association hydroxychloroquine et azithromycine a réglé le problème alors qu'il n'a pas jugé utile de faire des essais. Hormis sur 26 patients. Mais sur les 26, il en a enlevé 6, dont 1 est mort, 1 a arrêté et 3 sont passés en réa. Sans même tenir compte des effets secondaires. Il n'a regardé que la charge virale. C'est un biologiste, pas un clinicien. Il a raisonné en virologue. Certains sont morts, il s'en fiche. Certains sont passés en réa, il s'en fiche. Sa méthodologie foireuse, il s'en fiche. Ça a été décodé par des spécialistes des essais cliniques et il a continué à faire sans comparatif. On ne peut pas faire la promotion d'un traitement s'il n'est pas validé.
>
> C'est contraire au code de déontologie. En plus son traitement ne marche pas. L'hydroxychloroquine+azithromycine, c'est 7 % de mortalité en plus. Et, il a mis le bazar à communiquer de cette façon. Les réseaux sociaux, les vidéos sans contestation... Il a pris à témoin le grand public et il l'a déboussolé. Avec sa grande gueule, il a racolé un ensemble de gens qui ne demandait que ça, qui critique le gouvernement et qui critique tout. »[171]

[171] https://www.midilibre.fr/2020/10/05/didier-raoult-par-pitie-arrete-la-lettre-ouverte-du-dr-roche-infectiologue-a-montpellier-9117242.php

Le Dr Roche a certes pointé du doigt la vanité débordante de son confrère infectiologue, mais c'est surtout les écarts sur le plan scientifique qui auront suscité les critiques et rendus nécessaires ces mises au point. Contesté et contestable, le prof Raoult n'obtient pas la note de passage lorsqu'on révise ses protocoles. Par exemple, l'équipe de l'émission diffusée sur France Culture, *La Méthode scientifique*, s'est intéressée à une étude[172] publiée dans The International Journal of Antimicrobial Agents au titre révélateur : *Hydroxychloroquine et azythromycine comme traitement du COVID-19 : résultats d'un essai clinique ouvert et non randomisé*[173].

Didier Raoult et ses partenaires de recherche se sont montrés déterminés à trouver une solution, quitte à bousculer les protocoles, à ébranler les « colonnes du temple » de la science. « Si j'ai un talent dans la science, c'est l'observation. Je suis un bon observateur. Je vois les choses là où les gens ne le voient pas. Je ne suis pas un prophète même si je suis barbu »[174], fait-il remarquer, avec une note d'humour propre à lui.

Dans l'article de l'émission de France Culture, on prend soin de reprendre le protocole utilisé pour le mettre à l'épreuve : immense biais de mesure avec la méthode (essai clinique ouvert non randomisé), « puisqu'on sait sur quels patients il faut attendre des résultats et sur quels autres il n'y en aura pas, ou moins » et que « contrairement au protocole usuel, les patients sont répartis dans les groupes tests non pas par hasard ou tirage au sort, mais selon le choix des chercheurs qui décident de les assigner dans tel ou tel groupe »[175].

Autre problème : les résultats sont compilés sur 6 jours, alors que l'essai devait durer 14 jours. Pourquoi cet empressement? Puis, l'un des groupes testés ne comptait que 6 personnes, « c'est une

---

[172] https://www.franceculture.fr/emissions/radiographies-du-coronavirus/chloroquine-le-protocole-raoult

[173] https://www.sciencedirect.com/science/article/abs/pii/S0924857920300996

[174] https://www.ladepeche.fr/2020/06/24/les-meilleures-petites-phrases-de-didier-raoult-pendant-son-audition-a-lassemblee,8947988.php#:~:text=%2D%20%22Tous%20les%20gens%20qui%20font,par%20%C3%AAtre%20de%20la%20religion%22.

[175] https://www.franceculture.fr/emissions/radiographies-du-coronavirus/chloroquine-le-protocole-raoult

cohorte très petite qui empêche a priori d'avoir une approche statistique significative ». L'analyse fait également ressortir des problèmes dans la sélection des participants (différence d'âge significative entre le groupe témoin et les patients traités), de même que certains critères d'exclusion et la décision d'inclure des patients qui ont refusé le traitement, « ce qui, pour le coup, est un vrai problème éthique », sans oublier le fait que parmi les 20 patients traités, « tous n'étaient pas au même état clinique de la maladie », de même que d'autres biais méthodologiques et problèmes, dont « l'abandon de six patients ».

Sans passer la totalité des arguments en revue – une lecture de cet article de France Culture vaut le détour parce que complet et limpide – l'analyse concède que le « point positif des travaux de Didier Raoult, c'est d'avoir fait la lumière sur un médicament potentiellement efficace, sans toutefois faire la preuve de son efficacité au vu des trop nombreux biais de ses travaux ».

En somme, bien que l'urgence épidémique ait poussé dans le dos du monde scientifique, il reste que si la méthodologie est défaillante, le risque augmente d'autant. C'est parce que la science « s'embarrasse » de rigueur et se montre exigeante qu'elle peut être fiable. C'est pourquoi l'article conclut que « dans l'état actuel de nos connaissances, il est impossible, sur la base de ces travaux, d'affirmer que ce médicament est efficace pour lutter contre le Covid-19 ».

Trump, le fabulateur en chef

Même si le monde respire à nouveau depuis sa défaite face au démocrate Joe Biden, il reste que l'impact de Donald Trump sur l'humeur électorale et politique est indéniable et ne se dissipera pas aussi rapidement qu'on le voudrait. Le mensonge est sa matière première et le complotisme est une recette que l'histrion américain apprécie et sert à toutes les sauces. À maintes reprises, le locataire de la Maison-Blanche a utilisé son fil *Twitter* pour partager une publication exposant les théories conspirationnistes les plus folles, quand il ne les a pas inventées carrément lui-même.

Parmi les théories les plus farfelues[176], on note celle concernant Ted Cruz, adversaire républicain de Trump. Ce dernier a repris l'histoire non fondée cherchant à lier Rafael Cruz – père de Ted – à Fidel Castro et l'assassin du président John F. Kennedy, Lee Harvey Oswald. Trump a aussi, avec insistance, relayé la théorie mettant en doute les origines américaines de Barack Obama et répété à satiété que des fraudes électorales lui ont coûté le vote populaire en 2016. Il a également contribué à la diffusion (déjà considérable) de la théorie sur la vaccination qui provoque l'autisme et affirmé que les éoliennes donnent le cancer. Indécrottable climatosceptique, Trump a déclaré, dans un tweet devenu célèbre en 2012, que le « concept du réchauffement climatique a été créé par et pour les Chinois » afin de nuire aux intérêts économiques américains. Il a eu beau annuler son tweet en prétextant qu'il s'agissait d'une « blague », il a néanmoins répété à de multiples reprises que les changements climatiques étaient un canular.

Il a aussi propagé les théories alimentant la xénophobie en disant, par exemple, que des musulmans américains auraient célébré la destruction des tours du World Trade Center en 2001, ou encore que les réfugiés syriens étaient, peut-être, des terroristes. « Ça pourrait être un complot. Je veux dire, je ne veux pas penser en termes de complot. Mais, ça pourrait être un complot. »[177]

Cette fixation complotiste de Trump a atteint son paroxysme dans le contexte de la campagne électorale de 2020. Les sondages le laissant plus de dix points derrière son rival, le président sortant s'est mis à propager la théorie affirmant que le vote par correspondance – moyen de prédilection de l'électorat démocrate, surtout en période de pandémie – favorise la fraude. En réponse à ces propos trompeurs, *Twitter* a réalisé une première en greffant

[176] https://www.businessinsider.com/donald-trump-conspiracy-theories-2016-5#questions-about-ted-cruzs-fathers-potential-ties-to-president-john-f-kennedys-assassin-1

[177] https://www.businessinsider.com/donald-trump-conspiracy-theories-2016-5#questions-about-whether-syrian-refugees-are-isis-terrorists-4

aux messages de Trump un lien conduisant à des informations objectives contredisant le président. « *Get the facts about mail-in ballots* »[178], pouvait-on lire, invitant les gens à s'informer à partir des faits.

Et puis, avec la défaite, Donald Trump a dépassé toutes les (ses) limites, refusant obstinément d'accepter son sort et de concéder la victoire à Biden. Il n'a cessé de dénoncer une élection « truquée », affirmant sans aucune preuve qu'il était victime d'une fraude massive. L'équipe de Trump a subi des dizaines de défaites humiliantes devant les tribunaux, mais le discours est resté le même : les machines à voter ont été programmées pour qu'un vote pour Trump soit enregistré comme un vote pour Biden, des millions de votes ont été comptabilisés illégalement, des morts ont pu voter en masse, etc.

Du délire à ciel ouvert.

Mais surtout, une attaque frontale contre la démocratie et ses institutions. Pourtant, Trump nous avait prévenus en 2016 et en 2020 : « je vais accepter les résultats de l'élection... si je gagne »[179]. Cet état d'esprit sans équivoque a pavé la voie de réflexions abracadabrantes du clan du président perdant, envisageant toutes les options pour renverser le résultat. Mais, vraiment... *toutes* les options :

> « Acculés, le président et sa garde rapprochée n'hésitent plus à avancer les idées les plus osées comme l'instauration de la loi martiale, ont rapporté plusieurs médias américains. Cette option aurait été évoquée lors d'une réunion vendredi et a suscité de nombreuses critiques dans la classe politique, malgré une dénégation laconique de Donald Trump sur Twitter. L'idée de confier le pouvoir exécutif et judiciaire à l'armée circule depuis début décembre chez les plus fervents supporters de Donald Trump et permettrait, selon ses partisans,

[178] https://ici.radio-canada.ca/nouvelle/1706537/twitter-donald-trump-tweets-etats-unis-president-joe-scarborough
[179] https://www.cnn.com/2016/10/20/politics/donald-trump-i-will-totally-accept-election-results-if-i-win/index.html

de confier aux militaires l'organisation d'un nouveau scrutin présidentiel. »[180]

Chris Krebs, haut responsable de la sécurité des élections que Trump a limogé après avoir contesté à plusieurs reprises les allégations de fraude électorale du président sur Twitter, a déclaré : « Je pense que l'attaque continue contre la démocratie et le résultat de cette élection – qui ne sert qu'à saper la confiance dans le processus – est en fin de compte corrosive pour les institutions qui soutiennent les élections. Et à l'avenir, ce sera d'autant plus difficile »[181].

Plusieurs analystes et chroniqueurs, comme Yves Boisvert de La Presse, en arrivent à cette même réflexion :

> « La façon optimiste de voir l'issue des semaines les plus humiliantes pour la démocratie américaine, c'est comme le dit Joe Biden, qu'à la fin, la morale politique est sauve, car « les institutions ont tenu le coup ». Mais que valent les institutions si une portion suffisamment importante du peuple pense qu'elles sont pourries et participent à un complot pour « voler » les élections ? Comment ne pas craindre les effets de l'immense ressentiment qui bout ? »[182]

Trump alimente furieusement le doute et la suspicion, au point où dans plusieurs États-clés, des responsables du vote, souvent des républicains eux-mêmes, ont reçu des menaces de mort. La pression exercée par Trump et l'aveuglement volontaire de ses fidèles sont tels qu'une **majorité** d'électeurs et de représentants républicains sont persuadés qu'on leur a volé l'élection. Alors, ils participent volontiers à une mutinerie. Les 7 millions de votes d'avance de Biden et ses 306 grands électeurs contre 232 ne sont pas à leurs yeux des arguments valables.

---

[180] https://www.lapresse.ca/international/etats-unis/2020-12-20/donald-trump-nie-vouloir-instaurer-la-loi-martiale-pour-renverser-l-election.php

[181] https://www.cnn.com/2020/12/17/politics/donald-trump-coronavirus-stimulus-vaccine/index.html

[182] https://www.lapresse.ca/international/etats-unis/2020-12-15/trump-est-fini-mais-pas-la-rage.php

C'est d'une gravité sans nom. Ce qui fait dire au chroniqueur Boisvert :

> « En ce moment, des millions d'Américains, au lieu de se faire dire d'accepter la défaite, se font dire que la plus grande tricherie de l'histoire s'est déroulée sous leurs yeux. Que le combat continue. Trump, mais surtout ses complices politiques, cultive ce ressentiment. Cette rage politique ne s'envolera pas par enchantement. Dans un pays armé jusqu'aux dents, ça peut coûter des vies. Mais ça rend assurément toute institution publique plus fragile. Pensez donc, « on nous a menti » sur la chose la moins controversée du système démocratique, et la plus sacrée, puisque c'est l'expression de la volonté populaire : le simple comptage des votes. Alors, imaginez sur tout le reste… »

Mais, incontestablement, la folie trumpienne a atteint son paroxysme le 6 janvier 2021, alors que les partisans les plus déjantés du dictateur américain ont mené une insurrection dans le Capitole à Washington afin d'interrompre la marche démocratique consistant à confirmer (une fois de plus et en principe la dernière fois) la victoire de Joe Biden. Des milliers d'extrémistes et d'hurluberlus ont envahi la capitale, des manifestants faisant irruption dans l'édifice et forçant l'évacuation des élus présents au Congrès.

Un coup d'État, en plein jour, avec des casquettes MAGA vissées sur la tête de plusieurs.

Un peu plus tôt, Trump stimulait ses troupes en tweetant que « Notre pays en a assez, ils n'en veulent plus » et « Nous vous entendons (et vous aimons) depuis le Bureau ovale »[183]. Jetant ainsi avec un plaisir sadique de l'huile sur le feu, le président perdant continuait d'entretenir l'illusion que sa victoire était encore possible. « Nous n'abandonnerons jamais, nous ne céderons jamais », criait-il, à son micro.

---

[183] https://www.cnn.com/2021/01/06/politics/pro-trump-supporters-dc-protest/index.html

« Washington dans les dernières convulsions de l'ère du Trump » titrait le New York Times[184], donnant ainsi le ton d'une présidence catastrophique qui se termine par ce que le président lui-même a semé, tout le long de son parcours : la violence, encouragée, admirée et banalisée.

Fort heureusement, le même jour a vu l'annonce de la victoire des démocrates en Géorgie où les deux sièges acquis leur ont permis de prendre le contrôle du Sénat, véritable obstacle en vue pour le nouveau président Biden. Sans cela, les républicains majoritaires lui auraient rendu la vie impossible et compliqué largement la mise en œuvre de son programme politique.

C'est une importante consolation, dans le contexte, mais qui ne met pas un terme au complotisme, pas plus qu'à l'idiotie.

Terrorisme stochastique

Il est impossible de ne pas penser que le président Trump ne mesure pas l'influence qu'il a sur sa base électorale, considérablement plus étendue qu'on voudrait l'admettre avec les (plus de) 74 millions de votes qu'il a engrangés en 2020, malgré un bilan pitoyable à tous points de vue. Trump a beau dire, par exemple, qu'il n'a pas explicitement incité les gens à « boire du désinfectant » pour lutter contre le coronavirus, certains le font néanmoins et suivent ses consignes implicites. Il agit sur ses fidèles comme un gourou sur sa secte : on lui obéit fidèlement et on ne discute aucune de ses idées, même (ou surtout) lorsqu'elles sont complètement imbéciles.

Lorsqu'il laisse entendre, par exemple, qu'il serait dangereux pour sa rivale Hillary Clinton que l'on retire les armes de ses gardes du corps[185], il incite ses disciples à la violence contre elle. Idem lorsqu'il demande au mouvement des Proud Boys – un groupe de

[184] https://www.nytimes.com/2021/01/06/us/politics/trump-congress.html?action=click&module=Spotlight&pgtype=Homepage
[185] https://www.lapresse.ca/international/dossiers/maison-blanche-2016/201609/16/01-5021484-trump-de-nouveau-accuse-dinciter-a-la-violence-contre-clinton.php

militants d'extrême droite armés jusqu'aux dents – de « reculer et de se tenir prêts »[186], le candidat Trump invite ses fidèles à attaquer les bureaux de vote pour éviter la défaite que la démocratie était en train de lui préparer. Le manège atteint son sommet lorsque des milliers de partisans tentent un coup d'État pour empêcher la confirmation de la victoire de son opposant, au début de janvier 2021.

Cette ligne de conduite que propose Trump – pour les élections comme pour le reste – porte un nom : *terrorisme stochastique.* C'est ce même principe qui s'applique lorsque des animateurs influents invitent les gens à « frapper des cyclistes », à se venger de ceci ou cela, ou en tenant des propos violents, misogynes, racistes ou homophobes. Ce faisant, ils attisent la haine, ils encouragent les comportements haineux et violents, ils incitent – directement, indirectement, plus ou moins subtilement – leurs fidèles à commettre des actes violents ou terroristes. L'animateur Alex Jones, cité précédemment, en est un parfait exemple de ce dont sont capables des partisans fidèles. Bien des covidiots trouvent leurs motivations – de désobéissance ou de violence – dans les propos des théoriciens du complot.

Le *terrorisme stochastique* s'appuie sur la force de la communication de masse pour atteindre l'auditoire le plus large possible. Sur l'ensemble, on peut alors imaginer qu'il y aura un ou des illuminés qui passeront à l'action.

> « Le terrorisme stochastique est l'utilisation des communications de masse pour inciter des acteurs aléatoires à commettre des actes violents ou terroristes qui sont statistiquement prévisibles, mais individuellement imprévisibles. En bref, il s'agit d'un meurtre à distance perpétré par un loup solitaire. C'est ce qui se produit lorsque Ben Laden diffuse une vidéo qui incite des extrémistes choisis au hasard à l'autre bout du monde à commettre un attentat à la bombe ou une fusillade »[187].

---

[186] https://ici.radio-canada.ca/nouvelle/1738232/trump-proud-boys-extreme-droite-canada
[187] http://stochasticterrorism.blogspot.com/

L'histoire humaine est remplie de ces exemples d'appels à la violence, parfois généralisée, via les médias de masse. Songez seulement au massacre génocidaire des Tutsis au Rwanda en 1994 appelé à grands cris par les extrémistes Hutus sur les ondes de la radio Mille Collines. Évidemment, si le cas rwandais est limpide, il est difficile, voire souvent impossible, d'établir un lien direct... mais, le principe demeure.

> « Pour David Morin, de la Chaire UNESCO en prévention de la radicalisation et de l'extrémisme violents, le discours complotiste de QAnon alimente les polarisations sociales et désigne des coupables qui sont des cibles potentielles. Son sous-texte contribue à galvaniser les extrémistes violents, dans un contexte d'anxiété généralisée et de mécontentement où une part importante de la population vit des niveaux élevés de détresse psychologique, voire des troubles de santé mentale.
>
> Il y a des individus qui vont passer à l'acte. C'est déjà arrivé et ça se reproduira inévitablement. Certains sont crinqués par ces discours et par les appels à faire quelque chose, affirme-t-il. On est dans un contexte explosif où bien des gens sont anxieux, en colère, et ont l'impression qu'on ne les écoute pas. Est-ce qu'Alexis [Cossette-Trudel] contribue à ça? Bien sûr. »[188]

Par exemple, dans une vidéo intitulée *Trump et le Serpent,* Alexis Cossette-Trudel dit à son public : « Allez-y fort avec Arruda for prison, allez-y fort sur Arruda, "gloves off", bar ouvert, on peut frapper dessus comme on veut. »[189]

Bien qu'il s'en défende et prétende qu'il ne s'agit pas d'appel à la violence, son public, lui, le reçoit comment? C'est exactement le mécanisme du terrorisme stochastique.

Dans le cas de Trump, il faut dire qu'il se fait insistant en la matière. À de multiples reprises, il a invité ses partisans à s'en prendre à sa rivale, notamment lorsqu'il a prévenu son auditoire que l'élection

---

[188] https://ici.radio-canada.ca/recit-numerique/1030/qanon-conspirations-complot-canada-quebec-trump
[189] Ibid.

de Clinton conduirait à la nomination de juges qui mettraient en péril le Second amendement protégeant le propriétaire d'armes à feu. « Si elle doit choisir ses juges, vous ne pourrez rien faire, les amis. Bien que les gens qui défendent le deuxième amendement, peut-être qu'ils le pourront. Je ne sais pas »[190], dira-t-il, dans une invitation à peine voilée à une action terroriste.

Comment ne pas penser qu'un jour quelqu'un ne tentera pas le coup?

Il y aurait, dans la plupart des cas auxquels on peut songer, une sorte de scénario classique qui s'installe et se répète[191] :

1. Un personnage public ayant accès aux médias ou à une tribune diabolise une personne ou un groupe.
2. À force de répéter cette diabolisation, la personne ou le groupe ciblés sont progressivement déshumanisés, dépeints comme odieux et dangereux, suscitant une combinaison hautement inflammable de peur et de dégoût moral.
3. On remarque une multiplication d'images et de métaphores violentes, des blagues sur la violence, des références à des « purges » contre des groupes honnis, l'utilisation d'un vocabulaire religieux et moral, une rhétorique qui s'arrête à l'orée d'un appel aux armes explicite.
4. Et, lorsqu'éclate enfin la violence, la figure publique qui a incité à la violence s'empresse de la condamner, prétendant que personne ne pouvait prévoir la « tragédie ».

Les effets de la méthode trumpienne sont nombreux et dévastateurs, à commencer par les consignes sanitaires pour lutter contre le coronavirus que refusent obstinément de suivre ses disciples. Le complot mondial est ici au sommet de son art, mêlant l'Organisation mondiale de la Santé, les pharmaceutiques, les géants des technologies, la Chine et tout ce qu'on peut imaginer rêvant secrètement de mettre un terme aux libertés individuelles des Américains.

---

[190] https://www.nytimes.com/2016/08/10/us/politics/donald-trump-hillary-clinton.html
[191] https://valerietarico.com/2015/11/28/christianist-republicans-systematically-incited-colorado-clinic-assault/

L'impact le plus immédiat, ce sont les morts et séquelles qui découlent de la Covid-19, bien entendu. À la mi-décembre 2020, les États-Unis étaient le pays « le plus touché tant en nombre de morts que de cas, avec 303 867 décès pour 16 725 039 cas recensés, selon le comptage de l'université Johns Hopkins »[192].

On peut aussi observer l'impact de Trump dans des catégories pourtant peu enviables, comme le racisme, la violence et les clivages sociaux. En somme, un président qui alimente à ce point le racisme et les divisions finit par avoir un effet concret… sur le racisme et les divisions. Et la chose se manifeste de diverses façons.

Le 27 juin 2020, des résidences privées de retraités sont le théâtre d'un affrontement verbal entre les pros et les anti-Trump. Fort heureux d'y retrouver des appuis, le président croit alors faire un bon coup et partage une vidéo dans laquelle on voit des aînés manifester leur appui à son endroit. Trump, qui ne s'intéresse pas à la réalité, remercie alors les gens « des Villages », une communauté pour les plus de 55 ans qui accueille 115 000 habitants dans le nord de la Floride, faisant abstraction de l'évidente opposition dont il est également l'objet.

Sur la vidéo, on voit clairement un aîné crier un des slogans les plus fameux et racistes qui soient : « White power, voilà, white power. Vous avez entendu ça ? »[193]. À deux reprises, il nargue ses opposants qui le regardent, stupéfaits.

Quelques heures plus tard, alors que la polémique commençait à monter dans les médias américains, Donald Trump a supprimé son retweet.

Oui, Trump attise la haine avec un évident plaisir sadique. Avec sa consigne lancée pendant le débat présidentiel de 2020 aux Proud Boys, il venait, mine de rien, de donner un extraordinaire coup de pouce aux extrémistes racistes de son pays. « D'après des

---

[192] https://www.lapresse.ca/international/2020-12-16/covid-19/le-bilan-de-la-pandemie-dans-le-monde-plus-de-1-636-000-morts.php

[193] https://www.lapresse.ca/international/etats-unis/2020-06-28/trump-republie-puis-supprime-une-video-a-caractere-raciste.php

experts des groupes extrémistes, le fait de s'être adressé directement aux Proud Boys pendant [le débat] vu par des centaines de millions de personnes a offert une publicité sans pareille au mouvement, autant au Canada qu'aux États-Unis »[194].

Comment s'étonner, alors, de la montée du racisme aux États-Unis ?

> « Plusieurs études récentes publiées par des organismes indépendants comme le Pew Research Center ou le Southern Poverty Law Center montrent qu'une large majorité d'Américains considèrent que les relations raciales ont empiré depuis l'élection de Donald Trump. Pour les deux tiers des personnes interrogées, il serait même désormais plus facile que dans le passé de tenir des propos racistes aux États-Unis.[195] »

Sur le plan statistique, la chose s'est vérifiée, notamment par la hausse de 17 % des crimes racistes, antisémites ou homophobes lors de la première année de présidence de Trump, selon les données du FBI. « Il s'agit du chiffre le plus élevé depuis 2008 »[196], lit-on. « Dans le sillage de la victoire de Trump, les graffitis de swastikas dans les écoles, les railleries racistes dans les médias sociaux et autres attaques motivées par la haine se sont multipliées. La Southern Poverty Law Center a catalogué 1094 crimes haineux dans les 34 premiers jours qui ont suivi l'élection de 2016. Depuis, le nombre d'incidents racistes ne cesse de croître.[197] »

Les Américains sont désormais plus dépressifs, anxieux et ont perdu confiance en l'avenir. Même avant la pandémie, les rapports annuels de l'Association de psychiatrie américaine montraient que les gens sont plus anxieux d'année en année depuis 2016. « L'augmentation en 2017 fut de 36 % par rapport à 2016, de 39 % en 2018 par rapport à 2017 et de 32 % en 2019 par rapport à 2018. La situation est devenue telle qu'en 2019, la plupart des

---

[194] https://ici.radio-canada.ca/nouvelle/1738232/trump-proud-boys-extreme-droite-canada

[195] https://www.vie-publique.fr/parole-dexpert/273693-la-question-noire-aux-etats-unis-depuis-lelection-de-donald-trump

[196] https://www.lapresse.ca/international/etats-unis/201811/13/01-5204013-hausse-de-17-des-crimes-racistes-antisemites-ou-homophobes-en-2017-aux-e-u.php

[197] https://www.latribune.ca/opinions/la-recrudescence-du-racisme-aux-etats-unis-aee56123c7f85223dbb3317e3f730853

Américains prenaient des calmants alors que 22 % recouraient à des soins professionnels fournis par des thérapeutes, psychologues ou psychiatres.[198] »

Le climat politique affecte les citoyens au point où les chercheurs appellent cela « l'anxiété Trump ». En somme, le président a nui à la santé mentale des Américains. Avant sa défaite, la situation est telle que certains comme l'analyste politique Bill Schneider estimaient que l'environnement politique aux États-Unis est « le plus divisé depuis la guerre civile »[199].

Joe Biden pourra-t-il réparer un pays à ce point brisé?

Ironiquement, il n'y a qu'une seule chose qui unisse les Américains : ils se disent divisés. Selon le Public Religion Research Institute, « 91 % des Américains pensent que nous sommes polarisés et 74 % pensent que nous sommes extrêmement polarisés ».

Pire encore, cette division augmente le risque de violence. Selon les données de deux enquêtes nationales, « 15 % des républicains qui s'identifient comme tels et 20 % des démocrates qui s'identifient comme tels pensent que le pays serait meilleur si les membres du parti d'opposition "venaient à mourir". Et près de 10 % des personnes qui s'identifient comme membres des deux grands partis pensent que la violence serait acceptable si le candidat du parti d'opposition remportait la prochaine élection présidentielle. »

Oui, votez pour un clown et vous obtiendrez tout un cirque.

D'ailleurs, le discours complotiste et le poison trumpiste ont franchi sans peine la frontière au Nord pour venir contaminer le Québec. Il y a, depuis toujours, un indéniable fond conservateur au Québec, notamment sur la Rive-Sud. Périodiquement, les conservateurs fédéraux y font des gains, parfois nombreux. Dans

---

[198] https://www.lequotidien.com/chroniques/gilles-vandal/la-deprime-americaine-fd2bc1c6d551295f540995f2104caf63
[199] https://thehill.com/hilltv/what-americas-thinking/409718-analyst-says-the-us-is-the-most-divided-since-the-civl-war

la région de la Capitale-Nationale, bien entretenue par des radios privées volontaires et dévouées, les formations politiques portant des idées conservatrices ou réactionnaires de droite ont pu se frayer un chemin pour occuper des banquettes au Parlement à Ottawa (Parti conservateur), à l'Assemblée nationale (Action démocratique, puis Coalition avenir Québec) et à l'Hôtel de Ville (Québec 21).

En février 2021, l'agrégateur de sondages Québec 125 indiquait que le Parti conservateur du Québec – clairement plus à droite et réactionnaire que tous les autres – obtenait 3,9 % des intentions de vote. La maison de sondage Angus Reid montrait une progression étonnante du PCQ : à 3 % qu'il était en février 2020, il en était à 9 % à peine un an plus tard. À ce propos, Martin Forgues écrit :

> « Autrefois marginal et peuplé d'hurluberlus n'ayant aucun ascendant sur leurs communautés, le PCQ se prépare à devenir un acteur politique à prendre avec sérieux. Avec l'arrivée d'un démagogue et d'un agent d'influence de la droite dure comme Éric Duhaime à sa tête, il obtient désormais l'appui de trois influenceurs d'impact de la sphère conservatrice : les sénateurs fédéraux Josée Verner, Pierre-Hughes Boisvenu et Léo Housakos. Duhaime a également reçu le soutien de l'ancien maire de Trois-Rivières Yves Lévesque, un autocrate qui ignorait les voix de son propre conseil et dirigeait la ville d'une main de fer. Ou, dans le contexte, un candidat parfait, à l'image de ce que veulent les médias-poubelles de la province, dont la Radio Libre des Mille Conneries. Et même si aucun des quatre ne se présente comme candidat.e, nous sommes face à la construction d'une solide machine à récolter dons et appuis, suffisamment pour donner, à mon avis, près de 10 % des votes et peut-être un ou deux sièges à la prochaine élection, en octobre 2022. »[200]

[200] https://ricochet.media/fr/3544/droite-politique-le-variant-trump?fbclid=IwAR0A5QetWNf383fG4ftLrPtc-D7RYh_mHKVWEDrSJINWpxqYR09-pgK5uhQ

Et comme le rappelle le journaliste indépendant, à ceux qui disent que ce parti est marginal, il faut répondre oui. Comme Québec solidaire avant 2008.

Immonde de stars

Parlant de cirque, si les artistes, en général, ont tendance à promouvoir les droits humains et la protection de la planète, il existe toujours des exceptions, souvent déroutantes, qui font la manchette en raison de leurs étonnantes prises de position. Au Québec, la comédienne Lucie Laurier s'est largement démarquée du lot, n'hésitant pas à prendre part aux manifestations et à faire connaître son opinion sur les réseaux sociaux. Elle est peut-être la voix la plus fameuse à avoir lancé le désormais célèbre « faites vos recherches! »

Lors de ses prises de parole lors de rassemblements anti-masques, la comédienne reprend les classiques du répertoire conspirationniste, les mêmes théories du complot, « remet en doute le savoir scientifique, accuse le gouvernement de tenter de manipuler les gens et s'en prend à la DPJ » [201]. Ses discours font évidemment fureur chez les adhérents, au point où les conspirationnistes Québécois « ont fait de Lucie Laurier leur porte-parole depuis le début de la pandémie ».

« Faut-il parler de Lucie Laurier ? », demandait Noémi Mercier, dans *L'Actualité*[202], il y a quelque temps. « En braquant les projecteurs sur la frange de la population qui résiste aux mesures de lutte contre la pandémie, risque-t-on d'amplifier ce qu'on cherche à prévenir ? » Question légitime. Aussi, afin d'éviter d'amplifier ce que je cherche à prévenir, je passe aux vedettes suivantes de cette liste un peu particulière.

---

[201] https://www.envedette.ca/potins-stars-quebec/media/video-lucie-laurier-livre-un-discours-conspirationniste-et-s-en-prend-au-gouvernement-1.13494611
[202] https://lactualite.com/societe/faut-il-parler-de-lucie-laurier/

Sur le plan international, on a aussi vu circuler des noms de *stars* telles que la chanteuse Madonna, le pilote automobile Lewis Hamilton, les acteurs John Cusack et Woody Harrelson[203] qui embrassaient frénétiquement les théories concernant les effets du virus, le vaccin et la 5G. D'autres, comme Robert De Niro, Bill Maher, Jenny McCarthy, Rob Schneider ou Jim Carrey sont un peu, beaucoup ou complètement méfiants envers les vaccins. Les comédiens Roseanne Barr et James Wood sont pour leur part plutôt disciples de QAnon[204].

En France, outre l'actrice Marion Cotillard, l'humoriste Jean-Marie Bigard et le cinéaste Mathieu Kassovitz qui ont émis des doutes[205] concernant les attaques du 11 septembre 2001, puis l'actrice Sophie Marceau qui a appuyé des conspirationnistes, c'est l'actrice Juliette Binoche, suivie par plus de « 300 000 personnes sur le réseau social Instagram », qui a attiré les regards (et les critiques) en partageant une vidéo critiquant les mesures sanitaires. « Nous ne serons pas des marionnettes, ça suffit », titrait l'actrice dans sa publication qui, plus loin dans les commentaires, se lance dans les délires complotistes usuels en répondant à une question : « Ce sont des opérations organisées par des groupes financiers internationaux (principalement américains) depuis longtemps. Ils manipulent (sans être parano) : les vaccins qu'ils préparent en font partie : mettre une puce sous-cutanée pour tous c'est NON. NON aux opérations de Bill Gates, NON à la 5G »[206].

C'est Bill qui doit être impressionné.

Le climat radiophonique

Outre les réseaux sociaux et Internet, les médias traditionnels jouent évidemment un rôle important dans la diffusion ou la vérification des théories du complot. À la radio, le temps d'antenne disponible est autant d'occasions pour encourager les dérapages

[203] https://nypost.com/2020/04/05/woody-harrelson-sharing-coronavirus-conspiracy-theory-tied-to-5g/
[204] https://www.thesun.co.uk/news/12945354/qanon-james-woods-roseanne-barr/
[205] https://www.liberation.fr/societe/2009/09/17/mathieu-kassovitz-doute-de-la-version-officielle-du-11-septembre_582245/
[206] https://www.franceinter.fr/societe/covid-19-vaccins-et-5g-les-delires-complotistes-de-juliette-binoche-sur-instagram

ou fournir aux citoyens des outils pour comprendre et résister à l'appel du raccourci intellectuel.

Le cas des radios privées de Québec est en cela intéressant, non seulement parce qu'elles contribuent à la vigueur des mouvements contestataires de tendance réactionnaire de droite, mais aussi par la façon qu'elles se positionnent sur l'échiquier : on met le feu, mais on affirme ne pas tenir l'allumette.

Par exemple, au Québec, les anti-masques se sont beaucoup appuyés sur le médecin Marc Lacroix. Ce dernier s'est notamment fait entendre à CHOI Radio X et s'est montré très actif sur les réseaux sociaux à pourfendre le gouvernement et ses mesures sanitaires. « Particulièrement actif sur Facebook depuis le début de la pandémie, le Dr Marc Lacroix avait multiplié les messages anti-masques à la fin du mois de juillet, moment où le couvre-visage devenait obligatoire » [207], lit-on à son propos.

Le médecin, propriétaire des cliniques médicales Lacroix, avait partagé la pétition « Non au port du masque obligatoire dans les espaces publics fermés » et fait la promotion d'une manifestation anti-masque.

Le Collège des médecins a réagi en exigeant du médecin qu'il ferme sa page Facebook, ce qu'il a fait le 7 août 2020, et qu'il s'abstienne de communiquer ses opinions sur la pandémie via les médias sociaux ou tout autre média de masse. Puis, le docteur Lacroix a été visé par une plainte en déontologie.

> « Olivier Bolduc reproche ainsi 12 actes dérogatoires à la dignité de la profession médicale au Dr Lacroix. Le plaignant reproche des « déclarations fausses » faites sur les ondes de CHOI Radio X à neuf occasions entre le 30 mars et le 11 mai. Trois autres actes dérogatoires sont liés à ses publications Facebook, soit d'avoir « contribué à la tenue d'une manifestation contre les mesures sanitaires », d'avoir « favorisé

[207] https://www.tvanouvelles.ca/2020/08/25/plainte-contre-le-dr-marc-lacroix-1

la désinformation » et d'avoir « dénigré » le Dr Horacio Arruda »[208].

Le plaignant a justifié sa décision en rappelant que les médecins sont des « scientifiques d'abord et avant tout et qu'ils doivent être prudents et rigoureux ».

Indeed.

Autre exemple, le 13 août 2020, sur les ondes de CHOI Radio X, on accueille un nouveau chroniqueur du nom de Jérôme Blanchet-Gravel. Son message est simple et clair : les médias traditionnels doivent faire de la place aux conspirationnistes afin... de protéger ces médias!

Oui, oui!

Le « noble » objectif de Blanchet-Gravel est de « mieux représenter la population » en entamant un dialogue avec les anti-masques. Voilà qui ressemble à l'argumentaire permettant de passer en ondes les négationnistes du climat, en dépit de la quasi-unanimité scientifique à cet égard. Pourquoi, en effet, chercher à offrir du temps d'antenne à une option qui ne récolte pas 3 % des avis d'experts?

Bref, le chroniqueur poursuit ses cabrioles intellectuelles en expliquant qu'en raison de ce « manque » de visibilité des anti-masques et autre conspirationniste, les médias sont *responsables de la montée du populisme*.

Rien de moins.

Pour diminuer la force du populisme, rien de mieux que d'offrir des tribunes aux populistes, c'est connu...

Le site *Sortons les poubelles* présente le personnage en ces mots :

---

[208] Ibid.

« Blanchet-Gravel collabore avec plusieurs médias d'extrême droite : Radio-Courtoisie et Boulevard Voltaire. Il écrit aussi dans des médias de droite comme Causeur et le journal catholique le Verbe (dans lequel il a écrit plusieurs articles sur la mort). Horizon Québec actuel et Vigile republient ses articles. Il collabore aussi avec des médias contrôlés par le gouvernement russe : Sputnik news et RT France. D'ailleurs, sa plainte sur la soi-disant absence des anti-masques dans les médias coïncide avec l'agenda russe de polarisation de la population »[209].

Il est pour le moins utile de rappeler que le 22 juillet 2020, un sondage CROP révélait qu'à peine 14 % de la population s'opposait alors au couvre-visage. Ce sondage précédait de quelques semaines la première chronique de Blanchet-Gravel. Il n'y avait donc pas de sous-représentation du discours anti-masque, puisque ce point de vue était *largement minoritaire*. Et devinez où, au Québec, on trouvait les plus récalcitrants aux mesures sanitaires?

Comment avez-vous fait pour deviner?

Dans la région de Québec. Parce que c'est à Québec qu'on trouve le discours anti-masque et populiste le plus insistant.

Ça ne peut pas être un hasard.

De fait, on apprenait alors dans ce sondage que « les résidents de la grande région de Québec sont en désaccord avec le port du masque dans les commerces à 24 %, contrairement à 18 % dans le reste du Québec et à 9 % dans le Grand Montréal »[210].

« C'est un fait que les gens de Québec et les 18-34 ans ont un comportement moins exemplaire et sont plus réfractaires aux mesures, fait remarquer le sondeur Dominic Bourdages. Ce

---

209 https://sortonslespoubelles.com/premiere-chronique-de-jerome-blanchet-gravel-plus-de-place-pour-les-anti-masques/

210 https://www.lapresse.ca/covid-19/2020-07-22/sondage-crop-les-trois-quarts-des-quebecois-favorables-au-port-du-masque.php

n'est pas juste que les gens de Québec ne sont pas favorables au port du masque, ajoute-t-il, ce sont aussi ceux qui nous disent avoir le plus sorti, avoir fait le plus de câlins, avoir le plus triché, etc. Leurs réponses à toutes les questions vont dans le même sens. C'est pour ça qu'on peut dire qu'en comparaison avec les autres régions du Québec, les différences sont réelles et significatives. »[211]

Du discours à la radio jusqu'au comportement en public, il y a donc une chaîne de conséquences avec un impact potentiel, et bien réel, sur la santé publique. Il n'est, par conséquent, pas pensable de prendre cela à la légère.

Le meilleur exemple de tout cela est, sans conteste, cette fameuse histoire de contamination trouvant son origine au désormais connu Méga Fitness Gym, à Québec. Il est évidemment difficile d'établir un lien direct entre des commentaires à la radio et des gestes posés par la suite. J'ai justement abordé cette question précédemment en parlant de *terrorisme stochastique*, qui consiste à employer la communication de masse pour inciter des acteurs aléatoires à commettre des actes violents ou, dans ce cas-ci, des gestes de protestations qui peuvent aller de la participation à une manifestation anti-masque, à un refus de porter le masque, de garder ses distances, bref, inciter les gens à ne pas respecter les mesures sanitaires. On lance le message, souvent sous forme de moqueries, et on se dit qu'il y aura des illuminés qui passeront à l'action.

On peut soupçonner que c'est ce qui s'est passé avec le centre d'entraînement fautif. CHOI Radio X a notamment accueilli à plusieurs reprises le propriétaire du Méga Fitness Gym, Dan Marino, pour qu'il occupe les ondes avec ses théories conspirationnistes. Le discours radiophonique banalise alors les risques de la pandémie et l'efficacité des mesures, mine de rien.

Or, sur le terrain, il y a un impact.

---

[211] Ibid.

C'est du moins l'avis de la coalition anonyme *Sortons les radios-poubelles de Québec* qui a demandé au coroner chargé d'enquêter sur le décès d'un client du gym, atteint de la COVID-19, de considérer le rôle qu'a pu jouer la station de radio dans cette histoire.

> Pour le porte-parole de la coalition, qui signe du pseudonyme « Étienne Lanthier » au bas de la lettre, Radio X est depuis plusieurs mois « en campagne contre la Santé publique ». Si Dan Marino, le propriétaire du Méga Fitness Gym, « est un complotiste convaincu qui aurait dissuadé sa clientèle de porter le masque pendant l'entraînement », lit-on dans la lettre, il est moins connu qu'« il était embrigadé dans une campagne de dénigrement de la Santé publique menée par Radio X et ayant duré plusieurs mois, de juin 2020 à mars 2021 »[212].

Dans la lettre, on lit également :

> « Pendant des mois, Marino a été invité à Radio X, louangé, chouchouté et encouragé par les animateurs Dominic Maurais, Jeff Fillion, Mike Tremblay et Denis Gravel. Ils ont même coorganisé plusieurs actions. Le 4 mars 2021, Dominic Maurais organise un tirage de 10 abonnements au Méga Fitness Gym. Le 27 octobre 2020, Maurais invite son auditoire à participer à un blitz de sollicitation téléphonique aux élus de la CAQ de la région de Québec ».[213]

Fait à noter : la lettre de la coalition contenait des entrevues accordées par Dan Marino à l'animateur Dominic Maurais sur les ondes de CHOI Radio X, mais ces entrevues ont, entre-temps, *été effacées des archives de la station*.

Oui, je pense comme vous. C'est exprès?

---

[212] https://www.ledevoir.com/culture/598700/coronavirus-un-groupe-reclame-que-le-role-de-radio-x-soit-evalue-par-le-coroner

[213] Ibid.

« C'est faux, jure la station », lit-on dans la presse. Sans rire, le directeur général de Radio X, Philippe Lefebvre, a répondu que « les entrevues de monsieur Marino n'ont pas reçu de traitement exceptionnel. Notre système retire, par automatisation, la très grande majorité des segments diffusés sur nos ondes après un certain laps de temps - cinq à dix jours. Seuls les segments qui sont intemporels peuvent parfois demeurer » [214].

Pourtant, Radio X a exigé de la coalition le retrait des entrevues de Marino qu'on trouvait sur le Facebook Sortons les radios-poubelles, faisant valoir *ses droits d'auteur*.

Hé bin!

À la question de savoir quelle est la responsabilité de CHOI Radio X dans les événements quand elle invite des négationnistes de la COVID-19 en ondes, Gaston De Serres, de l'Institut national de santé publique du Québec, répond : « Ma perception c'est que oui, ça joue un rôle. Ça tient d'une culture qui dit que si ça vient du gouvernement c'est toujours mauvais [...] La région de Québec a été abreuvée pendant des années avec cette culture-là. Et ça peut expliquer en partie »[215].

En partie, mais cette partie peut être critique.

Prenez, par exemple, ce tweet de l'animateur de CHOI Radio X, Jeff Fillion, daté du 3 avril qui prédisait *moins de 100 cas à partir du 12 avril 2021*, estimant qu'il n'y aurait pas de troisième vague – « ceux qui veulent un carnage vont être déçus »[216], écrira-t-il – ne pouvait faire pire comme prédiction. La troisième vague s'est bel et bien produite, avec force, (même une quatrième) créant une situation tendue et dramatique dans la région de Québec, notamment en raison de l'attitude du propriétaire du Méga Fitness Gym. Cette « prédiction » de Jeff Fillion a-t-elle encouragé des

[214] https://www.lapresse.ca/covid-19/2021-04-13/eclosion-au-mega-fitness-gym/radio-x-se-defend-d-effacer-les-traces-de-dan-marino.php
[215] https://sortonslespoubelles.com/patrick-lagace-interroge-un-docteur-de-linspq-sur-linfluence-de-radio-x-oui-ca-joue-un-role/#more-10069
[216] https://twitter.com/Jefffillion/status/1378397245637296132

gens à relâcher leur respect des consignes? Si l'on répète à son public que tout va bien et que le gouvernement se joue des gens, quel impact cela peut-il avoir sur les auditeurs?

Le 4 avril, il sévit à nouveau en écrivant : « Vous défendez la gestion des gouvernements? Non, j'oubliais... le problème au Québec avec la COVID, c'est Marino du Méga Gym. On est vraiment des épais. Dernier partout depuis toujours, et on se demande pourquoi »[217]. Quel est l'effet d'un message comme celui-là? Surtout quand ce n'est pas le seul messager, mais que plusieurs personnes ayant accès à une tribune ou un micro tiennent le même genre de propos?

Cette certitude dans le ton n'a cependant pas empêché l'animateur Jeff Fillion d'effectuer un étonnant virage à 180 degrés en publiant, quelques jours plus tard, tel un pyromane-pompier, des commentaires d'une tout autre teneur : « La flambée des cas vient beaucoup du Méga Gym. Avec tout ce qu'on entend, je ferais une sortie publique. On s'excuse, ce serait quand même pas pire »[218].

Effacer des entrevues, parler d'excuses, y aurait-il une prise de conscience des problèmes qu'ils provoquent?

Chose certaine, la pression était si forte que l'un des animateurs de CHOI Radio X, Mike Tremblay, montré du doigt pour son entrevue accordée à Dan Marino, a décidé de quitter le navire. Le 14 avril 2021, on apprenait que l'animateur d'un balado de la station coupait ses liens avec son employeur, motivé par l'apparition de son nom dans la lettre qui demandait au coroner d'inclure l'analyse du rôle joué par Radio X dans son enquête sur la mort d'un client du Méga Fitness Gym. Puis, avec son nom également cité dans un article du Devoir publié à ce propos, l'animateur a pris sa décision. « Je vous dirais que c'est la goutte qui a fait déborder le vase »[219], a-t-il expliqué.

---

[217] https://twitter.com/Jefffillion/status/1378872693970366465
[218] https://twitter.com/Sortirpoubelles/status/1381996046868475908
[219] https://www.lesoleil.com/actualite/la-capitale/montre-du-doigt-un-animateur-de-balado-quitte-radio-x-06af1f4c0cada3c4387e4c5ff59a2017

Celle qui s'est le plus sérieusement penchée sur la question de l'influence des radios privées d'opinion extrême à Québec est sans conteste la chercheuse en communications Dominique Payette à qui on doit un excellent livre consacré à ces médias intitulé : *Les brutes et la punaise : les radios-poubelles, la liberté d'expression et le commerce des injures*.

Payette présente le modèle d'affaires des radios-poubelles de Québec qui, en fin de compte, reprend essentiellement la mécanique psychologique que l'on retrouve chez les adhérents au conspirationnisme.

> « Sur ces ondes, dès lors, ce sont les hommes blancs, hétérosexuels, membres vigoureux de la classe moyenne, qui pâtissent du système et sont opprimés par l'élite au pouvoir. Les propos des animateurs cultivent ainsi la colère et le ressentiment d'une partie importante de leur auditoire en faisant porter la responsabilité de leurs difficultés, souvent bien réelles, aux minorités défavorisées – dont le principal défaut peut-être de n'attirer aucun commanditaire. »[220]

À sa face même, quand on mène ses affaires médiatiques dans la région de Québec avec cette stratégie, le public cible est large, très large. Blanc, hétéro, classe moyenne, c'est probablement la définition des trois quarts du territoire visé. Et comme chez les conspirationnistes, on oppose ce public cible au pouvoir, aux élites, dont on dit qu'il doit se méfier, on cultive sa colère et son ressentiment en désignant un coupable pour tout ce qui se passe de désagréable pour lui. C'est la même mécanique, à l'identique.

Dans son livre, Dominique Payette aborde évidemment la force d'influence de ces radios à Québec en rappelant, notamment, les résultats électoraux de la région, au fil du temps. Il faut dire que les cotes d'écoute ont beau fluctuer, parfois beaucoup, d'un sondage à l'autre, il n'en demeure pas moins que le constat s'impose de lui-même : la part de l'auditoire qui soumet ses

[220] Payette, Dominique. « Les brutes et la punaise : les radios-poubelles, la liberté d'expression et le commerce des injures », Lux Éditeur, 2019, p.114.

oreilles à la radio-poubelle n'a cessé d'augmenter au cours des 25 dernières années, offrant régulièrement le titre de « numéro 1 » à certains de leurs animateurs.

Faut-il s'étonner que le discours conservateur de plusieurs animateurs puisse avoir un effet sur l'électorat? Sur le public?

Ainsi, inexorablement, la droite s'est mise à occuper de plus en plus de place sur l'échiquier politique, avec des reculs, parfois, mais une tendance au final qui est incontestable. On observe, au cours des 25 dernières années, un virage vers la droite qui s'effectue sensiblement au même rythme que ces radios montent en puissance.

Par exemple, c'est à Québec que l'ADQ a le mieux fait en 2003 et en 2007, la région offrant même 9 députés à Mario Dumont (en 2007) dont la formation politique allait devenir l'Opposition officielle à l'Assemblée nationale. Au Fédéral, le Parti conservateur fait mieux dans la région de la Capitale-Nationale que dans bien d'autres régions du Québec – à l'exception de la vague orange du NPD de 2011 – alors qu'au municipal, Régis Labeaume profite d'un très fort appui de ces radios tant qu'il met de l'avant le retour des Nordiques comme principal projet politique, le rendant carrément invincible. C'est aussi à Québec que naitra le parti Québec 21 dont le chef, Jean-François Gosselin, s'identifie lui-même aux radios de la Capitale, allant jusqu'à admettre avoir été politisé... par Jeff Fillion : « J'écoutais CHOI et c'est là que j'ai commencé à me politiser. Autant à CHOI que les autres... bien... CHOI était vraiment un précurseur à mon avis. Je me souviens d'avoir entendu pour la première fois la voix de Jeff Fillion, puis là je me suis dit que c'était la même voix qu'Howard Stern que j'écoutais beaucoup aux États-Unis. Je me souviendrai toujours de ça. C'est un peu comme ça que j'ai été politisé »[221].

On peut, pour illustrer le phénomène de l'influence politique et sociale des radios, utiliser une image pertinente. On martèle le

[221] http://www.journaldequebec.com/2017/06/07/audio-jean-francois-gosselin-sest-politise-en-ecoutant-jeff-fillion

même message, jour après jour, pendant des heures, depuis des années. Peut-on imaginer qu'à la longue, le message finisse par rentrer? Faites le test : une goutte d'encre, une à la fois, inlassablement, tous les jours. Au bout de 40 ans, vous aurez noirci une piscine olympique.

De là à établir un lien de responsabilité direct dans les événements fâcheux ou tragiques qui surviennent, il faut sans doute pousser l'analyse plus loin, mais la question est soulevée depuis longtemps et pas seulement au Québec. Comme le rappelle la chercheuse Payette, lors de l'attentat de 1995 contre l'édifice fédéral d'Oklahoma City aux États-Unis, le président Bill Clinton avait employé des termes pour le moins familiers chez nous en parlant des animateurs radio extrêmes en disant qu'ils « répandent la haine. Ils donnent l'impression par leurs mots que la violence est tolérable »[222]. Toute sa réflexion amenait Payette à conclure son ouvrage en posant les bonnes questions à propos de la responsabilité des radios :

> « Écoute-t-on ces radios parce qu'on partage leurs opinions ou partage-t-on ces opinions parce qu'on écoute ces radios? Il reste qu'on ne peut plus désormais éluder certaines questions. Les incitations à la haine peuvent-elles conduire des personnes instables à des actes criminels? La souffrance de personnes ciblées peut-elle vraiment se justifier par la liberté d'expression d'animateurs ou de propriétaires de stations de radio? Est-il équitable que ces derniers, en raison des moyens dont ils disposent, bénéficient d'un droit de parole et d'influence démesuré par rapport à l'ensemble des citoyens? Un discours qui entrave la poursuite d'un débat démocratique peut-il s'inscrire de plein droit dans la liberté de presse? »[223]

On pourrait dire que la provocation est consubstantielle à la radio de Québec. Elle fait partie de son ADN, de son modèle d'affaires. Il faut susciter la polémique, enflammer les débats, de manière à attirer les paires d'oreilles – et les fidéliser – pour garantir de juteux

[222] Ibid, p.141.
[223] Ibid, p.148.

revenus publicitaires. C'est le nerf de la guerre radiophonique commerciale depuis toujours. Dans ce modèle, la cohérence du discours n'est pas un enjeu. L'objectif se résume à ajouter des bûches pour garder bien en vie le feu de l'indignation populaire, quelle qu'elle soit, qu'importe ce qu'elle véhicule. Ainsi, un matin, comme Éric Duhaime, on peut s'indigner de l'utilisation par Québec solidaire d'enfants pour défendre des causes politiques et, plus tard, trouver la chose fort honorable lorsqu'il s'agit d'appuyer la marche « familiale » anti-masque[224]. La rigueur et l'honnêteté intellectuelle ne font pas nécessairement partie de l'équation.

Mais, les questions soulevées par Dominique Payette sont parfaitement légitimes, surtout lorsqu'on se remémore les tragiques événements du 29 janvier 2017. Ce jour-là, six personnes sont tuées à la Grande Mosquée de Québec par Alexandre Bissonnette, un jeune homme de 27 ans de Québec.

Malgré la tragédie, malgré le drame inimaginable pour les familles et proches des victimes, cela n'empêche pas l'animateur de CHOI Radio X, Dominic Maurais, de déclarer, en janvier 2018, au moment de la commémoration de l'attentat de Québec, que les victimes de l'islamisme souhaitaient également vivre ensemble : « Eux autres aussi ils voulaient le vivre ensemble. Ils se sont fait massacrer par des islamistes. Est-ce qu'il y aura quatre jours du festival du pleurnichage pour eux autres? Je sais pas là. »[225]

On doit également à cet animateur ce subtil commentaire suintant d'islamophobie : « Je vous le dis, l'islam radical, ça c'est l'idéal, ce qui se passe pour eux autres en ce moment. Sous le couvert de la tolérance et du, ah c'est une belle liberté que de voter et de porter le voile. C'est un signe d'émancipation. L'agenda islamiste est en train les amis, d'entrer et d'entrer et d'entrer, comme le couteau dans le cou d'une brebis. Tranquillement, tranquillement, tranquillement. »[226]

---

[224] https://twitter.com/sortirpoubelles/status/1297524253059944448
[225] http://leclubdesmalcites.com/dominic-maurais-a-propos-des-victimes-de-lislamisme-et-des-commemorations-de-lattentat-de-quebec/
[226] https://leclubdesmalcites.com/dominic-maurais-halal/

À l'émission « 100 % Normandeau », l'animateur André Arthur s'est amusé à lancer une rumeur qui a été reprise par la suite en affirmant que « dans les milieux relativement informés, on commence à parler de drame passionnel. Un p'tit chum chez les musulmans. Que Bissonnette se serait fait dire de laisser tranquille parce que le papa voulait pu qu'il sorte avec (...). Cette rumeur qui rôde autour des milieux policiers »[227]. Il n'en fallait pas plus pour que certains auditeurs reprennent l'abracadabrante théorie en écrivant sur les réseaux sociaux que « ce n'était pas un attentat, mais un amour passionné »[228].

Chose certaine, pour Benjamin Ducol, du Centre de prévention de la radicalisation menant à la violence, les médias d'extrême droite consultés par Bissonnette « ont une part de responsabilité » dans la tuerie. « Ces médias sont des agents de radicalisation. Ils ont porté une vision du monde qui a mené Bissonnette à confondre islam et djihad, musulman et terroriste. Ces idées ne sont pas tombées du ciel dans la tête de Bissonnette. »[229]

Le 24 janvier 2017, l'animateur Jeff Fillion accueille le rappeur et historien Webster, incidemment pour parler d'un festival contre le racisme. Le contexte ne contient pas les ardeurs de l'animateur qui tient alors des propos jugés discriminatoires. Il avance que « leur technique [aux musulmans] est de s'intégrer pis de vivre comme nous pis de se rapprocher de nous, pis à un moment opportun de frapper ».

Pour cette déclaration, Fillion a été blâmé[230] par le Conseil de presse qui a écrit que « les propos visés par la plainte sont discriminatoires sur la base de la religion et tendent à entretenir des préjugés envers les musulmans puisque l'animateur, même s'il s'en défend, fait des amalgames entre les islamistes radicaux et les musulmans. De plus, il encourage la « méfiance » envers ceux qui tentent de s'intégrer au Québec puisque, selon lui, « leur

---

[227] https://xaviercamus.com/2018/03/30/les-theories-du-complot-autour-dalexandre-bissonnette/
[228] Ibid.
[229] https://plus.lapresse.ca/screens/9c6981af-a22f-4f70-9345-eaf26376726f__7C___0.html
[230] https://sortonslespoubelles.com/fillion-blame-pour-des-amalgames-islamophobes/

technique est de s'intégrer pis de vivre comme nous pis de se rapprocher de nous, pis à un moment opportun de frapper ».

Quel effet des messages comme ceux-là peuvent-ils avoir sur un public? Surtout quand on les tient depuis des années?

Le 11 novembre 2015 au matin, une banderole sur laquelle est inscrit « Réfugiés, non merci » est installée à une passerelle pour piétons surplombant l'autoroute Henri-IV à Québec. Ce message « chaleureux » a été véhiculé au moment où s'accéléraient les procédures pour accueillir 25 000 réfugiés syriens au Canada.

Horreur, direz-vous ? Sachez pourtant que « même si plusieurs ont dénoncé le geste, ce dernier a tout de même trouvé quelques échos favorables sur les réseaux sociaux »[231], lit-on dans la presse. La banderole a été retirée, quelques heures plus tard, mais pas avant d'avoir été vue par des milliers d'automobilistes.

On pourra répondre que les auteurs du message n'ont pas forcément de lien avec la radio-poubelle, mais là n'est pas le sens de mon propos. Ce que l'on peut réaliser, avec ce geste d'éclat révoltant, est la disposition du public de Québec, l'état d'esprit existant dans la Capitale qui a rendu le geste possible. Les auteurs ont estimé que Québec était *un endroit approprié* pour diffuser leur message de haine.

Pourquoi ?

Pour sa part, estimant que des animateurs de radio de la région de Québec « ont du sang sur les mains », l'ancien agent du Service canadien de renseignement de sécurité (SCRS) Michel Juneau-Katsuya a expliqué que « certains médias » et « la montée d'une politique populiste » ne sont pas « étrangers à la fusillade survenue à la grande mosquée de Québec » [232]. Précisant sa pensée, il a ajouté : « Je n'ai pas dit qu'un commentateur a commandé cette

[231] https://www.lesoleil.com/actualite/une-banderole-a-quebec-affiche-le-message-refugies-non-merci-d2bd6c4035bdb3ea15a730c808b81201

[232] http://www.journaldequebec.com/2017/01/30/certains-animateurs-de-radio-de-quebec-ont-du-sang-sur-les-mains-dit-michel-juneau-katsuya

tuerie, mais quelque part, on a des responsabilités communes de faire attention à nos critiques et de faire en sorte qu'on puisse être en mesure de pouvoir rapporter des événements et rapporter surtout aussi une critique qui aide à construire notre société plutôt qu'à la diviser. »

Dans un texte intitulé « Quand les mots tuent » publié sur son blogue, Monia Mazigh, auteure et militante pour les droits de la personne, conjointe de Maher Arar qui fut emprisonné injustement et torturé en Syrie, écrit au lendemain de la tuerie : « Une mosquée est devenue une cible sanglante. Une cible pour des attaques haineuses qui ont été nourries depuis des années par les radios poubelles du Québec qui vomissent leur venin enrobé de liberté d'expression dans les oreilles des populations. Nourries aussi par la cupidité sans borne de certains politiciens qui veulent se faire une carrière politique sur le dos des plus vulnérables. Voici, où nous en sommes arrivés. Au bord du gouffre, sinon, en plein dedans. »[233]

Et puis, dans un commentaire publié dans *L'Appel*, un hebdo local de Québec, on pouvait lire :

> « Pendant que certains s'accrochent « à l'espoir du vivre ensemble en harmonie », d'autres craignent « le cynisme politique et les discours creux sur le multiculturalisme sans désir d'endiguer les problèmes de racisme et d'islamophobie ». À bout d'énergie, des membres de la communauté se préparent à quitter le Québec, tandis que d'autres s'efforcent de convertir leur déception en détermination. Il y a une fracture tangible depuis les événements. Et l'émergence de groupes d'extrême droite, encouragée par les propos xénophobes des animateurs de radio poubelle, n'a rien pour rassurer. »[234]

Enfin, appelé à commenter la catastrophe du Méga Fitness Gym, le maire de Québec, Régis Labeaume, a répondu, lorsqu'on lui a demandé si la station CHOI Radio X nuisait à l'effort collectif

---

[233] https://moniamazigh.wordpress.com/2017/01/30/quand-les-mots-tuent/
[234] https://www.quebechebdo.com/local/journal-lappel/195408/la-crainte-persiste-chez-les-musulmans-de-la-capitale/

contre la COVID-19, elle qui accueille régulièrement des leaders conspirationnistes sur ses ondes :

> « Bien, c'est dangereux. Je pense que les propriétaires de la station sont dangereux pour la santé publique. Ils nieront toujours, mais c'est payant. Faut pas être naïf. Ces propriétaires-là ont choisi ce contenu éditorial pour faire de l'argent. C'est juste que c'est dangereux. Ils sont devenus dangereux. Ils s'en foutent ils sont cachés quelque part à Montréal. Et pendant ce temps-là, ils font du cash. C'est ça la vérité. »[235]

L'argent. Toujours l'argent.

Populisme opportuniste

Ces leaders aux grandes gueules, capables de faire croire aux gens qu'un carré peut entrer dans un cercle, ont non seulement un indéniable talent de communicateur pour s'adresser à son public cible, celui qui *veut* entendre précisément ces choses, mais ils emploient également avec efficacité un concept qui ne date pas de la dernière pluie : le populisme.

Évidemment, on peut faire dire au concept tout et n'importe quoi, tant et si bien qu'on se sert souvent fort mal du mot *populisme* pour en faire essentiellement une insulte embarrassante plutôt qu'un concept qui signifie quelque chose de précis et d'important. Comme le souligne le chercheur et professeur de science politique, Éric Montigny, l'étiquette de populiste est « souvent utilisée pour discréditer le propos d'un adversaire et rendre illégitime sa contribution au débat ».[236]

Se faire traiter de populiste, c'est terrible!

---

[235] https://sortonslespoubelles.com/le-segment-de-regis-labeaume-a-tlmep/
[236] https://www.lapresse.ca/debats/opinions/2021-03-28/faire-le-choix-de-devenir-un-populiste.php

Alors, pour clarifier les choses, prenons la définition du politologue allemand Jan-Werner Müller qu'utilise l'économiste David Cayla dans son ouvrage « Populisme et néolibéralisme : Il est urgent de tout repenser ». Ainsi, le populisme exprime « un mouvement social fondé sur l'opposition peuple/élites et qui revendique l'exclusivité de la représentation populaire. Si l'on prend au sérieux cette définition, les mouvements populistes sont donc anti-pluralistes. Ils n'admettent pas que d'autres mouvements qu'eux puissent se revendiquer du peuple. Ils tendent donc à construire une mythologie selon laquelle ils seraient purs et désintéressés tandis que ceux qui s'opposent à leurs actions seraient essentiellement des traîtres à la solde de pouvoirs économiques ou d'obscures officines »[237].

En fait, le populiste, qu'il soit de droite ou de gauche, se caractérise d'abord par sa *radicalité*. « Le populisme relève par ailleurs davantage d'une rhétorique politique que d'une idéologie forte », précise Éric Montigny. La rhétorique, cela veut dire que le populiste adaptera son discours aux circonstances. L'important n'est pas le triomphe d'une idéologie, mais le maintien de son statut.

Plus précisément, Jan-Werner Müller explique que le populisme repose sur trois attributs[238] :

- Il s'oppose à la démocratie libérale qui repose sur le pluralisme. Pour un populiste, la société se divise en deux catégories, soit le peuple contre des élites. Et lui seul peut incarner la volonté du peuple.
- Le populiste est antisystème et se présente comme une victime d'un système qu'il faut abattre, sinon réformer en profondeur.
- Le populiste s'attaque aux contre-pouvoirs afin de miner la confiance de citoyens à leur endroit. Les médias de masse constituent leur cible par excellence.

---

[237] https://www.marianne.net/agora/entretiens-et-debats/david-cayla-le-populisme-est-le-produit-dune-double-impuissance-celle-des-citoyens-et-celle-de-leurs-dirigeants
[238] https://www.lapresse.ca/debats/opinions/2021-03-28/faire-le-choix-de-devenir-un-populiste.php

Voilà très exactement ce que l'on retrouve chez les principaux visages du conspirationnisme et des leaders anti-masque. Ils vont prétendre parler « au nom du peuple », du « vrai monde », comme si l'ensemble de la société civile (excluant les élites) pensait la même chose sur tous les enjeux. Mais, le populiste fait abstraction des nuances, des divergences incalculables qui existent dans nos communautés, dans nos sociétés. C'est le *peuple* contre les *élites*, point.

Les conspirationnistes anti-masques s'attaquent, de fait, aux élus, au système, au gouvernement mondial, à l'élite qui mène le tout. Et ils ciblent volontiers les médias de masse, qu'ils ne voient pas comme des contre-pouvoirs, mais des *serviteurs* du pouvoir. Ce sont des « élites médiatiques » qui travaillent contre le « vrai monde », qui diffusent des informations favorisant le port du masque parce qu'ils sont au service des puissants.

C'est connu…

Le critère de la représentation est peut-être celui qui ressort particulièrement dans la mesure où le leader conspirationniste anti-masque rejette la représentation démocratique telle qu'elle s'applique en société pour se présenter comme le véritable porte-parole de la seule conception légitime de la nation. « Le populisme est donc nécessairement identitaire et exclusif (mais toute politique identitaire n'est pas forcément populiste) »[239], souligne le journaliste Pierre Martin, dans un texte détaillant la notion de populisme du politologue Jan-Werner Müller.

Et pour expliquer l'attrait de ces leaders populistes auprès d'une partie de la population, il ajoute que « le pouvoir d'attraction du discours populiste vient du fait que plusieurs éléments de la société se sentent, à tort ou (souvent) à raison, mal représentés par nos institutions démocratiques ». Ces gens trouvent chez ces leaders populistes les réponses à leurs questions et, surtout, quelqu'un qui leur donne l'impression de les *comprendre*.

---

[239] https://www.journaldemontreal.com/2018/05/28/quest-ce-que-le-populisme

Oui, c'est aussi le concept de *gourou* qui nous vient alors en tête. J'aborderai justement plus à fond l'*effet gourou* dans le chapitre suivant.

Du reste, on peut facilement trouver des exemples en bien des endroits dans le monde tant cette recette est « éprouvée ». Pensez seulement aux pro-Trump aux États-Unis, aux groupes pro-Raoult en France et ailleurs qui croient que les experts qui rejettent la chloroquine sont « achetés » par les pharmaceutiques, pensez aux anti-masques qui manifestent au Québec... partout, on trouve de ces mouvements populistes qui revendiquent une forme de pureté morale au détriment de l'argumentation rationnelle.

D'ailleurs, qui n'a pas constaté la difficulté grandissante à débattre sereinement qui s'installe dans nos sociétés ? Les camps se polarisent, se radicalisent et le populisme en ces circonstances ne peut que s'en réjouir : plus les débats versent dans l'émotivité et le rejet de l'opinion contraire, plus la recette est efficace. L'autre est un ennemi, il faut s'unir contre lui! C'est une forme de dérèglement de nos démocraties, estime l'économiste français David Cayla, dont se nourrit, justement, le populisme.

> « Le populisme se nourrit de cette défiance généralisée pour proposer une forme de coalition populaire fantasmée censée résoudre l'hystérie ambiante. Mais au fond, ce qui nourrit cette hystérie c'est aussi d'avoir le sentiment d'élire des dirigeants impuissants à agir sur le réel et en particulier sur les problèmes économiques et, depuis quelque temps, sanitaires. Le populisme est donc le produit de cette double impuissance, celle des citoyens et celle de leurs dirigeants. Or, si ces dirigeants et les ceux qui les élisent sont devenus impuissants c'est précisément en raison de la mise en œuvre des doctrines néolibérales qui entendent faire de l'État un arbitre du marché et non un joueur à part entière. »[240]

[240] https://www.marianne.net/agora/entretiens-et-debats/david-cayla-le-populisme-est-le-produit-dune-double-impuissance-celle-des-citoyens-et-celle-de-leurs-dirigeants?fbclid=IwAR2ji6sJOMeY6YM_UA5FAzZxUM0kqAcvSHNpk5eOJDmD1Ea3oOWDt_tCJmo

Chapitre trois
Les raisons de la colère

« À BAS BIG BROTHER! »

– *1984*, George Orwell

Pourquoi?

Voilà la question à un million de dollars. Pourquoi? Comment expliquer que des individus puissent plonger tête première dans les théories du complot les plus folles, les conduisant, pour plusieurs, à mettre leur vie en danger et celle des autres lorsqu'il s'agit, par exemple, de s'opposer à la science dans le cas des mesures sanitaires concernant le coronavirus? Parce qu'ils sont *cons*?

Ce serait une réponse à la fois courte et conne. On peut faire beaucoup mieux que cela, malgré le fait indéniable que c'est le soupir spontané qu'on expulse bien souvent – *mais, qu'ils sont cons!* – en constatant les frasques dont plusieurs sont capables. Cette réflexion est également compréhensible parce qu'il y a *effectivement* des cons parmi eux. L'imbécilité est peut-être difficile à mesurer avec précision, mais elle est d'ordinaire assez aisée à détecter et certains des covidiots sont capables de prodiges. Toutefois, le simple prétexte de la connerie est, comme nous le disions, insuffisant.

Aussi, il faudra user de prudence pour éviter d'inclure dans l'analyse tout et n'importe quoi. Critiquer le gouvernement ou estimer la démocratie inefficace n'est pas forcément du conspirationnisme. Le politologue Emmanuel Taïeb fait cette mise en garde, sachant que l'analyse du phénomène conspirationniste « a déjà ses adversaires qui estiment que la catégorie serait trop extensive et fonctionnerait comme un label délégitimant, qui comprendrait tous ceux qui ont fait profession de critiquer par exemple les inclinations néolibérales des médias »[241].

En effet.

Ce chapitre est donc divisé en quatre grands thèmes, histoire de regrouper les (nombreuses) explications qui peuvent être avancées. Il y le thème de la *confiance*, celui du *discours* et de sa « logique », celui du *contexte* et, enfin, le rôle de la *société*.

1- Question de confiance

On peut regarder du côté de la sociologie, la science politique, la philosophie, de même que la psychologie sociale qui s'intéressent au phénomène du *complot*, pour chercher à comprendre comment un individu peut y adhérer, malgré la naïveté des théories mise en cause et l'apparente stupidité nécessaire pour les épouser sans éprouver le moindre doute.

Dans le cas des théories mettant la faute sur les « minorités », on dit que cela permettrait de « détourner la frustration et l'hostilité vécues par le peuple opprimé sur des boucs émissaires (par exemple les Juifs au Moyen-Âge) »[242]. C'est, malheureusement, un vieux réflexe humain de se méfier du prochain, surtout s'il ne semble pas constituer une parfaite réplique de soi-même. La différence fait peur, et une minorité qui se distingue de la masse pose problème depuis que le monde est monde. Le *bouc émissaire* est un vieux concept qui remontrait à la Grèce antique, où le *pharmakos* désigne la « victime expiatoire », celui qui endosse les malédictions et qu'il fallait purifier. Parfois, un animal – un bouc – était choisi afin qu'il soit chassé dans le désert, abandonné, en le chargeant d'abord de « tous les maux de la cité »[243] dont on voulait se débarrasser.

[241] https://doi.org/10.7202/045364ar
[242] Ibid
[243] https://fr.wikipedia.org/wiki/Bouc_%C3%A9missaire

Par exemple, de nos jours, les campagnes de vaccination contre la COVID-19 sont l'occasion de véhiculer des thèses conspirationnistes qui trouvent toutes leurs boucs émissaires. Pour l'anthropologue Ève Dubé, spécialiste des maladies infectieuses à l'Université Laval qui s'intéresse aux mouvements anti-vaccination, cette trame narrative n'est qu'une variante d'un discours datant des premières campagnes étatiques de vaccination.

> « À l'époque de la variole, à la fin des années 1800, les Canadiens français refusaient la vaccination parce qu'ils croyaient que c'était une stratégie des Anglais pour mieux les contrôler. Dans toute grande épidémie, les gens ont cherché des boucs émissaires. Avant, ils imprimaient des pamphlets ou organisaient des assemblées publiques dans des sous-sols d'église pour se faire entendre. Aujourd'hui, avec l'Internet, c'est beaucoup plus facile. »[244]

Une minorité, un groupe, un individu, tous peuvent servir de cibles commodes afin d'éviter de prendre ses propres responsabilités en optant pour la solution facile qui consiste à accuser les autres des troubles qui nous incombent. Car, expliquer les événements par des complots conforte l'*ego* des « croyants » en rejetant la responsabilité du malheur ou de la crise sur un ennemi fantasmé aux contours flous. Cela les rassure en fournissant un sens à ce qui se passe et « confirme » leur théorie concernant les conspirateurs et leurs manigances.

Ici, les « raisons cachées » permettent la négation de ses lacunes ou faiblesses intimes, de sauver la face par une reconstruction spéculative du monde qui transfère ses responsabilités vers autrui, vers une cause externe, explique le chercheur en sciences sociales, Loïc Nicolas.

> « L'argumentation par le « complot », c'est-à-dire par la cause dissimulée à dessein, demeure depuis la cour d'école

[244] https://www.lapresse.ca/covid-19/2020-04-05/pandemie-de-fausses-nouvelles

> jusqu'aux querelles conjugales ou professionnelles, une des ressources les plus facilement accessibles dans la discussion, un moyen de se rassurer, de se persuader que le désordre du sens (celui de sa propre existence) est forcément imputable à quelqu'un (l'autre, l'étranger, le nouveau venu, etc.) qui bénéficie en propre de ce dérèglement. Imputation qui tout à la fois initie et justifie la recherche ou le recoupement d'indices destinés à supporter une énonciation qui a déjà eu lieu. »[245]

Et puis, la transmission de ces théories est l'occasion gratifiante de se distinguer de tous ceux qui sont impuissants à voir la « réalité » qu'on nous a dissimulée. C'est également bon pour l'*ego*. Dans sa thèse de doctorat appuyée sur les sciences cognitives, la psychologie cognitive et la neurocognition, Anthony Lantian soutient que la motivation à se distinguer d'autrui (et plus précisément, le besoin d'unicité) favorise l'adoption et l'augmentation des croyances aux théories du complot. « Cette relation s'expliquerait par le fait que les individus ayant un fort besoin d'unicité auraient davantage tendance à être attirés par ce qui rare ou inaccessible, et c'est justement ce qui caractérise les récits conspirationnistes (soit l'impression de détenir des informations secrètes) »[246].

> « Il s'avère que les motivations individuelles semblent effectivement agir sur la manière dont les individus expliquent l'origine des événements pour lesquels ils éprouvent le besoin de donner une signification. En ce sens, chercher à vouloir se distinguer se traduirait par une plus grande propension à croire que des événements ont pour origine la planification de petits groupes d'individus malveillants agissant dans l'illégalité et le secret le plus total. La découverte d'ententes et d'agissements secrets méconnus de tous n'est-elle pas justement la plus grande délectation pour celui ou celle qui veut être unique ? »[247]

---

[245] https://books.openedition.org/editionscnrs/16253
[246] https://tel.archives-ouvertes.fr/tel-01251554
[247] Ibid.

Plus récemment, les théories qui s'appuient sur un « système malveillant » voient plus grand, imaginant des ficelles complexes qui relient les événements entre eux, dans un complot gigantesque orchestré par une élite déterminée qui s'oppose à la liberté des simples citoyens. En d'autres termes, nous sommes ici dans le registre de la paranoïa.

La **paranoïa** est un concept fortement ancré au cœur de l'analyse du complotisme que l'on peut définir, au sens clinique, comme « un mode de pensée troublé, dominé par une méfiance intense, irrationnelle et persistante à l'égard d'autrui, et une tendance correspondante à interpréter les actions des autres comme étant délibérément menaçantes ou rabaissantes »[248]. Toujours pour définir le concept, ajoutons ces caractéristiques énoncées par l'historien Richard Hofstadter :

> « L'individu paranoïde considère que la force motrice des événements de l'histoire est un gigantesque complot, souvent dépeint en termes apocalyptiques, fruit de la lutte entre le bien absolu et le mal absolu. Pour défendre ses thèses, l'individu paranoïde s'accroche à quelques preuves et les défend de manière inflexible. Il invoque des scénarios complexes et irréalistes, se sent victime et impuissant face aux forces puissantes et secrètes qui en tirent les ficelles. Il élude les preuves contredisant sa théorie, voire même les explique comme étant des preuves supplémentaires d'un complot (fausses preuves inventées par les comploteurs) »[249].

Déjà, l'image est claire et on y reconnaît le complotiste classique, omniprésent sur les réseaux sociaux et dans les médias. En s'arrêtant ici, on conclurait probablement qu'il s'agit de fous, tout simplement. Mais, l'explication resterait encore trop courte. Il faut creuser plus loin.

L'**anxiété** est un autre concept fondamental auquel il faut alors porter attention. Les facteurs anxiogènes peuvent être aussi

[248] https://www.cairn.info/revue-internationale-de-psychologie-sociale-2007-4-page-31.htm?1=1&DocId=380679&hi
[249] Ibid

nombreux que diversifiés : catastrophes écologiques, terrorisme, de même que des changements sociaux rapides, les nouvelles technologies, l'évolution de la science (notamment la génétique), la globalisation ou encore l'insécurité du marché du travail. Quand on sait que « près d'un emploi sur deux risque d'être transformé ou éliminé au Québec d'ici 15 ans en raison de l'automatisation, l'intelligence artificielle et la robotisation »[250], il est facile d'y voir un espace propice à l'anxiété, à l'insécurité face à un avenir incertain dans un monde qui bouge (trop) vite.

Et, de fait, l'anxiété augmente. Jean M. Twenge a montré une augmentation linéaire et non négligeable (d'un écart type expliquant 20 % de la variance) du taux d'anxiété chez des écoliers et collégiens aux États-Unis entre 1952 et 1993[251]. Parmi les indicateurs les plus importants, on note tout particulièrement le *manque de liens sociaux* (taux de divorces, pourcentage de célibataires) dont l'effet est manifeste sur le taux d'anxiété. D'ailleurs, souvent, on entendra des complotistes se souvenir « du bon vieux temps », d'une époque révolue où « tout était mieux ». Donald Trump, lui-même un puissant vecteur de propagation des théories les plus folles, avait justement choisi comme thème de campagne en 2016 : « Make America Great Again » (rendre l'Amérique grande à nouveau), parfait exemple de cette nostalgie, fort carburant du complotiste.

Outre la *paranoïa* et l'*anxiété*, des chercheurs comme le sociologue Émile Durkheim identifient le concept d'**anomie** comme étant « un certain malaise individuel causé par un recul des valeurs (éthiques, religieuses) ou un manque de lois et de règles sociales ». Encore ici, on aura facilement les partisans de Trump à l'esprit, plusieurs ayant exprimé le souhait de voir le retour vigoureux de « la loi et l'ordre » par l'action de leur président, de même que le renforcement des valeurs religieuses.

Ces gens ont le sentiment de perte de contrôle, démontrant un manque de confiance envers les « experts » et les autorités. Et, de

[250] https://www.journaldemontreal.com/2018/07/07/la-moitie-des-emplois-seront-transformes-dici-15-ans
[251] https://psycnet.apa.org/record/2000-16701-013

fait, « au niveau des grands sondages d'opinion qui sont régulièrement menés aux États-Unis et dans l'Union européenne, l'anomie est mesurée par (a) la méfiance envers les institutions, notamment politiques, (b) le sentiment que la situation personnelle se détériore, et (c) le sentiment de ne pas pouvoir contrôler le monde environnant »[252].

Et puis, en lien avec l'anomie et le recul des valeurs, il semble que le succès actuel des théories du complot tient aussi à l'**individualisme** de nos sociétés occidentales. Dans celles-ci, on note l'absence de mythes collectifs comme on retrouvait dans les sociétés traditionnelles, ce qui « expliquerait la tendance à fabriquer de nouveaux récits liés à la modernité »[253].

> « Selon Featherstone (2001), ce type de récit reproduit les vues « atomistes » et « asociales » de la société véhiculées par l'individualisme, en magnifiant la crainte de l'altérité qui est au cœur de cette idéologie. Selon ce point de vue, on peut imaginer que les individus adhérant le plus à l'idéologie individualiste devraient également être plus enclins à souscrire aux théories du complot ».[254]

Perte de confiance

Le philosophe et sociologue Raymond Boudon a écrit que « lorsque des croyances s'installent dans l'esprit des individus, c'est que ceux-ci ont des raisons fortes d'y adhérer »[255], offrant ici une avenue qui diffère ou enrichit les approches attribuant ces croyances à des « facteurs psychologiques comme la crédulité, l'ignorance ou le fanatisme, ou bien par des déterminismes de variables sociologiques de sexe, d'âge ou de catégories socioprofessionnelles ».

---

[252] https://www.cairn.info/revue-internationale-de-psychologie-sociale-2007-4-page-31.htm?1=1&DocId=380679&hi
[253] Ibid.
[254] https://www-cairn-info.acces.bibl.ulaval.ca/revue-internationale-de-psychologie-sociale-2007-4-page-31.htm?1=1&DocId=380679&hi
[255] https://www.cairn.info/revue-diogene-2015-1-page-107.html

> « Ces principes peuvent aisément s'appliquer aux croyances conspirationnistes : des individus ont de « bonnes raisons » de croire à des idées conspirationnistes sans qu'il soit nécessaire de les attribuer automatiquement à la paranoïa, à des passions fanatiques ou à des imaginaires irrationnels »[256].

Ainsi, avant de tous les qualifier d'imbéciles ou de paranoïaques finis, il faut s'intéresser à des causes culturelles dominantes, à commencer par la **perte de confiance généralisée** que l'on observe dans nos sociétés et très présente chez les adhérents au conspirationnisme. Cette méfiance serait ni plus ni moins que « la clef fondamentale pour comprendre le conspirationnisme »[257]. Il ne faudrait surtout pas, disent les sociologues, négliger l'importance de la *confiance* comme fondement de la vie sociale.

Et c'est vrai, quand on y pense. C'est la confiance qui est à la base de tout, ou presque. Nous avons confiance que les vingt dollars que nous échangeons nous procureront pour vingt dollars de biens en retour. Nous avons confiance que le courrier sera livré, au quotidien. Nous avons confiance d'être soignés si nous nous présentons à l'hôpital. Nous sommes certains qu'un enseignant attendra nos enfants lorsque nous les déposerons à la porte de l'école. Nous avons confiance en l'heure qu'affiche notre montre. Nous avons confiance que les véhicules dans la voie opposée s'arrêteront au feu rouge. Et puis, nous avons confiance que la police nous portera secours le moment venu ou que l'État aura mis en place des moyens de coercition respectant des règles claires destinées à nous protéger.

La confiance, toujours la confiance. Elle est essentielle aux relations économiques, politiques, sociales... partout.

Et puis, la confiance sert de « mécanisme de réduction de la complexité sociale », rendant la vie plus simple et soutenable, même pour l'individu méfiant. En revanche, chez les adhérents au conspirationnisme, la méfiance peut occuper plus (ou trop)

---

[256] https://www.cairn.info/revue-diogene-2015-1-page-107.html
[257] https://www.cairn.info/revue-diogene-2015-1-page-107.html

d'espace, au point d'opérer elle aussi « une simplification souvent drastique. Celui qui se méfie a besoin d'un plus grand nombre d'informations et il diminue en même temps la quantité d'informations sur lesquelles il peut s'appuyer en confiance. Il devient *plus fortement* dépendant d'un *plus petit nombre* d'informations »[258].

Notez la mécanique, telle que la décrit Luhmann, qui est éclairante : il faut au méfiant plus d'informations, mais il n'a confiance qu'en peu de choses. Donc, il s'appuie sur *peu* d'informations.

C'est ainsi que le conspirationniste conteste les « vérités » ou « versions officielles », pour échafauder, malgré la grande quantité d'information consommée et la complexité de ce qu'il obtient, une théorie simple et monocausale.

Perte de confiance politique

Ainsi, la confiance envers les savants s'est effritée, tout comme celle envers les enseignants, que le relativisme affecte également et dont l'autorité vacille au quotidien. Idem pour les politiciens, qui n'ont peut-être jamais trôné au sommet de l'échelle de confiance, mais qui se retrouvent aujourd'hui plus durement contestés que jamais.

Évidemment, la perte de confiance envers les politiciens n'a pas débuté hier matin. De nombreux exemples, fameux, ont certainement nourri le doute et la suspicion du public parce qu'ils s'agissaient de mensonges avérés : Nixon et le scandale du Watergate, Georges Pompidou ou François Mitterrand et leur cancer dissimulé aux Français, Bill Clinton et l'affaire Lewinsky, George W. Bush et les armes de destruction massive en Irak, l'affaire (fraude fiscale) de Jérôme Cahuzac, Donald Trump au quotidien, etc.

---

[258] https://www.cairn.info/revue-diogene-2015-1-page-107.html

Le mensonge est peut-être un ustensile de tous les jours pour la classe politique, au point d'alimenter le cynisme ambiant et d'égrainer inexorablement la confiance populaire, mais les scandales retentissants sont des ingrédients de choix pour l'appétit du complotiste. Ils ne font que lui donner raison : le jeu se joue dans les grandes ligues. Et les événements sont tels qu'ils rendent vraisemblables de fausses nouvelles, ces mensonges hors normes rendent pensable ce qui n'aurait que valeur de rumeurs folles. Du reste, quand les politiciens posent des gestes répréhensibles, ils trahissent effectivement la confiance du public et les conséquences sont considérables, sans doute pire que l'action de quelques énergumènes.

> « Plutôt que de pointer les covidiots du doigt en ricanant sur leurs théories fumeuses de la Terre plate – après tout, qui sait comment on a démontré que la Terre est ronde ? – on peut s'interroger sur ce qui pousse à autant de scepticisme et de remise en cause de la parole publique. Rigoler des crédules plutôt que de faire taire les menteurs, c'est l'histoire du doigt que l'on regarde alors que le sage montre la Lune. Comment ne pas être sceptique et défiant envers la parole publique quand des personnalités politiques ou dirigeantes sont prises dans des affaires de collusion et de conflits d'intérêts ? L'élection de Justin Trudeau en 2015 a suscité un vrai espoir après les années de régression Harper. En cinq ans de pouvoir, la gouvernance libérale a été une succession de collusions avec l'argent, de promesses reniées et d'abus de pouvoir. La mise à pied par le MAPAQ de l'agronome Louis Robert alors qu'il dénonçait la collusion des ingénieurs agronomes avec les compagnies de pesticides et de fertilisants sur leurs pratiques de prescription ne peut que favoriser un climat de méfiance envers les autorités de régulation. Des histoires comme celles-ci on en trouve à la pelle. Elles ne sont malheureusement pas des histoires à dormir debout, mais belles et bien étayées par des faits et des preuves. Laisser courir les escrocs et les

menteurs même après avoir été débusqués, le voilà le virus mortel pour la liberté et l'exercice de la citoyenneté. »[259]

Cet effet sur la perte de confiance des électeurs envers la classe politique se mesure d'ailleurs aisément. Par exemple, un sondage[260] de 2018 nous apprenait que « trois Canadiens sur cinq ne font pas confiance aux politiciens lorsqu'ils font des promesses aux électeurs » et que pas moins de « 17 % des répondants ont même affirmé qu'ils ne croient pas du tout les promesses électorales ». Ils ont beau être nombreux à se dire intéressés par la politique (81 %), les Canadiens ont soutenu avoir « toujours un peu confiance (40 %), mais seulement 3 % des personnes sondées ont clamé faire grandement confiance aux politiciens et à leurs promesses électorales ».

Cela affecte conséquemment le taux de participation aux élections. Alors qu'à une certaine époque, on atteignait près de 80 % de participation aux élections fédérales[261], l'intérêt n'a cessé de diminuer à partir des années 1990 pour atteindre un creux historique de 59 % en 2008. La participation a certes pris du mieux par la suite (67 % en 2019), mais la tendance se maintient à long terme. Lorsqu'on demande aux répondants d'expliquer la baisse de participation électorale aux élections fédérales[262], ils répondent que c'est surtout à cause des politiciens (26,2 %), du gouvernement (13 %) et des candidats (11,7 %), tout en ajoutant l'inutilité de la participation (15,7 %), le manque de compétition (14 %) de même que l'apathie et l'indifférence (22,7 %). En somme, il existe plusieurs « bonnes raisons » de se détourner de la politique.

En France, on trouve des sondages qui révèlent que 85 % des répondants estiment que les responsables politiques ne se préoccupent que peu ou pas du tout de ce que pensent les gens ou encore que 77 % d'entre eux pensent qu'en règle générale les élus et les dirigeants politiques français sont plutôt corrompus. Voilà

---

[259] http://www.entreelibre.info/2020/09/14/les-covidiots-et-les-escrocs/
[260] https://www.journaldemontreal.com/2018/02/04/les-canadiens-ne-croient-plus-les-politiciens-selon-un-sondage
[261] https://electionsetdemocratie.ca/tendances-liees-la-participation-electorale-des-jeunes-au-canada
[262] https://www.elections.ca/content.aspx?section=res&dir=rec/part/tud&document=reasons&lang=f

qui donne le ton. « La méfiance envers la politique se traduit notamment par un taux d'abstention électorale élevé et les sondages d'opinion montrent précisément que l'adhésion au conspirationnisme est très forte chez les abstentionnistes »[263].

USA : terreau fertile

Sans vouloir s'étendre trop longuement sur les Américains, il est néanmoins intéressant et important de leur accorder encore un peu d'attention afin de comprendre pourquoi ce pays est particulièrement fécond en termes de conspirationnisme. Trump n'est que la partie la plus grossièrement visible d'un état d'esprit qui constitue, au final, un terreau fertile pour ce genre de choses.

En 2014, le politologue Julien Giry a présenté sa thèse sur le conspirationnisme américain dans laquelle il avance plusieurs explications. Chez nos voisins, les traditions et la culture américaine y jouent un grand rôle : on est individualiste, on se méfie de l'État, et cette tradition remonte à la guerre d'Indépendance alors que les colons tentaient de se libérer de la Grande-Bretagne. Même avec la conquête de l'Ouest, les habitants ont appris à ne compter que sur eux et non pas sur les institutions pour défendre leurs biens et leur vie.

> « De même, la majorité des Américains sont opposés à l'intervention de l'État dans leur vie quotidienne, d'où la forte résistance aux politiques sociales d'assistance. Une tradition anti-intellectualiste, nourrie par l'attachement à la religion, privilégie la foi sur la raison et se méfie des « têtes d'œuf » qui « embrouillent » les choses et nous éloignent de la vérité. La prégnance des sociétés secrètes, nombreuses aux États-Unis, rend familière au public l'idée de l'existence de groupes occultes. Enfin, on peut ajouter la liberté d'expression : le Premier amendement de la Constitution des États-Unis d'Amérique garantit une liberté d'expression quasi totale,

---

[263] https://www-cairn-info.acces.bibl.ulaval.ca/revue-diogene-2015-1-page-107.html

permettant à chacun d'énoncer et de diffuser toutes les idées, même les plus extrêmes, même les plus invraisemblables »[264].

La menace communiste s'est estompée avec le temps, alors la méfiance des Américains s'est tournée vers d'autres sources : ils craignent désormais les complots de l'intérieur, les complots des élites, le pouvoir du *Deep State* (un petit groupe de dirigeants non élus qui contrôlerait tout, un concept qui comprend notamment la CIA et le FBI) et encore, le croirez-vous, les socialistes et une volonté de l'extrême gauche d'arracher toutes les libertés au bon peuple américain.

Au pays de l'Oncle Sam, on ne se fait pas que du cinéma sur grand écran, de toute évidence…

Et puis, c'est connu, la foi est un élément central, capital de la culture américaine. Après tout, elle est à la base même de la fondation de ce pays : ce sont, de fait, des croyants, des colons puritains qui ont quitté l'Angleterre en 1620 parce qu'ils s'opposaient à l'intervention de l'État dans les affaires religieuses. Ils ont donc fondé un nouveau pays à leur mesure.

La foi est conséquemment, chez plusieurs, très forte et très présente, avec une influence incontestable sur les croyances, les idées et valeurs qu'ils portent et défendent, parfois farouchement, surtout contre l'État dont ils se méfient, comme nous venons de le voir, depuis leurs origines. Et le conspirationnisme, justement, joue sur les mêmes cordes sensibles : la foi, croire qu'on détient la bonne parole, qu'on fait partie du peuple élu, que l'Apocalypse est proche, etc. Et c'est Q, le maître de QAnon, qui fournit les clés du paradis conspirationniste, celui qui aide à déchiffrer les prophéties, ce qui fait dire à un zélote américain : « J'ai l'impression que Dieu m'a conduit à Q. J'ai vraiment l'impression que Dieu m'a poussé dans cette direction. »[265]

---

[264] https://www-cairn-info.acces.bibl.ulaval.ca/revue-diogene-2015-1-page-107.html

[265] https://www.theatlantic.com/magazine/archive/2020/06/qanon-nothing-can-stop-what-is-coming/610567/

Les particularités de l'évolution du christianisme américain « contribuent à expliquer la vulnérabilité des croyants à la pensée conspiratrice et à la désinformation »[266], écrit à ce propos le journaliste et rédacteur en chef de *newyorker.com*, Michael Luo.

S'il fut un temps où l'érudition était un moteur de la société (de nombreuses universités et écoles ont été fondées par des mouvements religieux), la contestation de l'État et des élites a fini par prendre le dessus, transférant l'autorité et la confiance vers les ministres de culte, les évangélistes, les « preachers » et autres vendeurs de paradis ambulants.

> « L'évangélisme américain, cependant, en est venu à être défini par son anti-intellectualisme. Le style des pasteurs les plus populaires et les plus influents tend à correspondre à la superficialité : le charisme l'emporte sur l'expertise ; l'autorité scientifique est souvent considérée avec suspicion. Il n'est donc guère surprenant que les évangéliques américains soient devenus vulnérables à la démagogie et à la désinformation »[267].

Michael Luo rappelle d'ailleurs que plusieurs émeutiers qui ont envahi le Capitole, le 6 janvier 2021, hurlaient « Jésus-Christ, nous invoquons ton nom! » et portaient de nombreuses bannières arborant des slogans religieux. « Le mélange de foi religieuse, de pensée conspiratrice et de nationalisme malavisé qui s'est manifesté au Capitole est peut-être la preuve la plus évidente à ce jour du rôle de l'église américaine dans l'évolution du pays vers ce moment dangereux », résume le journaliste.

Le survivalisme

Le discours des complotistes covidiots ne vous rappelle pas quelque chose lorsqu'ils parlent de gouvernement mondial qui veut mener l'humanité à sa perte? Lorsqu'ils affirment devoir prendre les choses en main pour sauver celles et ceux qui voient

[266] https://www.newyorker.com/news/daily-comment/the-wasting-of-the-evangelical-mind
[267] Ibid.

clair? Si vous trouvez que cela ressemble à un discours religieux de la fin du monde, vous n'êtes pas les seuls.

Dans un texte, le professeur de sociologie, Martin Geoffroy, directeur du Centre d'expertise et de formation sur les intégrismes religieux, les idéologies politiques et la radicalisation (CEFIR) du Cégep Édouard-Montpetit, fait un intéressant et pertinent parallèle entre le complotiste et le chrétien croyant qui se croient tous deux détenteurs de la Vérité et promis à un destin héroïque. Pour le professeur Geoffroy, le complotiste appartient en fait à ce groupe qu'on appelle les *survivalistes,* ceux qui vont survivre à l'apocalypse annoncée.

S'il n'est pas forcément religieux ou croyant, le survivalisme reprend les éléments de l'eschatologie du christianisme – ce qui concerne la fin de l'humanité, du monde et l'imminence du Royaume de Dieu sur terre – dans son approche et son comportement.

> « Si les termes ont changé, la conceptualisation binaire du monde des survivalistes est similaire à celle des premiers chrétiens, tous les deux se perçoivent comme des élus qui possèdent une connaissance approfondie des signes de l'imminence de la fin de la société dans laquelle ils vivent. Si les survivalistes ne font plus systématiquement appel à des signes de Dieu, il demeure qu'ils ont inventé de nouveaux récits dans lesquels ils se placent eux-mêmes au centre comme les sauveurs de l'humanité dans sa forme primitive et la plus pure. Que l'on attende le « jugement dernier » ou l'ultime « bris de normalité », on considère dans les deux cas que ceux qui ne sont pas préparés (spirituellement et/ou matériellement) vont être punis pour leur insouciance. »[268]

Puis, l'auteur ajoute que « l'extrême ferveur des premiers chrétiens, motivés par leur croyance dans une éventuelle fin du monde, leur permettait de résister aux persécutions de la société

[268] https://www.erudit.org/en/journals/fr/2019-v31-n1-fr05017/1066196ar/

romaine. Les fake news, les théories conspirationnistes et une version manipulée de la science ont la même résonnance aujourd'hui pour les survivalistes. La croyance extrême permet aux survivalistes de faire abstraction de la réalité en créant un monde parallèle dans lequel ils peuvent contrôler le récit ». Ces survivalistes sont les « persécutés » et leurs fictions leur permettent de se donner le beau rôle, celui des héros qui résistent au méchant gouvernement mondial, à Bill Gates, qui refusent la G5 et les vaccins. Bref, comme les chrétiens de l'époque romaine, eux, ils ont « vu la Lumière », alors que le reste du monde périra en Enfer aux côtés de George « Satan » Soros et de son serviteur maléfique Horacio Arruda.

Alors, comme chez les mormons qui se préparent pour la fin du monde, des covidiots vont stocker des provisions de nourriture en prévision des jours sombres. En somme, être survivaliste demeure de « l'ordre de la révélation et de l'expérience initiatique »[269].

Beaucoup des complotistes et covidiots s'appuient sur les Américains, s'inspirent notamment de l'extrême droite (et ont soutenu Trump avec ferveur) dans leur pratique du survivalisme. Ce mouvement est apparu aux États-Unis dans les années 1960, animé par un « esprit de critique du monde moderne et urbain »[270]. Le survivalisme s'est donc constitué « au gré des peurs collectives de l'époque ». C'est le libertarien Kurt Saxon qui utilisera le terme *survivalisme* pour la première fois, lui qui sera notamment membre du American Nazi Party, des mormons et même de l'Église de Satan. Saxon finira par être inculpé pour « incitation au terrorisme à cause de son livre [...] où il donne des instructions pour confectionner des bombes artisanales afin de les utiliser ensuite contre les « ennemis de la nation » qu'il désigne comme étant les anarchistes, les gauchistes et les étudiants »[271].

Ça vous rappelle quelque chose?

---

[269] Ibid.
[270] Ibid.
[271] Ibid.

Les mêmes segments au Québec que certains désignent comme « l'extrême gauche » et qu'un groupe d'extrême droite comme La Meute associe à du « terrorisme domestique ». Pour Saxon, les survivalistes ont davantage confiance en eux-mêmes qu'en l'establishment et l'État. Comme les libertariens, ils prônent « la liberté absolue des individus à disposer de leur personne et de leurs biens »[272]. On trouverait par ailleurs chez les premiers survivalistes plusieurs xénophobes et complotistes.

Certes, on pourrait penser, et l'auteur l'inclut dans son analyse, que ces survivalistes ne sont pas tous des libertariens xénophobes. Aussi, c'est pourquoi la majorité des survivalistes seraient aujourd'hui plutôt de « simples citoyens cherchant à s'informer sur l'état de notre monde et à se protéger des dangers qui nous guettent ». On les appelle les *preppers*.

On trouve, par exemple, facilement des sites tels que *Québec preppers*[273] sur Internet. Sur la page d'accueil, on explique que les preppers se décrivent comme des « personnes prévoyantes » ne comptant pas sur l'État, mais sur eux-mêmes et leur cellule familiale. Sur le site, on lit qu'avec « l'accentuation des changements climatiques et plusieurs pays dont la morale et les principes fondateurs semblent s'effondrer, de nombreuses personnes voient les signes pour se préparer à des temps difficiles ».

Il ne faudrait cependant pas croire qu'il ne s'agit que de deux ou trois illuminés. En mars 2020, Radio-Canada indiquait que depuis quelque temps, « les groupes survivalistes canadiens sont en réelle explosion sur les réseaux sociaux; ils ont accueilli des centaines de nouveaux membres. Tapis chez eux, avec assez de denrées pour pouvoir durer des années, ils ont aujourd'hui le sentiment d'avoir vu venir la crise avant tout le monde »[274].

---

[272] Ibid.
[273] https://www.quebecsurvieurbaine.com/
[274] https://ici.radio-canada.ca/nouvelle/1679030/coronavirus-covid-canada-survivaliste-preppers

Pire encore, plusieurs de ces groupes importent le style de vie que l'on trouve chez nos voisins du sud : certains arborent une tenue militaire, comme la milice du trois pour cent (III %), associée à l'extrême droite. Fortement armés, ces « patriotes » disent représenter la « résistance » face aux abus du gouvernement. On a même pu voir circuler sur Facebook des « images d'entraînement paramilitaire de membres québécois »[275].

Là, soudainement nous reviennent à l'esprit les images des trumpistes déchaînés devant le Congrès américain. Les mêmes extrémistes armés, persuadés que l'État profond fait la lutte au « vrai monde » et qu'il faut prendre notre avenir en main nous-mêmes.

Le professeur Geoffroy précise qu'au Québec, « les survivalistes libertariens classiques ont presque disparu au profit d'une nouvelle mutation que nous désignons comme le survivalisme communautariste d'extrême droite »[276]. Ici, on trouve cette idéologie de droite motivée par l'envie de créer une « communauté blanche, séparée des autres races »[277], qui croit que la fin de la société moderne serait due à l'immigration massive, notamment musulmane. Chez les survivalistes communautaristes, on note une forte nostalgie pour le passé, pour la religion catholique qui fait partie des racines du peuple canadien-français.

En somme, tout était mieux avant et c'est l'État qui nous en éloigne.

Les médias? Pas beaucoup mieux

Lorsque la confiance s'érode, l'idéal est de pouvoir s'appuyer sur le quatrième pouvoir, soit celui de la presse et des médias. Or, le « chien de garde de la démocratie » ne fait pas beaucoup mieux que les politiciens, notamment en France et aux États-Unis.

---

[275] https://ici.radio-canada.ca/nouvelle/1054852/milice-extreme-droite-quebec-iii-3-pourcent

[276] https://www.erudit.org/en/journals/fr/2019-v31-n1-fr05017/1066196ar/

[277] Ibid.

Au Québec, si la réputation des radio-poubelles reste peu enviable lorsqu'il s'agit de jouer un rôle crédible dans l'information, les médias plus traditionnels – et les journalistes – ont en revanche une excellente cote, comme l'indique l'enquête du Centre d'études sur les médias (2019)[278] :

> « La grande majorité des répondants disent faire « très » (16%) ou « assez » (67%) confiance aux médias d'information en général et 72% d'entre eux font confiance aux journalistes (11% seulement leur faisant cependant « très confiance »). La faible adhésion au choix de réponse « très confiance » montre toutefois une réserve certaine dans l'opinion exprimée. »

En France, on est plus méfiant, car environ 40 % des personnes interrogées estiment que les médias « restituent l'information de manière déformée ou fausse. Les médias sont soupçonnés de partialité, de trucage, de manipulation de l'opinion »[279].

Aux États-Unis, les choses sont encore pires, voire caricaturales depuis le passage de l'énergumène Trump, avec une méfiance envers les médias qui atteint des sommets. De fait, une majorité d'Américains n'ont pas confiance dans les médias. Selon l'enquête du centre de recherches Pew, 61 % des répondants pensent que « la presse ignore volontairement des affaires importantes »[280].

Mais surtout, la confiance est polarisée, selon le parti politique concerné. Les républicains font confiance à Fox News, les démocrates à CNN. Et chaque camp se méfie du média préféré de l'autre, résultat indiscutablement alimenté par l'approche hyper partisane de Trump.

> « La chaîne Fox News du magnat Rupert Murdoch, à la ligne conservatrice, est considérée comme fiable par 65 % des sympathisants républicains, mais comme douteuse par 61 %

---

278 https://www.cem.ulaval.ca/wp-content/uploads/2020/02/cem-confiance-langlois-proulx-sauvageau.pdf
279 https://www-cairn-info.acces.bibl.ulaval.ca/revue-diogene-2015-1-page-107.html
280 https://www.lapresse.ca/international/etats-unis/2019-07-22/les-americains-ne-font-confiance-ni-aux-medias-ni-aux-politiciens

des sympathisants démocrates, selon ce sondage publié vendredi par l'institut indépendant Pew Research Center.

La proportion est encore plus prononcée chez les républicains qui s'identifient comme conservateurs, 75 % d'entre eux considérant Fox News comme une source d'information fiable. Parallèlement, la chaîne CNN a elle la confiance de 67 % des démocrates, mais 58 % des républicains s'en méfient. »[281]

Chez les républicains, l'effet Trump est tel que les journaux les plus prestigieux ont vu leur cote de confiance, déjà assez faible, s'écrouler : seuls 15 % jugent le New York Times fiable et 13 % le Washington Post.

Il faut dire que le journalisme connaît aussi des déboires qui nuisent à sa réputation et à la crédibilité des médias. En effet, chaque fois qu'une histoire diffusée avec éclat dans la presse s'avère finalement fausse, c'est à la fois le cynisme ambiant qui est nourrit et le complotisme de tous genres qui voit ses fidèles cristalliser chaque fois un peu plus leurs croyances.

C'est, en effet, un coup énorme qu'encaisse la presse – et même la vérité et les faits – lorsqu'il s'avère qu'une nouvelle était erronée ou carrément fausse. À chaque occasion ratée, c'est l'amateur de complots qui peut y voir une « preuve » que les médias sont mauvais et contre nous. Sa « grande thèse » est ainsi démontrée et validée, croit-il. Comment s'en étonner et comment lui en vouloir, dans une certaine mesure?

Démêler le vrai du faux n'est pas toujours aussi aisé qu'il n'y paraît, et c'est justement le rôle traditionnel de la presse, appuyé sur une crédibilité et une confiance qui doivent être à toute épreuve. Quand la presse se montre « faillible », l'exercice se complique d'autant. L'idée n'est pas de prétendre que la presse est historiquement infaillible, mais plutôt que son principe fondamental – présenter les faits avec rigueur – participe à sa

---

[281] https://www.lapresse.ca/affaires/medias/2020-01-24/cnn-pour-les-democrates-fox-news-pour-les-republicains-l-info-divisee-aux-etats-unis

crédibilité, à son respect et constitue, en somme, l'essence de ce pouvoir, ce quatrième pouvoir, qui sert notamment à démêler le vrai du faux, à exiger des comptes aux élus, ce qui sert les intérêts du public, du citoyen.

Mais, la mission de la presse peut-être en conflit avec les objectifs de l'entreprise privée, propriétaire de médias. C'est notamment ce que l'on observe du côté des radios privées, en particulier à Québec, où le modèle d'affaires est surtout basé sur la polémique, sur une dynamique veillant à susciter des réactions afin d'attirer les paires d'oreilles qui sont payantes, sur le plan publicitaire. Cette volonté de provoquer l'auditoire se fait, très souvent, en bafouant les règles élémentaires du journalisme. On enfile « un peu » le manteau du journaliste en prétendant dire « les vraies affaires » ou dévoiler ce que le gouvernement « nous cache », mais c'est pour profiter de la crédibilité de la profession, sans s'embarrasser des devoirs qui l'accompagnent. Ici, ce n'est pas la rigueur qui importe, mais le *rendement*. Avec les cotes d'écoute viennent les revenus publicitaires qui font la fortune de leurs propriétaires et de leurs animateurs vedettes.

Cela n'est rien pour contribuer à solidifier la confiance que les gens peuvent témoigner envers les médias, bien au contraire. Ces radios vont aussi fréquemment s'en prendre aux médias traditionnels (qui sont des adversaires sur le plan du partage publicitaire), s'attaquer à leur indépendance en les présentant comme des porte-paroles du gouvernement et des élites, alimentant du même souffle les thèses conspirationnistes dont ils se servent au quotidien pour nourrir leur public. Faut-il s'étonner qu'à la longue, la confiance générale se dissipe?

À preuve, les chercheurs Florian Sauvageau et Simon Langlois ont cru nécessaire de mener à nouveau leur sondage sur la confiance envers les médias après quelques mois passés sous le signe de la pandémie de COVID-19. Fort heureusement, malgré les critiques virulentes souvent adressées aux médias traditionnels, ceux-ci « conservent la confiance d'une large majorité de Québécois », nous apprennent les chercheurs.

« L'enquête menée avec CROP à la fin du mois de novembre 2020 montre que plus du tiers des répondants (35,6 %) disent leur faire davantage confiance depuis la pandémie. 41 % n'ont pas changé d'avis. De façon générale, la confiance que nous avions observée lors d'une enquête de même nature, en octobre 2019, est restée plutôt stable. Une large majorité (80 %) de répondants considèrent de plus que les médias traditionnels les ont aidés à mieux comprendre la crise sanitaire. » [282]

Voilà pour les bonnes nouvelles. En revanche, l'enquête montre que le clivage selon l'âge des répondants se creuse, les jeunes ayant encore moins confiance aux médias qu'avant la pandémie.

« Il faut noter toutefois que près du quart des personnes interrogées (23,4 %) estiment avoir moins confiance envers les médias traditionnels depuis la pandémie. La perte de confiance est plus prononcée chez les plus jeunes répondants dont le rapport aux médias est, comme nous l'avions constaté l'an dernier, souvent fort différent de celui de leurs aînés. Ainsi, les jeunes sont beaucoup plus nombreux à penser que les médias ne les ont guère aidés à mieux comprendre la pandémie. »[283]

L'enquête met également en lumière la vigueur de la communauté de « croyants » qui pensent que la pandémie n'est qu'une mascarade (les négationnistes du coronavirus). Ainsi, « plus de 20 % des répondants se sont dit soit « très » ou « assez » en accord avec diverses affirmations pour le moins douteuses qui circulent sur les réseaux sociaux au sujet de la COVID-19. Un noyau dur estimé à environ 7 % des répondants les partage sans réserve. Encore une fois, le clivage selon l'âge est important. Les jeunes manifestent nettement plus fréquemment leur accord avec ces énoncés non fondés, souvent farfelus. Les écarts entre les 18-24 ans les 25-34 ans d'un côté et les plus âgés de l'autre sont très importants ».

[282] https://www.cem.ulaval.ca/wp-content/uploads/2021/04/cem-confmediaqueb-2021.pdf
[283] Ibid.

Les chercheurs constatent que la fréquentation des médias sociaux constitue « un autre élément d'explication capital de l'attitude des répondants ». Certes, la télévision reste un moyen privilégié pour s'informer, les médias sociaux sont « tout de même mentionnés par 17,7 % des répondants comme première source d'information sur l'actualité ». Les jeunes, encore, sont ceux qui s'y réfèrent le plus.

L'enquête nous offre tout de même une éclaircie dans ce ciel gris aux couleurs conspirationnistes : il semble qu'une autre partie des adeptes des médias sociaux ont « découvert ou redécouvert les vertus des médias traditionnels depuis la pandémie et leur manifestent davantage de confiance. Est-il vraisemblable de penser que les excès des médias sociaux, les ragots qui y sont véhiculés, incitent une part des leurs adeptes à se tourner vers des sources d'information traditionnelles qu'ils trouvent plus crédibles ? », demandent les chercheurs.

C'est fort probable. Et c'est tant mieux.

Et la science?

On pourrait croire que les experts ou encore la science permettent au moins d'ébranler les certitudes des complotistes invétérés, mais non. D'une part, parce que la tendance à rechercher à confirmer ses croyances, et la réticence à les infirmer est au cœur de la pensée conspirationniste[284]. Pire encore : le complotiste pourra considérer les « éléments contraires à sa théorie – sans même les ignorer ou les minimiser – comme étant des preuves supplémentaires d'un complot (fausses preuves inventées par les comploteurs) »[285].

Là encore, la confiance (inexistante ou très faible) est au cœur de l'affaire. Ainsi, les batailles d'experts, qui présentent des arguments

---

[284] https://www-cairn-info.acces.bibl.ulaval.ca/revue-internationale-de-psychologie-sociale-2007-4-page-31.htm?1=1&DocId=380679&hi

[285] Ibid.

qui semblent rigoureux et valables dans un camp comme dans l'autre alimentent la confusion du public, le déroute, ne sachant plus à qui se fier. Alors, « au mieux les experts sont perçus comme ayant des connaissances qui ne sont pas solidement établies, au pire ils sont considérés comme des menteurs défendant des intérêts particuliers »[286]. Après tout, le politicien conservateur Michael Gove a affirmé sans rire pendant la campagne sur le Brexit que « les gens dans ce pays en ont assez des experts »[287]. Oui, bon. Surtout quand ils contredisent les plans de certains dirigeants...

De fait, la science, qui s'appuie pourtant sur des *preuves*, n'arrive pas à renverser des opinions solidement ancrées, malgré l'argumentaire construit sur la logique et des faits. On note plutôt une *perte de confiance dans les savants*, dont le mode de fonctionnement est de nature même à nourrir le doute, ennemi juré du complotiste.

Car, s'il fut un temps où la science, comme la religion, portait des savoirs définitifs, ce n'est plus le cas aujourd'hui. Ainsi, le simple fait que les chercheurs, même hautement qualifiés, avancent des *hypothèses* et que celles-ci puissent être confirmées ou infirmées ébranle la capacité du complotiste à se fier au savoir « officiel ». C'est donc un paradoxe difficile à concevoir qui affaiblit la crédibilité et la confiance envers les scientifiques : ils disent s'appuyer sur des *preuves*, mais tout scientifique dira que ce qu'il avance est vrai *jusqu'à ce que quelqu'un prouve le contraire*.

C'est déroutant.

Le physicien théoricien Stephen Hawking l'écrit lui-même, en rappelant les propos du philosophe des sciences Karl Popper : « une bonne théorie se caractérise par le fait qu'elle fait un certain nombre de prédictions qui pourraient en principe être réfutées ou rendues fausses par l'observation. Chaque fois que de nouvelles expériences viendront corroborer les prédictions, la théorie sera confortée, et notre confiance en elle s'accroîtra ; mais si jamais une

---

[286] https://www.cairn.info/revue-diogene-2015-1-page-107.html
[287] https://www.theguardian.com/science/blog/2017/mar/28/are-we-entering-a-golden-age-of-the-conspiracy-theory

nouvelle observation ne s'inscrit pas dans son cadre, il nous faudra l'abandonner ou la modifier. »[288]

Belle certitude!

Cela crée un terreau fertile pour les hypothèses alternatives de toutes sortes, conduisant le grand public – et plus encore le complotiste – à s'imaginer que toutes les connaissances et toutes les opinions se valent. Paradoxalement, ce relativisme ne fait pas que produire des hypothèses « molles » et éphémères, mais conforte plutôt certains courants qui se plaisent à contester le savoir « officiel » ou dominant.

Souvent, la science donne l'impression de ne pas aider sa propre cause lorsqu'elle se contredit, revient sur des positions précédentes ou se montre hésitante. Chaque fois que la science n'est pas unanime, même pendant un court laps de temps, les complotistes sautent dans la brèche et en profitent pour renforcer leurs positions. « On vous l'avait dit qu'ils mentaient », entendra-t-on, en guise d'argument.

Les bienfaits du masque, par exemple, auront été le thème le plus populaire et de nombreux articles nous ont permis de suivre, presque en temps réel, les hésitations des experts et des autorités de santé publique. Le masque chirurgical suffit-il? Faut-il plutôt porter le N-95? Faut-il mettre deux masques l'un sur l'autre? Faut-il le porter à l'extérieur? Oui? Non? Ça dépend? Tous les avis ne disaient pas constamment la même chose.

Voilà de la matière première, une mine d'or pour un conspirationniste qui attend une occasion de riposter afin de mettre en lumière les valses-hésitations du gouvernement et des experts comme autant de « preuves » que la pandémie n'est qu'une mascarade.

---

[288] Hawking, Stephen. « Une brève histoire du temps : du Big Bang aux trous noirs », Champs sciences, Flammarion, 2017, p33.

On peut facilement comprendre que lorsque 363 experts canadiens, avec l'appui d'experts internationaux et d'autres professionnels, envoient une lettre ouverte[289] aux premiers ministres et responsables de la santé publique des gouvernements fédéral, provinciaux et territoriaux pour parler de la transmission de la COVID-19 par aérosols, le geste fait grand bruit. Dans la missive, ils se disent profondément préoccupés par l'augmentation récente du nombre de cas et d'hospitalisations au Canada et demandent « instamment de mettre à jour les directives provinciales sur la COVID-19, les réglementations relatives aux milieux de travail et les communications publiques, afin de rendre compte de ce que nous dit la science, à savoir que la COVID-19 se transmet par aérosols ». Les auteurs ajoutent que « les messages de prévention des gouvernements provinciaux continuent d'être déficients quant aux risques de transmission dans des milieux clos. Alors que d'autres pays incitent les citoyens à se méfier des espaces fermés, des lieux très achalandés et de toute situation propice aux contacts étroits, nous continuons d'insister sur la désinfection et la distanciation physique à deux mètres ». Or, « les preuves sont désormais irréfutables : la transmission de la COVID-19 par aérosols est fréquente et constitue une voie de transmission importante ».

Ainsi, outre la distanciation sociale de deux mètres et le port du masque, ces experts insistent sur la nécessité d'améliorer la ventilation. Et ils remettent en question les règles de protection individuelle axées sur les gouttelettes et les contacts, alors que les travailleurs de la santé portent des masques chirurgicaux « mal adaptés ».

Le texte est clair et les préoccupations légitimes. Mais, le complotiste retiendra que les masques sont « inefficaces », que les mesures sont déficientes, que les décideurs insistent sur les mauvaises sources et, donc, que personne ne sait réellement quoi faire. Une brèche immense vient ainsi de se créer dans le discours

[289] https://ricochet.media/fr/3422/Temps?fbclid=IwAR2O8lXMPzwLphJuPXfPdlRVhVqmJEQ-3eH0Nq3JQMSlfcitkH2SwX4-RLM

de santé publique. Du bonbon, encore une fois, pour le théoricien qui cherche des « preuves » pour appuyer son discours.

Certes, les masques ne sont pas dangereux pour la santé. Le port généralisé dans la population permet de sauver des vies. Pourtant, les masques sont vus par les complotistes comme un symbole de l'oppression de l'État, comme un instrument de domination, une arme s'attaquant aux droits et libertés des individus. Aussi, souhaitent-ils ne pas en porter, au risque que cette négligence puisse tuer des gens.

Pourquoi?

Pascal Wagner-Egger, chercheur en psychologie sociale, explique que dans leurs études « sur les ressorts psychologiques de ceux qui croient à ces théories du complot, on voit qu'ils ont tendance à avoir un petit problème de narcissisme, un besoin de se sentir écoutés ou d'être différents, alors le masque est en quelque sorte leur hantise »[290]. C'est que, aux yeux des complotistes, le fait que le masque doive être porté par toute la population transforme la contrainte en un « mouvement moutonnier ».

Là où le masque des Anonymous symbolise la résistance à l'autorité et aux élites, le masque de protection apparaît quant à lui comme une injonction de la part des autorités et des élites : « Cela devient pour ces gens quelque chose d'inquiétant qui leur enlève leur identité ». Une situation qui se confronte donc trop brutalement à un narcissisme indépassable.

Du reste, ce n'est pas d'hier que la science évolue, que son discours s'ajuste aux découvertes et aux travaux des chercheurs. C'est son ADN qui est ainsi fait. Longtemps, on a cru que la Terre était au centre de l'univers, puis nous avons changé d'avis. Longtemps, nous avons cru que l'atome était la plus petite particule de matière qui soit, puis sont apparus dans le décor les quarks et autres bosons. Bien des théories scientifiques ont été

---

290 https://www.numerama.com/politique/638659-pourquoi-les-theories-du-complot-ciblent-elles-les-masques.html

renversées avec le temps. Mais, ça ne devrait pas affaiblir la force de la science, au contraire, estime le philosophe et physicien français Étienne Klein.

> « La récurrence de tels errements permet-elle pour autant d'affirmer que les théories scientifiques ne sont que de simples conventions sociales établies par la communauté des chercheurs? Non, puisque, justement, grâce au travail mené à l'intérieur même du champ scientifique, toutes ces baudruches ont fini par se dégonfler. La morale de ces histoires rocambolesques est plutôt qu'il faut toujours se garder de conclure avec précipitation »[291].

Les problèmes de la science sur laquelle on compte pour séparer le bon grain de l'ivraie ne s'arrêtent pas à sa propre nature où le doute occupe une place de choix. La crédibilité du métier a toujours été entachée par des chercheurs à l'éthique douteuse qui préfèrent le profit personnel au profit de la science. Cette tendance se retrouve au sein d'industries qui ont besoin d'avis complaisants, dans des publications qui vont les mettre de l'avant, mais la chose peut être plus subtile et néanmoins pernicieuse.

Il existe ce que l'on appelle des revues scientifiques dites « prédatrices » qui profitent d'une faille dans le système : le besoin pressant des chercheurs d'être publiés, leur fameux « publier ou périr ». La chose n'est pas banale parce que ces revues frauduleuses, moyennant un généreux paiement, publient tout ce qu'on leur envoie, « offrant une plateforme souvent chapeautée d'un nom d'apparence honorable »[292].

Ici, ce n'est pas qu'on publie forcément une étude frauduleuse ou dont les conclusions sont erronées, c'est que cette façon de faire escamote volontairement l'étape cruciale et indispensable de révision, de relecture ou de critique des pairs. Or, sans cette étape, la science perd en fiabilité, et donc, en crédibilité.

---

[291] KLEIN, Étienne, *Le goût du vrai*, Tracts Gallimard, 2020, N° 17, p.50.
[292] https://www.lesoleil.com/actualite/science/revues-frauduleuses-mais-influentes-b33489518c6fb06e77292887b9088fdf

Et il semble que l'influence de ces revues n'est pas à sous-estimer, car « une enquête révèle qu'un grand nombre d'entre elles font toujours partie de la base de données scientifique Scopus, l'une des plus utilisées par les chercheurs. [...] S'ils ont fait cette analyse, ce n'est toutefois pas pour pointer du doigt des mauvais joueurs, mais pour signaler un problème de « pollution » : un chercheur ou un étudiant qui fait une recherche dans une telle base de données pour savoir ce qui s'est publié sur un sujet, ramasse du coup des recherches qui n'ont été ni révisées ni même relues, contrairement aux prétentions de la revue en question »[293].

Mine de rien, c'est un autre ustensile qui égratigne la surface du monument scientifique et qui esquinte la confiance que l'on y accordait.

Ce n'est jamais bon.

Le talon d'Achille de la science

Le physicien-philosophe Étienne Klein déplore la confusion qui règne dans l'univers du complotisme et qui est amplifiée au point d'ébranler un public plus large que les simples adhérents usuels. Cette confusion tient en partie du fait que l'on mélange deux concepts : celui de *science* et celui de *recherche*.

La science, c'est le processus fait de rigueur qui nous mène au consensus qui construit des savoirs fiables. Le chercheur, lui, il cherche. Dans la recherche, il y a le doute, une zone grise qui stimule le chercheur, mais déroute un public avide de certitudes. « Le doute est le commencement de la sagesse », pour Aristote, mais le public et les médias ne l'entendent pas forcément ainsi. « Le problème, c'est que si un chercheur honnête dit « *je ne sais pas* » à la télé, on ne va pas le réinviter. Il sera médiatiquement

[293] Ibid.

débordé par des gens moins compétents, mais qui diront des choses avec plus d'aplomb »[294], explique le physicien.

La réalité et les attentes des médias ne cadrent pas facilement avec l'incertitude et la pandémie de coronavirus aura été l'occasion de le constater à la puissance 10. Les médias voulaient des réponses définitives sur la COVID-19, mais les hésitations et les contradictions inhérentes au sentier de la recherche servent plutôt mal la cause de la science auprès des médias, puis des décideurs et du public. C'est que ceux-ci, illustre Étienne Klein, s'arrêtent à l'idée que la science dit vrai.

> « Je comprends que le public soit un peu perdu, parce que le lien de la science avec l'idée de vérité est ambivalent. D'un côté, on dit que la science promet d'accéder au vrai... Mais en même temps, la science est basée sur le doute permanent. Cette oscillation induit une certaine confusion dans la société. Au début de la pandémie, je me suis réjoui en pensant que ce serait l'occasion de montrer en temps réel comment travaillent les chercheurs, comment on fait des essais, comment on utilise les statistiques, etc. J'y ai vraiment cru une semaine, et puis je me suis dit que c'était raté quand j'ai vu qu'on invitait sur des plateaux télé des gens dont on ne savait pas trop d'où ils venaient, et qui s'engueulaient. Cela a instillé l'idée que, vu que les chercheurs ne sont pas d'accord entre eux, il n'y a pas de vérité scientifique. Et ça, c'est une image complètement fausse, parce que la recherche consiste à se poser des questions, mais au bout d'un certain temps, il y a un consensus qui s'établit. Les controverses sont le combustible de la science, et la science est une façon collective de faire cesser les controverses. Or cela n'a pas été montré à la télévision. »[295]

C'est comme si l'incertitude de la recherche était le talon d'Achille de la science, le point faible qui atténue le pouvoir de la vérité qu'elle porte pourtant en elle aux yeux du monde. Un peu comme

[294] https://charliehebdo.fr/2020/08/sciences/etienne-klein-philosophe-des-sciences-si-un-chercheur-honnete-dit-sais-pas-a-la-tele-pas-le-reinviter/

[295] Ibid.

le héros légendaire grec des épopées homériques, la science paraît invincible, armée de sa raison, sa démarche et sa rigueur. Comme Achille qui a été immergé dans les eaux du Styx, rendant son corps invulnérable, sauf le talon par lequel sa mère Thétis le tenait pour l'y plonger, la science est baignée dans l'incertitude, jusqu'à ce qu'elle puisse faire triompher la vérité. Or, ce moment d'incertitude où la science cherche permet aux fabulateurs, aux théoriciens du complot et aux anxieux en manque de réponses de combler le vide.

Et puisque la science est aussi capable de se tromper, de reculer, de se contredire, puisque le chemin de la recherche est sinueux et parsemé de doute, on la conteste. On cherche des réponses définitives, des explications plus simples, quelque chose qui comble l'espace vacant et l'insatisfaction du public. C'est ainsi qu'on en arrive, par exemple, à affirmer que la Terre est plate, en dépit des preuves existantes. Or, pour Klein, « la science n'est pas démocratique — il ne suffit pas d'être nombreux pour avoir raison —, mais républicaine, dans le sens où chaque citoyen peut exiger des explications, comme il peut revendiquer ses droits fondamentaux »[296].

Le médecin québécois Alain Vadeboncoeur — qui s'en donne à cœur joie lorsqu'il s'agit de contredire (et de narguer avec finesse) les covidiots et complotistes qui croisent son chemin sur les réseaux sociaux — ajoute même qu'une « large part de notre compréhension individuelle du monde repose non pas sur les connaissances scientifiques, mais bien sur une évaluation primitive des faits, qui suscite — irréfutablement — notre adhésion en s'appuyant sur la croyance et l'intuition. Qui parmi vous révise en effet la complexe science physico-chimique de la cuisson avant de mettre au four un gâteau au chocolat ? »[297]

Ainsi, poursuit le docteur Vadeboncoeur, « notre savoir ordinaire est fondé sur l'immersion dans l'univers familial, les échanges quotidiens à l'école et les discussions avec l'entourage plutôt que

---

[296] https://www.ledevoir.com/societe/science/585841/entretien-la-verite-en-panne-de-plaisir
[297] https://lactualite.com/sante-et-science/douter-raisonnablement/

sur la lecture attentive de la revue *Science,* le croiriez-vous ? Il s'appuie en effet sur notre incroyable capacité de trier l'information, une méthode empirique qui nous a jadis permis de fuir les lions sans prendre le temps de consulter un traité de comportement animal. [...] Avec toute la modestie souhaitable, il faut bien s'avouer que pour la vaste majorité d'entre nous, ce n'est pas tant la science qui nous convainc que les personnes en position d'autorité qui la traduisent — avec aussi peu de distorsion possible, peut-on espérer — et en transmettent les conclusions, notamment par l'intermédiaire des médias ».

Donc, notre savoir se construit autour de nous, en s'appuyant principalement sur des figures d'autorité qui peuvent satisfaire l'appétit médiatique que la science, pleine de doutes alors qu'elle cherche des réponses, n'arrive pas à combler. L'humain a horreur du vide et le doute est inquiétant. Alors, on s'arrange autrement.

On voudrait décrire un cercle vicieux qu'on ne s'y prendrait pas autrement.

2- Logique de discours

Le refus de la réalité

Quelle est donc la logique du discours conspirationniste ? La question peut paraître curieuse, mais on peut aisément effectuer une pirouette conceptuelle plutôt amusante et déroutante à la fois. Songez un instant : les conspirationnistes dénoncent les conspirations. Ce conspirationnisme se présente donc comme... de l'anticonspirationnisme.

Oui, ça m'a fait sourire.

Mais, sur une note plus sérieuse, que font ces gens qui nient l'existence d'un virus meurtrier ou qui croient qu'un complot leur a volé leur président « great again » ? Ils rejettent la déplaisante réalité au profit d'une vie parallèle, de faits alternatifs qui prennent le dessus sur la plus dure et décevante réalité.

Si vous vous êtes déjà imposé la tâche d'essayer de convaincre un fidèle de ces théories de changer d'avis ou d'accepter vos objections, il est à peu près certain que vous ayez perdu votre temps. C'est parce que la « tendance à rechercher à confirmer ses croyances, et la réticence à les infirmer est au cœur de la pensée conspirationniste ». Et cette tendance chez l'individu paranoïde est « sans doute encore plus prononcée dans le domaine des théories du complot que pour d'autres formes de croyances »[298].

En somme, il y croit dur comme fer, au point de considérer les éléments contraires à sa théorie comme étant des preuves supplémentaires d'un complot, comme autant de *fausses preuves* inventées par les comploteurs pour duper les gens. La qualité de vos arguments, la logique avancée, les preuves scientifiques et les faits n'ont pas d'emprise sur le croyant. Et pour plusieurs d'entre eux, ils préféreront se fier à leur ressenti, à leur instinct, ce qui tend à les rendre imperméables aux influences externes qui divergent de leurs croyances.

« Pour peu que leur ego ait atteint la bonne surdimension, certains, de plus en plus nombreux, accordent aujourd'hui à leur ressenti un crédit suffisant pour trancher d'un simple coup de phrase des questions vertigineusement complexes. Tout en reconnaissant, pour les plus honnêtes d'entre eux, qu'ils n'y connaissent absolument rien. C'est aussi en cela que notre époque est formidable », écrit Étienne Klein qui ajoute : « Brandir son non-savoir pour délivrer à la cantonade toutes sortes d'injonctions, telle est la forme la plus manifeste du narcissisme contemporain »[299].

Il existe d'ailleurs un mot précis, rappelle-t-il, un terme de moins en moins méconnu, qui représente parfaitement le concept qui porte le nom d'*ultracrépidarianisme*, en disant que « les gens parlent au-delà de ce qu'ils savent avec une assurance qui est

[298] https://www.cairn.info/revue-internationale-de-psychologie-sociale-2007-4-page-31.htm?1=1&DocId=380679&hi
[299] KLEIN, Étienne, *Le goût du vrai*, Tracts Gallimard, 2020, N° 17, p.13.

proportionnelle à leur incompétence »[300]. Cette surconfiance qui s'observe chez un individu porte aussi un nom de plus en plus connu désormais : *l'effet Dunning-Kruger*, qui se définit ainsi[301] :

> « L'**effet Dunning-Kruger**, ou effet de surconfiance, est un biais cognitif selon lequel les moins qualifiés dans un domaine surestiment leur compétence. Dunning et Kruger attribuent ce biais à une difficulté métacognitive des personnes non qualifiées qui les empêche de reconnaître exactement leur incompétence et d'évaluer leurs réelles capacités. Cette étude suggère aussi les effets corollaires : les personnes les plus qualifiées auraient tendance à sous-estimer leur niveau de compétence et penseraient à tort que des tâches faciles pour elles le sont aussi pour les autres.
>
> Ce phénomène a été démontré au travers d'une série d'expériences dirigées par David Dunning et Justin Kruger.
>
> Dunning et Kruger ont noté que plusieurs études antérieures tendaient à suggérer que dans des compétences aussi diverses que la compréhension de texte, la conduite d'un véhicule, les échecs ou le tennis, « l'ignorance engendre plus fréquemment la confiance en soi que ne le fait la connaissance ».
>
> Leur hypothèse fut qu'en observant une compétence présente en chacun à des degrés divers :
>
> - La personne incompétente tend à surestimer son niveau de compétence ;
> - La personne incompétente ne parvient pas à reconnaître la compétence de ceux qui la possèdent véritablement ;
> - La personne incompétente ne parvient pas à se rendre compte de son degré d'incompétence ;
> - Si une formation de ces personnes mène à une amélioration significative de leur compétence, elles

[300] https://www.ndf.fr/politique/03-07-2020/analyse-magistrale-detienne-klein-pour-savoir-que-lon-est-incompetent-il-faut-etre-competent-video/

[301] https://fr.wikipedia.org/wiki/Effet_Dunning-Kruger

pourront alors reconnaître et accepter leurs lacunes antérieures. »

Et là, soudainement, vous avez en tête l'image de Trump.

Il n'y a pas de hasard

Si les théories du complot évoquent sans cesse des forces secrètes, des puissances invisibles, d'élite dans l'ombre qui tire les ficelles, il est toutefois amusant de constater que le schéma explicatif proposé est en revanche d'une extraordinaire simplicité mécanique : il y a une cause et tout s'explique de façon linéaire. Le plan est simple, l'objectif est clair : dominer le monde et prendre tous les moyens (qui, eux, peuvent être complexes) pour y arriver. L'Histoire n'est ici que succession d'événements prévus et planifiés, les sociétés étant de tout temps facilement manipulées et engagées à leur insu dans la réalisation du dit plan.

Il n'y a pas de hasard. Tout est logique et d'une remarquable simplicité. Il suffit d'ouvrir les yeux.

Mais, nier la complexité et les impondérables de la vie, comme si l'ensemble de nos actions étaient inscrites dans un déterminisme parasitaire réglé dans les moindres détails, c'est nier la réalité. La vie est complexe, changeante, fluctuante, soumise aux hasards, aux caprices, aux humeurs, aux erreurs, aux hésitations, aux aléas, ce qui rend d'autant plus compliqué le complot, surtout à grande échelle. Comment prévoir l'ensemble des réactions des humains? Comment garder un secret et réussir à coordonner un ensemble d'événements dans une orchestration parfaitement conçue et préparée, sans la moindre erreur ni marge de manœuvre? C'est gros. C'est grotesque, même[302]. « La théorie conspirationniste est donc avant tout une théorie antagoniste, voire négatrice du hasard et de l'aléa »[303].

---

[302] Songez seulement à tous ces projets d'infrastructures qui naissent sur papier et se concluent ponctués d'ajustements, de corrections, d'ajouts, d'erreurs d'évaluation, pour un résultat au final bien (ou complètement) différent de ce qui avait été prévu. À commencer par la facture finale...

[303] http://www.afhalifax.ca/magazine/wp-content/sciences/CO2/psychologie_du_conspirationnisme.pdf

Il n'y a pas de hasard.

Si la lame de la guillotine est triangulaire, ce n'est pas parce que c'est techniquement plus efficace. C'est pour rappeler le triangle maçonnique, croit l'abbé Augustin Barruel (1741-1820), dont les travaux affirmaient que la Révolution française n'a pas été « un mouvement de révolte spontanée du peuple, mais un processus organisé pendant plusieurs décennies dans des loges et dans des clubs — en particulier celui des Jacobins — afin de permettre à la bourgeoisie libérale de s'emparer du pouvoir »[304].

Il n'y a pas de hasard. Que des intentions. Un dessein. Depuis toujours.

Si on relie les treize étoiles qui surmontent l'aigle au revers des dollars américains, on obtient l'étoile de David, une « preuve » de la mainmise des Juifs sur l'économie du pays.

Il n'y a pas de hasard. Seulement un plan. L'Histoire est déjà écrite.

Avec la négation du hasard, on peut cumuler les faits anodins comme autant de « preuves », de « marques diaboliques » ou de « signatures » attestant du complot.

Cette façon de voir le monde est, paradoxalement, extrêmement *rassurante*, surtout parce que la théorie du complot donne un sens à ce qui se passe, y compris lorsque tout va mal.

> « La thèse de la conspiration s'avère par là foncièrement rassurante. En expliquant, à sa façon, ce qui sans elle resterait « incompréhensible », elle rend rationnel ce qui était déroutant, intelligible ce qui paraissait incohérent. Elle donne une signification à ce qui semblait relever du non-sens. Enfin et surtout, elle rend le monde plus simple, en le dépouillant de ses contradictions. En d'autres termes, elle ramène le multiple à l'unité : toute la diversité, toute la complexité des choses se

[304] https://fr.wikipedia.org/wiki/Augustin_Barruel

trouve éclairée par une donnée unique, fondamentale. L'explication proposée devient une sorte de fil d'Ariane permettant de sortir du labyrinthe »[305].

Le monde vous semble de plus en plus complexe et vous donne l'impression de bouger de plus en plus vite? Tant mieux, alors! Car, avec le conspirationnisme, « plus l'état du monde est complexe, plus la simplification radicale qu'apporte la théorie paraît salvatrice »[306]. Cette grande simplicité permet, au surplus, une remarquable économie d'efforts, permettant d'éviter le recours aux études sociologiques et psychologiques, aux enquêtes historiques, au savoir scientifique et théorique d'une foule de matières. La cause unique permet un incomparable gain de temps! Une seule cause et tout ce qu'on pourra dira ou trouver ne fera que prouver la conspiration.

Autre caractéristique du discours conspirationniste : il est basé sur l'*apparence*, sur le fait que ce que l'on croit ou perçoit nous trompe. La réalité nous est cachée, prenant ici des allures *platoniciennes*. Comme dans l'*allégorie de la caverne*, l'humain ne perçoit que l'ombre des choses, échappant au « monde d'en haut », à la vérité que dissimule l'élite malveillante. Chez le complotiste, il y a deux mondes qui cohabitent, l'un dominant l'autre : le monde des gens ordinaires, le monde visible, et celui de la coulisse, des dirigeants, de ceux qui « tirent les ficelles ». Ce dualisme est essentiel à la philosophie conspirationniste. Et il n'en tient qu'à la capacité des rares « visionnaires éveillés », adeptes de théorie du complot, de décoder ce que l'élite dominante a encrypté, tapie dans l'ombre. L'encryptage, c'est l'*apparence*, l'ombre sur la paroi de la grotte.

Ça prenait un illuminé pour y voir clair.

Les apparences sont trompeuses, car les manipulateurs sont parmi nous, cachant leur vrai visage, leurs véritables intentions, déguisés en humains normaux, ils vivent parmi leurs victimes, qu'ils

[305] http://www.afhalifax.ca/magazine/wp-content/sciences/CO2/psychologie_du_conspirationnisme.pdf
[306] Ibid.

peuvent ainsi plus aisément surveiller et manipuler. C'est un ennemi de l'intérieur qui a poussé le cheval de Troie en nos murs, avec sa technologie (entre autres). Esprits diaboliques, ils savent même adopter un visage et un ton rassurants, outils efficaces des habiles manipulateurs. Menteurs, ils ne font pas que mentir sur leurs intentions, ils cachent ce qu'ils sont, ce qu'ils font, ce qu'ils ont prévu. Ils ont codifié leur plan pour qu'il échappe à notre compréhension.

Oui, le conspirationniste est également persuadé que l'élite le surveille de près, qu'il sait tout de lui, qu'il l'épie et l'observe, rappelant la vision terrible d'Orwell dans *1984*, ou le *Panoptique* de Bentham, qui donne à l'inspecteur « la faculté de voir d'un simple coup d'œil tout ce qui s'y passe » sans être vu[307].

Plus que dans le Panoptique où les prisonniers *se savent* surveillés, les citoyens du monde conspirationniste ignorent qu'on les manipule, qu'on sait tout de leurs moindres faits et gestes. Pire, ils acceptent un vaccin qui implantera une puce qui permettra de les contrôler à distance! Les élites, estiment les adeptes des théories du complot, en éprouvent un plaisir sadique, une jouissance extrême qui découle de ce sentiment de puissance, de contrôle des masses. Comme on le dit si clairement dans *Les Protocoles des Sages de Sion*, livre classique du complotisme antisémite, les gens sont faciles à manipuler. « Ce trait caractéristique des Gentils nous permet de faire aisément d'eux ce que nous voulons. Ceux qui paraissent être des tigres sont aussi stupides que des moutons et leurs têtes sont pleines de vide »[308].

C'est la fameuse *liberté* dont on veut à tout prix les priver, les déposséder, cette liberté attaquée qui teinte obsessivement le discours conspirationniste. C'est le Mal contre le Bien, Satan (qui s'invite régulièrement dans le vocabulaire conspirationniste) qui agit en ce monde, à l'insu des pauvres mortels naïfs qui n'y voient que du feu. C'est du mystique et de la superstition, donc de l'irrationnel, qui se cache derrière un discours théorique

[307] https://www.erudit.org/fr/revues/ae/2004-v80-n4-ae1029/012132ar/
[308] https://fr.wikisource.org/wiki/Les_Protocoles_des_Sages_de_Sion (p.157)

apparemment appuyé sur la logique, donc sur du rationnel, l'Histoire écrite d'avance, dans un contrôle parfait de ce qui doit nous arriver et de ce que nous devons faire.

Ce paradoxe, rationnel et irrationnel, construit la pensée conspirationniste. Elle lui donne son corps, sa voix, sa force résident néanmoins dans son aspect insaisissable.

C'est d'autant plus compliqué de la combattre et de la renverser.

Mais, pour le politologue Emmanuel Taïeb, la rhétorique conspirationniste est politique, car « quel que soit son support ou son objet, le conspirationnisme est un moyen de produire des connaissances, et le mode d'expression d'une préférence politique, une manière de porter un regard sur le champ politique local ou international, et parfois une manière d'y participer directement ou de tenter de peser sur lui »[309].

En clair, pour le politologue, le discours conspirationniste présente une vision du monde, une conception que les adeptes défendent et qui concerne le champ politique, notamment pour la question de *pouvoir*. Qui domine? Qui mène? Qui dirige? Dans ce discours, ce ne sont en tout cas pas les populations qui sont, croient-ils, manipulées et régies par des puissances extérieures. Ici, les groupes humains ne sont pas autonomes dans leur pensée, ils sont dépossédés de leurs actions par une instance supérieure, explique Taïeb.

> « C'est là que l'imaginaire du complot prend toute sa dimension politique, car, en désignant un ennemi, il procède à l'intégration du groupe des initiés, durcit une opposition eux/nous, et surtout incite à la mobilisation contre le groupe ennemi. [...] C'est aussi là que se révèle sa nature apocalyptique, car la lutte entre les conjurés, qui entendent asservir l'humanité, et les initiés, ne peut être qu'une lutte à mort. »[310]

309 https://doi.org/10.7202/045364ar (p.268)
310 https://doi.org/10.7202/045364ar (p.274)

À la question « Qui mène? », il y a dans le conspirationnisme cette idée intéressante voulant que, dans le principe démocratique, le pouvoir ne soit pas incarné aussi clairement que dans une monarchie ou dans une dictature. On ne sait pas vraiment *qui mène* dans une démocratie, tandis qu'avec un roi, un dictateur, c'est clair et net. « Le conspirationnisme apparaît alors comme une tentative de désignation du véritable pouvoir derrière le lieu vide du pouvoir démocratique »[311], écrit Taïeb, citant le philosophe et historien français Marcel Gauchet. Ici, dans l'esprit conspirationniste, l'histoire ne se déroule pas sans qu'un individu ou un petit groupe n'use de son pouvoir pour contrôler le cours des choses. L'histoire est la conséquence d'une action humaine cachée (il n'y a pas de hasard, disions-nous, précédemment). Et le conspirationniste le sait et veut dénoncer, révéler à tous le mécanisme du pouvoir dissimulé sous le rideau de la démocratie. C'est l'accréditation du complot comme « catégorie de l'explication politique ».

« Il y a quelqu'un, quelque part, qui tire les ficelles. C'est obligé! », dira l'adhérent aux théories du complot.

Dans ce scénario, les complotistes sont des ennemis politiques, les ennemis de ce pouvoir obscur qui contrôle tout, en cachette. Ainsi, pour Taïeb, « plutôt que de penser le conspirationnisme comme relevant du merveilleux traditionnel, plutôt que de le psychiatriser ou de l'appréhender comme une survivance de l'irrationnel dans notre modernité, il convient plutôt d'étudier l'usage qui en est fait pour politiser un certain nombre de sujets »[312]. Le discours conspirationniste veut peser sur l'agenda politique, faire en sorte que la réalité politique se conforme à cette vision du monde, fût-elle délirante.

Et c'est cette vision d'un « pouvoir obscur des élites » qui sert de moteur au conspirationnisme motivant sa réécriture de l'histoire, explique Rudy Reichstadt, de l'Observatoire du conspirationnisme.

---

[311] https://doi.org/10.7202/045364ar (p.277)
[312] https://doi.org/10.7202/045364ar (p.280)

> « Tout événement marquant est désormais sujet à la réécriture conspirationniste. Si cette situation s'explique en partie par notre vulnérabilité cognitive, elle doit aussi beaucoup à une demande sociale s'appuyant sur des facteurs psychosociologiques désormais bien identifiés et dans laquelle entre souvent une dimension consolatoire prenant la forme d'une dénégation du réel. Outre la manière dont Internet a révolutionné nos manières de communiquer et d'accéder à l'information, cette demande ne peut être pensée qu'en la raccordant à une offre idéologico-politique complotiste fondée sur le postulat que les *élites* et les *médias* travaillent sciemment à dissimuler la vérité au *peuple.* »[313]

Cette analyse critique des événements qui tente d'identifier, derrière les causes apparentes, les vrais desseins cachés porte même un nom : la *rétrologie*[314].

Ce néologisme italien me semble fort approprié.

Raison ou dérive pathologique?

Le chercheur en psychologie sociale de l'Université de Fribourg, Pascal Wagner-Egger, a publié un texte s'intéressant à la psychologie des croyances conspirationnistes[315] en répondant à la question : quels sont les facteurs personnels et sociaux qui poussent à adhérer aux théories du complot? Le chercheur avance quelques pistes pour mieux comprendre.

D'abord, la recherche démontre que les personnes ayant tendance à adhérer à une théorie du complot « ont également tendance à croire à d'autres théories du complot. Le psychologue social Serge Moscovici parle de *mentalité complotiste,* une notion que de nombreuses recherches ont pu confirmer de manière empirique »[316], explique le chercheur.

---

[313] https://www.cairn.info/revue-diogene-2015-1-page-64.htm (p.67)
[314] https://www.cairn.info/revue-diogene-2015-1-page-64.htm
[315] https://www.psychologie.ch/fr/psychologie-des-croyances-conspirationnistes
[316] Ibid.

Au niveau cognitif, plusieurs biais ont bien sûr été identifiés (j'aborderai spécifiquement cette question un peu plus loin). Mais, parmi ces biais, outre le *biais de conjonction* (qui consiste à voir un lien entre deux événements qui n'ont aucun rapport), il semble que les personnes qui adhèrent le plus aux théories du complot « montrent un degré plus élevé d'*anthropomorphisme* — entendu comme une tendance à attribuer des intentions humaines à des objets ou des animaux ».

Ne riez pas.

Certaines recherches, comme celles du psychologue Viren Swami publiées en 2011 et 2014, ont montré que « le niveau d'intelligence était inversement relié à l'adhésion aux théories du complot ». Plus particulièrement, « une recherche expérimentale a montré qu'une plus forte croyance aux théories du complot était associée à une forme de pensée intuitive, non rationnelle, ainsi qu'à une pensée analytique et une ouverture d'esprit moindres ».

On commence à parler de cons, alors? Pas encore. Quoique certains vous diront qu'ils y reconnaissent certains des cons qu'ils côtoient dans cette description. Qu'importe.

Et puis, certains auteurs se sont intéressés au cheminement intellectuel du complotiste afin de répondre à une question fondamentale concernant les théories du complot : « Ces théories reflètent-elles véritablement une dérive pathologique de la rationalité, comme semble le suggérer la forme de mépris que nous nourrissons à leur égard ? »[317]

En y regardant de plus près, les auteurs Olivier Klein et Nicolas Van der Linden décortique ainsi la mécanique rationnelle conduisant à la certitude du croyant en ces théories du complot. L'ingrédient de départ est le *groupe* perçu comme capable de comploter. Le complotiste ne choisit pas n'importe qui, arbitrairement. Il doit y avoir une *possibilité d'organisation* et

[317] https://books.openedition.org/editionscnrs/16268?lang=fr

d'intentionnalité commune. « Autrement dit, les membres qui composent un tel groupe doivent être perçus comme partageant des motivations qui justifient l'organisation d'un complot, mais aussi comme disposant de moyens spécifiques capables de soutenir la mise en œuvre de celui-ci »[318].

Ainsi, il doit y avoir une certaine « logique ». Imaginer, par exemple, que tous les commis de dépanneur du monde s'uniront pour prendre le contrôle du monde est tiré par les cheveux. Imaginer, en revanche, que les chefs d'État des pays les plus puissants puissent avoir les « moyens » de contrôler les peuples est déjà plus censé, en somme. Ou moins fou.

Puis, le complotiste considère un ensemble de « faits » réels ou supposés qu'il organise en un récit « cohérent ». Ici, *l'erreur de conjonction* conduit l'adhérent à ces théories à surestimer le « caractère nécessaire de la conjonction de ces événements ». Autrement dit : il cherchera un lien entre deux événements isolés et croyant plus fortement qu'il doit forcément y en avoir un. Ce mécanisme explicatif contribue également à produire un *biais de rétrospection*, c'est-à-dire une tendance à « surestimer le caractère prévisible de l'événement critique (par exemple les attentats du 11 septembre). Par l'entremise de ces biais cognitifs, la théorie du complot tend à conférer un caractère déterministe au passé »[319].

En d'autres mots : on tisse **après coup** des liens entre les événements pour expliquer la conclusion, pour confirmer l'idée que c'était intentionnel et prévisible. Dans ce processus, le conspirationniste n'entend pas nier l'évidence factuelle comme telle, mais souhaite plutôt « tordre, réinterpréter l'événement afin de le rendre conforme à la théorie en lui injectant des qualités ou propriétés nouvelles »[320].

D'ailleurs, le caractère intentionnel de ce qui doit expliquer l'objet de la théorie serait une des caractéristiques centrales des théories

[318] Ibid.
[319] Ibid.
[320] https://books.openedition.org/editionscnrs/16253

du complot. Chez les complotistes, l'*intentionnalité* semble procéder « d'un mode d'explication quasiment automatique ». Il en va de même pour la typicité de l'antécédent. Pour expliquer une théorie du complot, la personne aura tendance à retenir un élément typique comme une cause importante, « même si, en pratique, il n'est pas davantage prédictif de l'issue qu'un antécédent non typique »[321]. Par exemple, la colère de quelqu'un contre ses collègues ou son état dépressif peuvent tous les deux expliquer une agression. Mais, dans le cas présent, le complotiste optera pour la colère, puisque *typique* pour expliquer ce genre de geste.

D'ailleurs, la suite fera sourire, mais la rhétorique conspirationniste se veut *rationnelle*. « Le conspirationnisme ne se donne pas non plus comme un discours prélogique ou irrationnel, explique le politologue Emmanuel Taïeb. Au contraire, il a importé et adapté le discours de la raison et de la science, essayant de produire une contre-expertise sur des enjeux publics, ou tâchant de susciter des controverses sur ses sujets de prédilection. Donc, le conspirationnisme se veut un discours qui entend démontrer et convaincre. Il repose en apparence sur des observations du réel, sur des hypothèses, et sur des résultats »[322].

Oui, bon, rationnel et inspiré de la science, le conspirationnime?

Pas si vite, répondra Mathias Girel, directeur des études du département de Philosophie de l'ENS Ulm, École Normale Supérieure (ENS), qui oppose trois objections à un complotiste qui voudrait se montrer cohérent, objections qui rendent les complots de grande envergure improbables[323], selon lui :

- il est difficile de mener à bien une stratégie distribuée sur un grand nombre d'individus ;
- il est difficile de maintenir un secret durable quand le nombre de personnes impliquées augmente ;

[321] https://books.openedition.org/editionscnrs/16268?lang=fr
[322] https://doi.org/10.7202/045364ar (p.268)
[323] https://theconversation.com/les-theories-du-complot-au-scalpel-56653

- dans la mesure où nos actions ont des effets publics, il est difficile de protéger durablement ces actions du décryptage opéré par d'autres agents, qui ont intérêt à préciser nos intentions.

Bien que les théoriciens du complot puissent vouloir imiter l'enquête scientifique pour « prouver » le sérieux et la validité de ce qu'ils avancent, Girel rappelle les critères nécessaires et suffisants de toute enquête[324] :

- Le préalable à l'établissement d'une enquête est la neutralisation des biais. La puissance du « biais de confirmation », qui consiste à privilégier des informations conformes à son hypothèse, a été très abondamment documentée dans le cas de théories du complot. Le biais de financement est également très puissant, et il est étonnant qu'il ne soit pas plus souvent retourné contre les sites complotistes.
- Une enquête nous apprend quelque chose : les causes et les lois dégagées au cours de la recherche ne sont pas toutes connues avant cette enquête. Chez les adeptes des Illuminati et autres tenants du « Nouvel Ordre Mondial », le principe explicatif est établi avant l'enquête.
- L'histoire des sciences nous montre qu'on ne prouve jamais une théorie en trouvant des défauts dans une théorie opposée. L'étrange mouvement d'Uranus n'a pas signé la fin de la mécanique newtonienne, il a permis de découvrir Neptune, c'était un programme de recherche au sein d'une théorie existante. Le périhélie de Mercure, en revanche, ne s'expliquait ni par la physique d'Aristote ni par celle de Newton, mais ne fut compris qu'à partir de la théorie de la relativité, indisponible lorsqu'il fut observé la première fois.
- Une enquête scientifique aboutie s'appuie sur des éléments publics, sur des données qui peuvent être redécrites et réanalysées par d'autres enquêteurs.

---

[324] Ibid.

- Si le doute est souvent le point de départ d'une enquête, il n'est pas son point final.

Alors, vous pourrez légitimement vous demander si le discours conspirationniste ne s'apparente pas à de la manipulation, au final. Pour le politologue Emmanuel Taïeb, la réponse à cette interrogation « ne peut qu'être nuancée, au sens où les conspirationnistes croient réellement à l'existence du complot qu'ils dénoncent. Ce n'est pas qu'ils tirent des conclusions fausses, mais ils font reposer les éléments factuels retenus sur des prémisses erronées. Ce mélange du « vrai » et du « faux » est en soi une forme de manipulation du réel. Mais il s'agit moins ici de manipuler pour tromper que de manipuler pour convaincre »[325].

C'est bon de le savoir.

Le cerveau complice

Un article paru dans la presse suggérait de ne pas blâmer les covidiots, mais plutôt les *messagers* qui tentent d'alerter la population concernant la pandémie. C'est que, semble-t-il, les humains ont du mal à prendre le *risque collectif* au sérieux. « Nous sommes programmés par l'évolution pour répondre aux menaces immédiates, déclare Robert Gifford, professeur de psychologie et d'études environnementales à l'Université de Victoria. Dans un scénario de risque collectif comme celui-ci, ces menaces doivent être communiquées clairement, simplement et sans confusion pour que le public y adhère. Et bien trop souvent, lorsqu'il s'agit de COVID-19, cela ne s'est pas produit » [326].

Ainsi, lorsqu'on annonce un certain relâchement, à la suite de statistiques à la baisse, l'humain retombe dans le piège. C'est que, nous dit le professeur Gifford, « la plupart de nos cerveaux sont déjà programmés pour l'optimisme. Nous avons ce genre de

---

[325] https://doi.org/10.7202/045364ar (p.269)

[326] https://nationalpost.com/news/canada/dont-blame-the-covidiots-blame-the-messengers-why-some-people-dont-take-the-pandemic-warnings-seriously

préjugé général selon lequel les choses vont s'arranger, que je suis plus intelligent que la plupart des gens. Dans la vie, c'est utile la plupart du temps. C'est le genre de chose qui aide les gens à trouver des amis et à réussir à l'école. Mais si cela conduit à transmettre une maladie, ce n'est pas une bonne idée ».

L'humain veut *survivre*. Et son cerveau veut l'en convaincre. Et c'est encore plus vrai pour les jeunes, en particulier les jeunes hommes. Un sondage a révélé que « 49 % des femmes se disent très inquiètes de la pandémie, contre 30 % des hommes »[327]. En disant, pendant la première vague, que le coronavirus était plus grave pour les aînés et pratiquement bénin pour les plus jeunes, on a renforcé cette impression d'immunité, d'*invincibilité*. On a répondu à ce réflexe d'optimisme du cerveau des jeunes humains.

Par contre, le besoin de communiquer clairement les risques et l'état de la situation est important, non seulement pour les jeunes, mais pour l'ensemble de la population. « Des messages clairs, cohérents et simples sont essentiels pour faire comprendre le danger que représente le virus et pour modifier le comportement du public, quel que soit le groupe démographique »[328], explique Elias Fernández Domingos, un chercheur espagnol qui étudie le risque collectif. Et c'est dans ce contexte que les messages « optimistes » des opposants aux mesures sanitaires et des complotistes deviennent particulièrement dangereux. Dire aux gens que « tout va bien » et qu'il n'y a aucune raison de craindre le virus répond précisément à ce besoin du cerveau humain. Un réflexe qui peut être fatal.

Toujours sur le thème du réflexe du cerveau humain, un reportage diffusé à Radio-Canada s'est intéressé spécifiquement au cerveau des complotistes. Et l'amorce ne laisse aucun doute sur ce qui s'en vient : on nous apprend que notre cerveau *est* conspirationniste. « C'est un mécanisme qui peut être déclenché en chacun de nous »[329], explique le psychologue Jan-Willem van Prooijen, dans

---

[327] Ibid.
[328] Ibid.
[329] https://ici.radio-canada.ca/tele/decouverte/site/segments/reportage/338856/cerveau-conspiration?isAutoPlay=1

le reportage qui prend soin d'aborder l'aspect biologique, mécanique du cerveau pour comprendre pourquoi des humains versent dans le complotisme. Et, de fait, l'explication biologique est non seulement intéressante, mais fournit des clés essentielles à la compréhension du phénomène.

On peut ainsi remonter très loin dans le temps, jusqu'à la préhistoire, pour comprendre que l'homo sapiens faisait, à l'époque, face à de nombreux dangers qui ne sont plus du même ordre aujourd'hui. Le danger d'être attaqué et tué par une tribu adverse était bien plus important alors. En revanche, le cerveau, lui, a conservé son vieux réflexe : « être à l'affut des coalitions hostiles »[330].

Car, le cerveau est programmé pour réagir au danger. C'est une réponse à la peur, à l'anxiété, quand les êtres humains ressentent de la détresse face à l'avenir, « ils essaient automatiquement de donner un sens à la situation », répond le psychologue. Et le cerveau a réussi à survivre jusqu'à aujourd'hui *à cause de ces réflexes*, de ce système de protection, de sa capacité d'anticipation (y compris des complots). Veiller à sa survie n'est donc pas irrationnel du tout. Alors, comment s'étonner que le cerveau utilise ses vieux réflexes pour expliquer le monde d'aujourd'hui?

Face à l'incertitude, le cerveau cherche des réponses. C'est un réflexe. Devant le manque d'information qui crée de l'anxiété, le cerveau cherche des réponses et fait des liens. « Nous avons des circuits spécifiques qui nous pousse à trouver de l'information pour éliminer l'incertitude », illustre le neuroscientifique Read Montague, dans le reportage. Et le hasard n'est pas une explication satisfaisante. Alors, le cerveau crée des liens, cherche un coupable et il peut être trompé par sa *perception des intentions* des autres. Il voit du mal, là où il n'y en a pas forcément, histoire de se prémunir contre le danger. L'engrenage est parti!

[330] Ibid.

Sur Internet, la personne va trouver de plus en plus d'éléments qui tendent à « prouver » les liens que le cerveau a créés, processus déjà identifié comme étant le *biais de confirmation*. Ce processus n'est pas que de l'entêtement tout bête. C'est aussi un réflexe du cerveau : vous êtes vivant aujourd'hui, c'est parce que vos biais vous ont bien servi jusqu'ici. Donc, le cerveau doit *rejeter les informations qui contredisent les biais*[331]. Il produira même de la dopamine — une hormone qui suscite des émotions positives — lorsque vous trouverez des informations qui confirment le biais.

En somme, se conforter dans nos illusions fait du bien!

D'ailleurs, le cerveau tend à réagir de façon émotive face aux informations qui contredisent ses biais. Et plus c'est le cas (l'émotion) et moins la personne est susceptible de changer d'avis. Ce sera encore plus compliqué, disent les chercheurs, lorsque l'information devient *conviction*. C'est alors que celle-ci vient de s'inscrire dans l'*identité* de l'individu, étape encore plus cruciale et difficile à modifier, car le cerveau cherche à protéger son identité. C'est ce qui se produit lorsqu'on politise ces débats : ils font appel à l'identité des individus, ce qui est d'autant plus complexe à modifier. Pour changer d'avis, il faut y mettre les efforts et la personne, elle, devra faire preuve d'ouverture, ce qui n'est pas gagné d'avance!

Mais, l'effort peut en valoir la peine, sachant l'impact que peuvent avoir certaines idées sur nos sociétés. « C'est ce à quoi sert la science : atténuer les effets de nos biais sur notre compréhension du monde », résume le neuroscientifique Jonas Kaplan.

Histoire de biais

Poursuivons plus loin cette partie de notre analyse qui s'intéresse aux biais, car ils permettent de mieux comprendre plusieurs des comportements, réflexes et réflexions des adhérents aux théories

[331] Ibid.

du complot et des covidiots. C'est surtout que cette analyse de la programmation de notre cerveau permet de nuancer largement toutes les hypothèses réduisant le complotisme à de l'imbécilité pure et simple.

Justement, le portail Web de vulgarisation scientifique Futura s'est intéressé à la place de l'intelligence dans la réflexion conspirationniste en ces termes : « On pourrait croire que les adeptes des théories du complot sont un peu dingues. Mais selon une récente étude, les choses apparaissent un peu plus complexes »[332]. C'est effectivement ce que suggèrent l'ensemble des études scientifiques et avis d'experts que j'ai consultés pour la rédaction de ce livre.

Dans un article paru dans *Le Monde diplomatique*, on est du même avis : « contrairement à ce qu'affirment certains de leurs détracteurs, les adeptes des théories du complot ne sont pas des individus irrationnels : leur croyance se fonde sur des raisonnements relativement ordinaires, mais poussés un peu trop loin... »[333]

Alors, pour expliquer ce processus qui pousserait « un peu trop loin », la chercheuse en sociologie Marina Maestrutti identifie des biais cognitifs. D'abord, le *biais de conjonction* apparaît en premier comme une caractéristique que partagent les théoriciens du complot (On relie deux éléments qui n'ont pas de lien). Si l'on voulait verser dans la psychiatrie et la psychologie, on pourrait avancer que certains conspirationnistes souffrent d'*apophénie*, qui est une « altération de la perception qui conduit un individu à attribuer un sens particulier à des événements banals en établissant des rapports non motivés entre les choses »[334].

On fait également référence au terme de *synchronicité*, qu'on définit comme étant « l'occurrence simultanée d'au moins deux événements qui ne présentent pas de lien de causalité, mais dont

---

[332] https://www.futura-sciences.com/sante/actualites/psychologie-sont-adeptes-theories-complot-78648/
[333] https://www.monde-diplomatique.fr/2015/06/MAESTRUTTI/53079
[334] https://fr.wikipedia.org/wiki/Apoph%C3%A9nie

l'association prend un sens pour la personne qui les perçoit », lorsqu'on parle de biais comme celui de la conjonction ou encore du *biais de corrélation illusoire* qui « nous porte à imaginer des liens de causalité lorsque deux facteurs fluctuent dans la même direction ». Un Américain, Tyler Vigen, a même créé un site Internet[335] pour démontrer l'absurdité de ce genre de raisonnement. Il affiche notamment la corrélation qu'il y a entre le nombre de morts par noyade chaque année et le nombre de films mettant en vedette Nicolas Cage, entre la consommation de fromage par habitant et le nombre de personnes qui sont mortes en s'emmêlant dans leurs draps ou entre le taux de divorce dans le Maine et la consommation de margarine par habitant.

Dans toutes ces démonstrations hilarantes, les courbes fluctuent effectivement au même rythme!

Il semble d'ailleurs que les raisonnements conspirationnistes commettent la même erreur que beaucoup d'êtres humains, mais de manière plus prononcée : ils confondent *corrélation* et *causalité*. Deux événements peuvent avoir un lien entre eux, une corrélation, mais ça n'en fait pas forcément la cause de l'autre, la causalité. Or, souvent, les deux se confondent allègrement dans le discours.

Ce biais de corrélation illusoire s'ajoute au *biais de détection* qui nous porte « à voir des formes là où il n'y en a pas »[336]. C'est ce qu'on fait, par exemple, quand on voit un animal ou un visage dans les nuages. C'est ce que font les gens qui voient des triangles partout comme autant de preuves de la puissance du complot Illuminati.

Puis, il y a le *biais d'intentionnalité*, dont j'ai parlé, qui intervient dans la manière dont on attribue la causalité. Ce biais favorise également les théories du complot.

---

335 https://tylervigen.com/spurious-correlations
336 https://ici.radio-canada.ca/nouvelle/1173415/pourquoi-croyance-fausses-nouvelles-complots-cerveau-biais-cognitifs

> « John McClure, Denis J. Hilton et Robbie M. Sutton l'ont étudié dans une expérience récente. Ils ont présenté aux participants plusieurs récits d'un incendie, en variant ses causes : il était tantôt intentionnel (un acte criminel), tantôt fortuit (le soleil, la chaleur). Lorsqu'ils leur ont demandé quel récit leur semblait le plus vraisemblable, les sujets se sont prononcés majoritairement en faveur de l'incendie volontaire. Ce biais explique en partie pourquoi certains préfèrent les explications fournies par une théorie du complot, en particulier lorsque la version officielle manque d'intentionnalité »[337].

Donc, la personne crée des liens (inexistants) et y voit une intention qui en est la cause. Quand on y ajoute le *biais de proportionnalité,* la personne aura tendance à croire que plus un événement est grave, plus sa cause est importante. *La mort de Diana, ça ne peut pas être un bête accident!*

Vient ensuite le *biais de simple exposition*. À ce propos, la chercheuse explique : « Comme l'ont montré différents travaux, le seul fait d'être confronté à des thèses soutenant une théorie encourage inconsciemment notre adhésion à cette théorie ».

> « Les chercheurs Karen Douglas et Robbie M. Sutton ont voulu mesurer les conditions d'adhésion aux récits dissonants sur la mort de la princesse Diana. Le groupe d'étudiants auquel ils ont fourni des allégations appuyant l'hypothèse d'un assassinat manifestait une adhésion plus élevée à cette thèse que le groupe qui en était privé »[338].

C'est que notre jugement est influencé par les conditions dans lesquelles nous recevons les informations et par le type d'informations connues, lit-on. Enfin, le jugement est également influencé par le *biais de confirmation,* dont j'ai parlé à quelques reprises, biais qui conduit les individus à rechercher les informations appuyant leurs croyances préexistantes plutôt que

337 Ibid.
338 Ibid.

celles qui les invalideraient. Ainsi, les théories du complot ont tendance à s'autovalider.

Sachant que les humains sont constamment exposés à des informations ambigües dans un monde complexe, le biais de confirmation se montre alors fort utile, explique le chercheur en psychologie, Robert Brotherton : « Si nous étions complètement ouverts à toutes les preuves conflictuelles qui existent, nous ne saurions plus quoi croire. Nous serions constamment en train de changer d'avis et nous serions paralysés par l'indécision »[339].

Le biais de confirmation permet aussi de s'affirmer, de s'outiller d'informations qui appuient ses croyances, de manière à se montrer convaincant. Évidemment, quand on ne baigne que dans un environnement privé de rétroaction et d'avis divergent où tout le monde pense la même chose, le risque est grand de tomber dans la polarisation du discours, dans la surconfiance, le genre de recette qui peut conduire à l'adhésion à des théories du complot.

À cela s'ajoute le fait que l'humain peut avoir de la difficulté à admettre qu'il s'est trompé, « même si les preuves sont accablantes ». Le cerveau résiste à changer ses croyances. Parce que la personne s'identifie émotivement à ses convictions, elle cherche à préserver son identité, alors les efforts pour la convaincre de son erreur peuvent avoir l'effet exactement inverse : la personne durcit ses positions. Autrement, ce serait remettre en question sa propre identité, ce qui n'est pas forcément agréable.

> « Plus vous êtes investi dans quelque chose et plus c'est central à votre identité, plus ce sera difficile de vous faire changer d'avis. Vous ne serez pas réceptif aux preuves qui démontrent que vous avez tort », explique le chercheur Robert Brotherton.[340]

Et puis, c'est sans compter la *paresse* qui s'invite à la danse cérébrale. Le plus sérieusement du monde, des chercheurs ont

---

339 Ibid.
340 Ibid.

démontré que la paresse peut expliquer le partage d'une nouvelle sans la vérifier. C'est long, vérifier une nouvelle. Le raisonnement analytique est exigeant. Alors, les gens peuvent avoir tendance à se fier à leur intuition pour décider de l'intérêt de la nouvelle, plutôt que de perdre du temps à réfléchir, à valider les sources, etc. « Les gens croient les fausses nouvelles parce qu'ils n'y réfléchissent pas. Ils sont simplement paresseux »[341], résume Gordon Pennycook, chercheur à l'École de commerce Hill-Levene de l'Université de Regina.

Cette manie serait importante, au point de conduire les chercheurs à conclure que ce facteur jouerait un plus grand rôle que le biais de confirmation.

> « Nos résultats suggèrent que la susceptibilité aux fausses nouvelles est davantage due à une réflexion paresseuse qu'à un préjugé partisan en soi, une constatation qui ouvre des pistes potentielles pour lutter contre les fausses nouvelles. »[342]

Évidemment, on peut comprendre que le cerveau se soit développé ainsi, de manière à permettre à nos ancêtres de réagir plus rapidement face au danger. Dans des conditions extrêmes, le cerveau « paresseux » prend des raccourcis, économise ses ressources cognitives, pour se fier plutôt à son intuition. Ça peut sauver des vies! En revanche, partager de fausses nouvelles sans vérifier peut avoir des conséquences fâcheuses, à commencer par les covidiots qui se baladent sans masque, mettant en danger la vie des autres.

Du reste, se méfier du danger est indiscutablement présent en nous. L'humanité a survécu jusqu'ici en bonne partie en raison de cette disposition solidement ancrée dans le cerveau. Pas étonnant dans ce cas que les nouvelles faisant état d'un danger puissent attirer l'attention. Ceux qui produisent des fausses nouvelles, qui échafaudent des théories du complot, misent évidemment

[341] Ibid.
[342] https://www.researchgate.net/publication/325900992_Lazy_not_biased_Susceptibility_to_partisan_fake_news_is_better_explained_by_lack_of_reasoning_than_by_motivated_reasoning

beaucoup sur ce biais cognitif — la peur — sachant comment l'être humain a tendance à réagir face au danger. De toute évidence, la stratégie fonctionne fort bien.

Enfin, il faut également tenir compte du fait que notre mémoire nous joue des tours et peut nous induire en erreur. Cette faille est habilement exploitée par les théoriciens du complot, de même que par nombre de politiciens et de manipulateurs qui les conduit à appliquer cette stratégie qu'on impute à la propagande hitlérienne : *répéter un mensonge souvent et il deviendra vrai.*

Et c'est le cerveau le coupable!

C'est parce qu'une information répétée devient familière. Or, l'humain a tendance à croire qu'elle est vraie, même si on détient un article qui démontrait que l'information était fausse. « C'est ce que les experts appellent l'*effet de vérité illusoire* »[343].

Pour ne rien arranger, cet *effet de vérité illusoire* se produit « malgré un faible niveau de crédibilité générale et même lorsque les articles sont étiquetés comme étant contestés par des vérificateurs de faits ou sont incompatibles avec l'idéologie politique du lecteur. Ces résultats suggèrent que les plateformes de médias sociaux contribuent à incuber la croyance en des nouvelles manifestement fausses et que le fait de marquer ces nouvelles comme étant contestées n'est pas une solution efficace à ce problème »[344].

Dans une étude parue dans le *Journal of Consumer Research* en 2005[345], on explique que « le fait d'identifier à plusieurs reprises une allégation comme étant fausse a aidé les personnes âgées à s'en souvenir à court terme, mais paradoxalement, elles étaient plus susceptibles de s'en souvenir comme étant vraie après un délai de trois jours. Cet effet involontaire de répétition provient d'une plus grande familiarité avec la demande elle-même, mais

---

343 https://ici.radio-canada.ca/nouvelle/1173415/pourquoi-croyance-fausses-nouvelles-complots-cerveau-biais-cognitifs
344 https://www.researchgate.net/publication/327866113_Prior_Exposure_Increases_Perceived_Accuracy_of_Fake_News
345 https://academic.oup.com/jcr/article-abstract/31/4/713/1812915?redirectedFrom=fulltext

d'une diminution du souvenir du contexte original de la demande ». Il y aurait donc une « sensibilité au fil du temps aux distorsions de la mémoire et à l'exploitation par la répétition des allégations dans les médias et la publicité ».

L'ennui, c'est qu'essayer de contrer cet effet est doublement compliqué : d'une part, parce que la répétition d'une information fausse finit par la rendre familière à notre esprit, au point de la considérer désormais comme vraie, mais aussi parce que le mensonge et l'information fausse circulent plus rapidement et facilement que l'information vraie et vérifiable. C'est notamment la conclusion d'une étude publiée en 2018 : « Les mensonges se répandent plus vite que la vérité »[346].

> « Nous avons enquêté sur la diffusion différentielle de toutes les nouvelles vraies et fausses vérifiées distribuées sur Twitter de 2006 à 2017. Les données comprennent 126 000 histoires twittées par 3 millions de personnes plus de 4,5 millions de fois. [...] Le faux s'est diffusé beaucoup plus loin, plus vite, plus profondément et plus largement que la vérité dans toutes les catégories d'information, et les effets ont été plus prononcés pour les fausses nouvelles politiques que pour les fausses nouvelles concernant le terrorisme, les catastrophes naturelles, la science, les légendes urbaines ou les informations financières. Nous avons constaté que les fausses nouvelles étaient plus nouvelles que les vraies, ce qui suggère que les gens étaient plus susceptibles de partager des informations nouvelles. [...] Contrairement aux idées reçues, les robots ont accéléré la diffusion des vraies et des fausses nouvelles au même rythme, ce qui laisse entendre que les fausses nouvelles se répandent plus que la vérité parce que ce sont les humains, et non les robots, qui sont les plus susceptibles de les diffuser ».

Évidemment, à lui seul, Trump a été un puissant vecteur de diffusion de mensonges sur Twitter, ce qui a sans doute influencé

---

[346] https://science.sciencemag.org/content/359/6380/1146.full

les résultats de l'enquête. Mais, le fond demeure : les fausses nouvelles voyagent plus vite et plus fortement que les vraies!

Une fois que c'est dit, Marina Maestrutti affirme cependant que, sachant que l'influence de ces biais cognitifs est le plus souvent inconsciente, « il est difficile de se prétendre immunisé face au conspirationnisme. L'adhésion à ce type d'explication ne résulte pas d'une rationalité pathologique, mais plutôt d'une série de raisonnements relativement ordinaires, opérés sur la base des données disponibles et du contexte social ».

Le contexte serait donc un facteur important dans la compréhension du phénomène de l'adhésion aux théories du complot. Complexe, disais-je, le phénomène du complotisme? Ça l'est d'autant que les explications ne convergent pas toutes complètement. Certaines mettent l'accent sur les biais cognitifs et leur influence inconsciente, alors que d'autres vont un peu plus loin en disant que, plus qu'un assemblage de thèses paranoïaques, les théories du complot constituent une véritable *idéologie*.

Est-ce qu'ils y croient vraiment?

Sylvain Delouvée, chercheur et directeur de rédaction de la revue scientifique Les Cahiers Internationaux de Psychologie Sociale, s'est posé la question de savoir s'il existe des niveaux d'adhésion (ou niveaux de crédulité) chez ceux qui diffusent les théories du complot. Autrement dit, est-ce que diffuser des théories signifie que l'on y adhère sans réserve? À cela, le chercheur répond que « l'adhésion aux croyances conspirationnistes doit se concevoir sous la forme d'un *continuum*. Il n'existerait pas d'un côté les conspirationnistes et de l'autre les « non conspirationnistes ». Plus une personne adhère à une théorie particulière, plus elle aura tendance à adhérer à d'autres théories du complot. Les corrélations entre chaque théorie particulière sont très fortes »[347]. On est ici dans la « mentalité de conspiration », dont nous parlions plus tôt.

[347] https://www.cairn.info/revue-diogene-2015-1-page-88.htm (p.89)

Le continuum permet de comprendre la progression dans l'adhésion et nuance encore davantage l'idée que les conspirationnistes ne seraient que des « idiots finis ». Comme dans tout domaine, il y en a, mais ce n'est pas là que réside l'essentiel de l'explication. Loin de là!

Des chercheurs ont créé différentes échelles pour tenter de positionner les types et l'intensité des adhérents aux théories du complot. En 2020, la militante écologiste et comédienne américaine Abbie Richards a d'ailleurs obtenu un succès monstre sur l'application TikTok en publiant un *Tableau des conspirations* (The Conspiracy Chart)[348] citant de nombreux exemples de complots, allant de ceux qui se sont réellement produits (donc, ancrés dans la réalité, comme le mensonge des compagnies de tabac, l'opération Mockingbird, le projet MK-Ultra…), jusqu'aux délires complètement déconnectés de la réalité. En chemin, on franchit la *ligne de la spéculation*, pénétrant alors, pas à pas, dans l'univers conspirationniste, passant des théories suscitant des questions (les extraterrestres, l'assassinat de JFK, la mort de la princesse Diana…), à des théories fausses, mais inoffensives (Elvis est toujours vivant, le monstre du Loch Ness, les extraterrestres ont construit le Stonehenge…), traversant au passage la ligne indiquant que nous venons de *quitter la réalité*. Puis, c'est la frontière du *déni de la science*, après laquelle on trouve des théories dangereuses pour vous et autrui (anti-vaccin, canular du réchauffement climatique, le gouvernement fabrique les maladies, la 5G…). Enfin, on traverse le *point de non-retour antisémite* de ceux qui croient que le monde est dirigé par des élites de l'ombre (culte de Satan, déni de l'holocauste, la Terre est plate, QAnon, Illuminati…), envoyant ici clairement le message qu'ils ont besoin d'aide…

La démonstration de ce tableau est à la fois claire et convaincante. Elle permet de montrer, schématiquement, que le complotisme n'est pas une catégorie « fourre-tout » qui ne distinguerait ni caractéristiques ni critères divergents, pas plus que les contextes et

---

[348] https://drive.google.com/file/d/1QYfof919nxaO73hrhTvDsafD_egyF5Wg/view

réalités sociopolitiques différents. De fait, le complotisme est large, aux intensités, motifs et explications fort variés.

Mais, du reste, au départ, pourquoi adhère-t-on aux théories conspirationnistes? D'une part, parce que certaines sont vraies (Watergate, Wikileaks...), mais ça ne sert probablement qu'à nourrir celles qui sont fausses. On sait, en revanche, qu'il est possible de diffuser des théories sans forcément et réellement y croire. Il y a notamment la pensée sociale qui joue un rôle dans la diffusion de rumeurs et de mythes choisis en fonction de ce que nous sommes et du groupe auquel nous appartenons. Les stéréotypes auxquels nous aurons recours, des événements précis de notre mémoire collective, tout cela se fait en fonction de nos groupes d'appartenance. C'est aussi cette appartenance qui explique la diffusion de certaines théories du complot plutôt que d'autres, explique Sylvain Delouvée, ajoutant que « ce qui nous paraît irrationnel dans la vie de tous les jours suit une logique, une logique sociale. Ce qui nous semble être des erreurs ou des biais n'en sont pas la plupart du temps. Ils font sens »[349].

Le chercheur rappelle ici qu'en psychologie sociale, les croyances peuvent se définir par l'interaction de trois éléments :

- *La doxa* : états d'opinion, ce que je sais, ce que je connais ;
- *La foi* : les formes d'adhésion, « j'y crois » = j'y adhère, je suis d'accord ;
- *Le rituel* : les règles d'action et de communication.

Les croyances sociales associent ces trois éléments : la connaissance (états d'opinion liée à la doxa), l'adhésion (formes d'adhésion liée à la foi) et la transmission (règles d'action et de communication liée au rituel).

> « Quel lien existe-t-il entre ces trois éléments? Il semblerait qu'il puisse y avoir connaissance et transmission sans adhésion, mais aussi connaissance et adhésion sans

[349] https://www.cairn.info/revue-diogene-2015-1-page-88.htm (p.93)

transmission... Il n'y aurait donc pas forcément de lien entre ces trois éléments. Dans le cas des rumeurs et des théories du complot, peut-il y avoir connaissance et transmission sans adhésion ? », demande Delouvée.[350]

« Les rumeurs sont le lieu privilégié de l'expression de la pensée sociale, puisqu'elles sont le fruit d'une élaboration collective », mais des auteurs ont néanmoins démontré qu'on peut transmettre une rumeur sans nécessairement y croire, mais simplement parce qu'elle est nouvelle. Diffuser une nouvelle rumeur permet d'être au centre de l'attention, de nourrir ou apaiser des tensions, de convaincre une personne, etc. Et ce n'est pas non plus parce qu'on adhère à une rumeur ou une théorie qu'on va forcément la diffuser. Il n'y a pas qu'une seule mécanique qui opère dans la pensée sociale. On peut même imaginer que, dans certains cas, la personne préfèrera diffuser une rumeur ou une théorie du complot pour éviter de se voir stigmatisée ou exclue de son groupe d'appartenance.

L'être humain qui pose des gestes pour se faire accepter? Ne me dites pas que ça vous surprend!

La vérité

Pourtant, un simple raisonnement peut aisément venir à bout, par exemple, de la théorie du complot concernant l'alunissage du 20 juillet 1969 qui « ne se serait jamais produit ». Pour y arriver, posez-vous la question : connaissant la nature humaine, combien de temps une personne peut-elle garder un secret, surtout s'il est gigantesque? Chacun sait qu'un secret connu de plus de deux personnes n'est déjà plus un secret.

Dans le cas qui nous occupe, il aurait fallu qu'un *très* grand nombre de gens garde le secret sur la supercherie de l'alunissage de la troupe de Neil Armstrong. Au moins 411 000 personnes

[350] Ibid.

— soit le nombre d'employés de la NASA en 1965 — auraient été capables de conserver pour eux cette information (la supercherie) exceptionnelle pendant des décennies, et ce, sans même en glisser mot à leurs proches, leurs amis, leurs conjointes et conjoints. Et aucune des personnes qui auraient pu avoir été informées par un employé de la NASA n'aurait jamais cédé à la tentation de dévoiler un mensonge aussi spectaculaire.

Personne.

Qu'il y ait plus d'un million de personnes concernées de près ou de loin par ce complot, aucune n'aurait éventé le secret, à aucun moment.

Ridicule, à sa face même.

Le physicien d'Oxford, David Robert Grimes, a justement publié une étude[351] qui s'intéresse au lien entre la capacité de maintenir le silence concernant un complot et le nombre d'individus impliqués. Selon l'équation de Grimes, une conspiration telle que l'alunissage d'Apollo 11 s'effondrerait « au bout de *moins de quatre ans* (c'est la probabilité qu'au moins un des 400 et quelques milliers de conspirateurs ne finisse par avouer) »[352].

En somme, la *probabilité d'une fuite majeure augmente avec le temps et le nombre de personnes impliquées dans le secret.* Ainsi, la courbe du complot stipule que « plus le nombre de personnes impliquées augmente, moins le complot a de chance de rester secret plusieurs années »[353].

C'est donc hautement improbable. Sinon totalement impossible. Et dans le cas d'Apollo 11, c'est tout simplement ridicule.

Alors, pourquoi est-ce aussi facile de continuer, encore aujourd'hui, de prétendre qu'il s'agit d'un canular de la NASA?

---

[351] https://journals.plos.org/plosone/article?id=10.1371/journal.pone.0147905
[352] http://www.slate.fr/story/113255/complots-rester-secrets
[353] Ibid.

Pourquoi la vérité ne s'impose pas d'elle-même, en pareilles circonstances?

Parce que la vérité peut enfiler différents habits. Le conspirationniste prétend détenir la vérité *cachée*, alors que le scientifique affirmera présenter des preuves irréfutables démontrant qu'il dit la vérité. Les deux disent la vérité? Bien sûr que non. Les deux peuvent-ils détenir *une* vérité?

Mais alors, qu'est-ce que la vérité? Existe-t-il une vérité qui ferait socle pour tous ?

Pour le philosophe autrichien Edmund Husserl, « ce qui est vrai est vrai absolument, en soi ; la vérité est une ; identique à elle-même, quels que soient les êtres qui la perçoivent, hommes, monstres, anges ou dieux »[354].

Ce qui est vrai est vrai. D'accord.

Sauf que la vérité est, en vérité, un concept plus complexe qu'il n'y paraît. Il y a ce qui est vrai, une connaissance conforme au réel, une vérité qui serait une *connaissance objective*. « Il y a une table devant moi » ne peut être contesté si une table s'y trouve, effectivement. Dans le monde sensible, le concept de vérité peut être assez limpide. La vérité, c'est le savoir, la connaissance et elle existe en dehors de l'être humain, extérieure à toute expérience. « Un vrai qui est vrai », pour reprendre Husserl (qui remet néanmoins en question l'idée de vérité et de connaissance immuables). C'est ce qu'on entend chez les scientifiques : pourquoi la *loi universelle de la gravitation* est-elle vraie ou exprime-t-elle une idée vraie? C'est parce que, même si l'humanité disparaissait et que de nouveaux humains réapparaissaient sur Terre un million d'années plus tard, ils en arriveraient aux mêmes résultats mathématiques que Newton, sans même avoir eu accès à ses travaux. Ce qu'il a décrit est un fait, est vrai. La gravitation est

[354] Camus, Albert. « Le mythe de Sisyphe », Gallimard, 1942, p.67.

responsable de la chute des corps. Même si vous essayez de dire le contraire, vous ne ferez que vous ridiculiser[355].

Dans une série d'émissions consacrées à *la vérité*, la station radiophonique France Culture a tenté d'y voir un peu plus clair. Elle pose ainsi l'enjeu de la vérité et définit également le concept :

> « La vérité est la correspondance entre ce que je dis, et ce qui est : elle s'oppose donc à la fausseté — au sens d'erreur, mais aussi de mensonge. Détenir la vérité, c'est donc énoncer un discours objectif qui correspond à la réalité. Ainsi, pour trouver la vérité, nous sommes confrontés au défi de dépasser notre subjectivité — c'est-à-dire non seulement les croyances, les préjugés, les opinions qui constituent notre personnalité, mais aussi le sensible tel qu'il nous apparaît, car il peut être source d'illusions. En effet, rien ne nous autorise à considérer que la réalité se limite à ce que nos sens nous en disent ! Alors, comment être sûr qu'il y a autre chose que des opinions subjectives sur le monde ? Comment être certain que ce que l'on croit vrai n'est pas qu'une opinion masquée ? Est-il possible de parvenir à un savoir objectif et universel ? Ou bien un jugement est-il toujours l'expression d'une croyance subjective et relative ? »[356]

Il y a la vérité nette, un fait, qui correspond à la réalité. Mais, la subjectivité entre en jeu et peut faire obstacle. C'est pourquoi la vérité *ne va pas de soi* et qu'elle fait débat. C'est pourquoi on peut avoir sur un plateau de télé deux intervenants qui peuvent se reprocher l'un et l'autre de ne pas dire la vérité, tout en étant chacun parfaitement convaincus qu'ils sont détenteurs de la vérité. Ainsi, il y a aussi ce qui se rapporte à la pensée et à la représentation que l'on se fait du monde. Qu'est-ce qui est vrai, alors? C'est la raison qui est le juge de ce qui est vrai, de ce qui est

---

[355] On est ici dans le courant de pensée philosophique dit du *rationalisme*, qui rattache la vérité à la *raison*. On peut également faire référence au courant dit de l'*empirisme*, qui avance que la vérité découle de l'expérience. Pour les empiristes, même les mathématiques, qui sont une science formelle, viennent de l'expérience du monde.

[356] https://www.franceculture.fr/philosophie/philosophie-quest-ce-que-la-verite#:~:text=Descartes.&text=Ren%C3%A9%20Descartes%2C%20l'un%20des,de%20parvenir%20%C3%A0%20la%20v%C3%A9rit%C3%A9.

juste, mais une idée peut être rattachée à de multiples valeurs, expériences et savoirs. Si vous dites « ces lunettes me donnent l'air intelligent », en quoi est-ce vrai? Pour vous, c'est peut-être vrai, mais n'est-ce pas plutôt une *opinion* que vous estimez vraie? De fait, une vérité valable seulement pour soi est une *opinion personnelle*. Elle n'est pas vérité comme telle, car l'opinion est relative, partielle et changeante. Elle peut être individuelle ou commune à un groupe, mais ce n'est pas parce qu'elle est partagée (même largement) qu'elle est nécessairement vraie. Pensez, par exemple, au *géocentrisme* qu'on a longtemps cru vrai, au point de condamner Galilée pour ses prétentions scientifiques affirmant que la Terre tourne plutôt autour du soleil (héliocentrisme).

Nietzsche, que l'on voit comme le fossoyeur de la vérité en philosophie[357], considère, justement, qu'il n'y a pas de faits, qu'il n'y a que des interprétations, à l'infini. Pour lui, il y a une différence entre la réalité et la façon dont on la pense. Il n'y a donc pas de vérité ultime, critiquant au passage le besoin de croyance et de conviction derrière le désir de vérité. D'ailleurs, « qui décide ce qu'est savoir, et qui sait ce qu'il convient de décider ? »[358], demande le philosophe français Jean-François Lyotard.

« La première démarche de l'esprit est de distinguer ce qui est vrai de ce qui est faux »[359], écrit Albert Camus, dans *Le mythe de Sisyphe*. C'est comme un réflexe, le fondement de l'esprit humain : connaître le vrai. De son côté, Descartes, qui s'interroge sur la possibilité de se former une idée « vraie », se demande : comment savoir que l'on « ne se trompe pas »? Selon lui, il faut suspendre sa volonté avant de décider « d'assurer une idée ». Une fois que cette idée est suffisamment bien « entendue », on peut lui accorder le statut de vérité.

---

[357] En réalité, Nietzsche n'est pas tant le fossoyeur de la vérité que celui qui critique le désir de vérité. Il détecte un besoin de croyance et de conviction derrière ce désir de vérité, il y voit une forme de religion de la vérité, d'idéalisme de la vérité. Il croit que les « convictions sont des ennemis de la vérité plus dangereux que les mensonges ». (Humain trop humain, §443) C'est pourquoi il célèbre le non-vrai, le perspectivisme, qu'il considère plus courageux. C'est pourquoi, de la science, il dit : « D'où la science prendrait-elle alors sa foi absolue, cette conviction qui lui sert de base, que la vérité est plus importante que toute autre chose, et aussi plus importante que toute autre conviction ? » (Le gai savoir, §344)

[358] Jean François Lyotard, *La condition postmoderne*, Paris, Minuit, 1979, p.26.

[359] Camus, Albert. « Le mythe de Sisyphe », Gallimard, 1942, p.31.

> « La cause des faussetés et des erreurs : toutes les fois que je retiens tellement ma volonté dans les bornes de ma connaissance, qu'elle ne fait aucun jugement que des choses qui lui sont clairement et distinctement représentées par l'entendement, il ne se peut faire que je me trompe ; parce que toute conception claire et distincte est sans doute quelque chose de réel et de positif, et partant, ne peut tirer son origine du néant »[360].

C'est ici que l'on revient au concept évoqué précédemment, soit celui de *biais de confirmation*, car il y au cœur de la pensée conspirationniste la *tendance à rechercher à confirmer ses croyances, et la réticence à les infirmer*[361]. Alors que le sceptique voudra « suspendre les bornes de sa connaissance », pour reprendre Descartes, l'adhérent aux théories du complot semblera guidé par des motivations plutôt que par un jugement désincarné.

> « Au lieu de lui être subordonnée, tout se passe comme si, dans l'adhésion aux théories du complot, la volonté précédait l'entendement. Ainsi, celui qui adhère aux théories du complot n'hésite pas à sélectionner, parmi les faits disponibles, ceux qui épousent le mieux sa théorie, et va même jusqu'à déployer des trésors d'imagination pour assimiler ceux qui paraissent la contredire en faisant un usage abondant d'explications complexes et peu économes au regard du rasoir d'Ockham[362]. »[363]

En somme, le complotiste va se compliquer la vie à assembler des morceaux dans un exercice parfois périlleux afin de confirmer ce qu'il tient à démontrer. Ainsi, le crédule serait « esclave de sa volonté » qui le pousse à des explications tordues, alors que l'esprit cartésien tentera de s'en dégager.

---

[360] https://books.openedition.org/editionscnrs/16268?lang=fr

[361] https://www-cairn-info.acces.bibl.ulaval.ca/revue-internationale-de-psychologie-sociale-2007-4-page-31.htm?1=1&DocId=380679&hi

[362] **Le rasoir d'Ockham**, ou *principe de parcimonie*, Le principe du rasoir d'Ockham consiste à ne pas utiliser de nouvelles hypothèses tant que celles déjà énoncées suffisent, à utiliser autant que possible les hypothèses déjà faites, avant d'en introduire de nouvelles, ou, autrement dit, à ne pas apporter aux problèmes une réponse spécifique, *ad hoc*, avant d'être (pratiquement) certain que c'est indispensable, sans quoi on risque de complexifier le problème, et de passer à côté d'un théorème ou d'une loi physique. (https://fr.wikipedia.org/wiki/Rasoir_d%27Ockham)

[363] https://books.openedition.org/editionscnrs/16268?lang=fr

Spinoza, pour sa part, estime que l'on tend à « croire tout ce que l'on sait »[364], et c'est seulement « par la force de la volonté que l'on peut rejeter certaines des représentations qui, initialement, forçaient notre conviction ». Pour résumer, la théorie du complot est plausible en fonction de ce que l'on sait, mais il faut plutôt faire des efforts pour ne pas y adhérer.

Vous êtes cartésien ou spinoziste, c'est vous qui voyez.

Au sujet de la vérité, le physicien Étienne Klein se montre très critique lorsqu'il songe à nos travers humains face aux malheurs comme la pandémie. « Certes, plus que jamais, nous clamons notre amour pour la vérité, mais j'ai le sentiment qu'il ne s'agit plus que d'une ritournelle. Car à rebours de nos déclarations ferventes, nous nous montrons plus enclins à déclarer vraies les idées que nous aimons qu'à aimer les idées vraies, surtout si celles-ci nous déplaisent. À ces purges amères, nous préférons substituer des idées plus douces, moins dures à avaler, qui font office de couettes mentales »[365].

Nous ne voulons pas de mauvaises nouvelles. Nous attendons du gouvernement qu'il nous protège de la vérité, résume Klein.

Les auteurs du texte inspirant cette section présentent néanmoins certains résultats d'études qui apportent un éclairage intéressant sur nos capacités d'immunité face aux théories du complot, ce qui nous rapprocherait davantage de la vision de Spinoza. Car, les conclusions tirées des expériences menées tendent à démontrer que la motivation et les ressources cognitives sont importantes si l'on souhaite conserver sa position de sceptique. Soumis à certaines informations, les sujets ont eu tendance à sous-estimer le degré auquel ils avaient été influencés par celles-ci. Autrement dit : certains sujets pouvaient prendre pour argent comptant l'information soumise (même fausse), sans même s'apercevoir de la faillite de leur esprit critique.

---

[364] Ibid.

[365] KLEIN, Étienne, *Le goût du vrai*, Tracts Gallimard, 2020, N° 17, p. 22.

> « Cette expérience illustre la sensibilité de notre jugement à des données « empiriques » (en l'occurrence des faits qui étayent une théorie du complot). Toutefois, nous ne sommes apparemment pas conscients de cette influence sur notre jugement, ce qui s'oppose une fois encore à l'approche cartésienne. Nous sommes donc toujours susceptibles de surestimer notre immunité face aux théories du complot, ce qui nous rend paradoxalement d'autant plus vulnérables à leur égard »[366].

Je le rappelle : pour dire vrai, ce n'est pas parce qu'il véhicule un mensonge que le complotiste reste campé sur ses positions. C'est parce qu'il croit que ces mensonges sont la vérité. Et même si vous tentez de renverser sa théorie par des faits, en usant habilement de la maïeutique socratique qui permet de faire accoucher la vérité à l'aide de questions, il reste persuadé qu'il détient la vérité. C'est peine perdue.

Et imaginons que vous parveniez à l'impossible : démontrer hors de tout doute raisonnable que le conspirationniste en face de vous est dans l'erreur, il pourra encore — ô malheur! — sortir son *Joker*, sa carte cachée : les *faits alternatifs*. On se retrouve, dès lors, dans un univers où tout devient possible, où le réel n'a pas d'emprise dès qu'il peut servir à ébranler des convictions. Quand les médias et un courant politique adoptent cette stratégie, comme on l'a vu aux États-Unis, rien ne va plus. On plonge alors dans l'ère hallucinante de la *post-vérité*.

Post-vérité et *faits alternatifs*

L'expression n'est pas née dans la bouche de la conseillère du président Trump, Kellyanne Conway, mais c'est elle qui, sans aucun doute, a largement contribué à faire entrer l'expression maudite dans le langage courant : celle des *faits alternatifs*. Ces termes ont été employés afin d'expliquer, de donner un « sens » à

---

[366] Ibid.

la somme astronomique de déclarations mensongères du président en affirmant qu'il existe des faits qui infirment ce que les médias avancent, des faits opposés ou en contradiction avec ce qui est publié par les médias. Il y a donc « d'autres faits », des faits que le président Trump estime tout aussi valables et vrais que les faits présentés par les « ennemis du peuple » (les journalistes).

Ce système de défense employé par la conseillère de Trump n'est pas anodin ni insignifiant. À mon sens, estimer que de parler de « faits alternatifs » est une stratégie valable témoigne de la vigueur du discours complotiste dans l'esprit des Américains. Il ne s'agit plus de mentir, par-ci par-là, en essayant d'éviter d'être pris en défaut, mais d'assumer totalement ses mensonges en les faisant exister dans une sorte d'univers parallèle où les faits alternatifs sont ceux qui tiennent lieu de discours officiel.

C'est grave.

C'est donc dire que nous sommes entrés, malgré nous, dans une ère de *post-vérité*, où la vérité comme telle n'a pas plus de valeur qu'un mensonge. « Les complotistes semblent penser que la vérité est relative, c'est-à-dire que chacun pourrait prétendre à sa propre vérité indépendamment des faits extérieurs, l'objectivité n'étant qu'une illusion visant à asseoir le pouvoir et la légitimité de ceux qui prétendent l'imposer à tout le monde »[367], écrit le chercheur en neurosciences à l'université de Fribourg, Sebastian Dieguez.

La post-vérité serait, selon le dictionnaire d'Oxford, un adjectif désignant des « circonstances dans lesquelles les faits objectifs ont moins d'influence pour former l'opinion publique que l'appel à l'émotion et aux croyances personnelles »[368]. Ce n'est pas tellement le mensonge politique qui pose problème (on s'est habitué), mais la perte du sens moral qui découle de cette volonté de préserver les apparences, sans égard pour le vrai ou le faux. « La post-vérité est donc le résultat d'une attitude personnelle

[367] Dieguez, Sebastian. « Total Bullshit! : au cœur de la post-vérité », Presses universitaires de France, 2018, p.294.
[368] https://languages.oup.com/word-of-the-year/2016/

démultipliée jusqu'à atteindre la masse critique qui lui permet de subsister et de s'imposer à tous »[369].

Pour s'imposer, justement, le bullshit se présente sans complexe, permettant l'émergence de la post-vérité, comme une sorte d'équivalent parallèle à la vision traditionnelle de la vérité. Cette explication est d'autant intéressante qu'elle vient, en quelque sorte, pousser plus loin ou même contredire cette idée que les adhérents au conspirationnisme seraient victimes de dissonance cognitive, ce qui laisserait supposer qu'il y a un espace chez ceux-ci pour réaliser la contradiction dans laquelle ils se trouvent et qu'ils chercheraient à corriger l'inconfort qui en résulte.

En psychologie sociale, la *dissonance cognitive* est « un état de tension ressenti par une personne en présence de cognitions (connaissances, opinions ou croyances) incompatibles entre elles »[370]. C'est un inconfort psychologique, en somme, généré par la croyance en des idées ou des valeurs qui se contredisent ou lorsqu'un comportement d'une personne entre en contradiction avec ses idées ou croyances. Le contexte de la pandémie aura, certes, été idéal pour créer des tensions et de l'inconfort avec cette constante confrontation d'informations contradictoires.

Ainsi, chez les adhérents aux théories du complot, la dissonance cognitive s'exprime lorsque la réalité contredit les choix de la personne (du conspirationniste). Le réflexe est alors de rétablir un équilibre interne offrant le réconfort de la cohérence en recherchant, par exemple, des justifications à nos actes ou nos opinions.

Mais, certains auteurs remettent en question cette théorie de la « dissonance cognitive » appliquée à tous dans la mesure où le sentiment d'inconfort que l'on ressent devant une contradiction tendrait à disparaître. Et, effectivement, c'est à se demander parfois si tel conspirationniste aperçu dans les médias ou ailleurs ressent un malaise puisqu'il donne davantage l'impression d'opposer de

---

[369] Dieguez, Sebastian. « Total Bullshit! : au cœur de la post-vérité », Presses universitaires de France, 2018, p.305.
[370] http://www.psychomedia.qc.ca/lexique/definition/dissonance-cognitive

l'hostilité, de l'indignation, qu'à exprimer quelconque inconfort devant l'incohérence qu'il manifeste. En cet « âge du relativisme », explique Charles Lord, chercheur en psychologie sociale, les individus auraient plutôt tendance à éviter d'*admettre* qu'ils ont tort que d'*avoir* tort tout court[371]. Et à voir la détermination de Kellyanne Conway à tenir son bout, sans admettre que la stratégie des faits alternatifs n'a aucun sens a de quoi nous convaincre qu'il n'y a pas chez elle et ses semblables de dissonance cognitive, mais une obstination à ne jamais admettre aucun tort, quoi qu'on dise ou qu'on fasse.

Donc, nous n'avons pas rêvé. Certains préfèrent ne rien concéder, quitte à avoir effectivement tort, pour éviter d'avoir à l'admettre. Avoir l'air fou, c'est pire que l'être, donc?

Charles Lord avait publié cette observation sur l'âge du relativisme en 1989. Imaginez s'il avait su quel impact Internet aurait sur la capacité des gens de trouver des arguments (même frauduleux) pour justifier l'injustifiable!

Malgré tout ce que l'on voit et craint, le chercheur Sebastian Dieguez reste étonnamment optimisme face au danger du triomphe de la post-vérité. Jamais l'ère de la post-vérité ne pourra remplacer complètement les faits, les informations vérifiées et vérifiables ou les théories officielles. Selon lui, c'est impossible en raison de la nature même du bullshit de la post-vérité.

> « Je pense néanmoins, et c'est un curieux motif d'optimisme, que dans le cas d'une post-vérité universelle, il se produirait cet effet étrange que plus personne ne pourrait plus manipuler personne. De même que la tromperie universelle priverait le mensonge de toute efficacité, un monde où tout ne serait plus que bullshit n'aurait plus rien à simuler, à usurper et à exploiter. Il n'y aurait plus la possibilité de faire des assertions bidon tout simplement parce qu'il n'y aurait plus d'assertions du tout, de même qu'il n'y aurait plus de *fake news* parce qu'il n'y aurait

[371] Dieguez, Sebastian. « Total Bullshit! : au cœur de la post-vérité », Presses universitaires de France, 2018, p.318.

plus de news. Les théories du complot, elles aussi, s'auto-anéantiraient, puisqu'il n'existerait même plus de théorie officielle à subvertir. C'est pour cette raison que je reste relativement serein quant aux chances de la post-vérité de l'emporter sans possibilité de retour en arrière : de manière générale, il me semble que le bullshitteur ne tient pas à renoncer au privilège de pouvoir dire n'importe quoi en toute impunité, et il lui faudra toujours un arrière-fond de rationalité pour exercer son art. »[372]

Consolons-nous. Un peu…

L'effet gourou

Dans son livre au titre évocateur : « Total bullshit ! », le chercheur Sebastian Dieguez décortique d'ailleurs le *bullshit*, un concept qui peut se définir comme une « indifférence à l'égard de la vérité »[373]. C'est un concept qu'il faut distinguer du mensonge, même s'ils sont liés par des gènes familiaux. Le mensonge trompe, mais garde un lien avec la réalité. Le bullshit s'en moque. Et cela rend la réflexion à la fois passionnante et pertinente pour comprendre ce qui se passe dans l'esprit du complotiste covidiot, de même que le rôle joué par celui qui l'influence, à savoir le « gourou ».

Une partie de l'analyse se consacre au discours du gourou pour comprendre comment une personne peut se laisser convaincre par celui-ci. Il y a notamment cette fascination du complotiste pour les discours obscurs, lourds et difficiles à comprendre, ce que Dieguez appelle le « bullshit académique ». C'est que les gens tendent à suivre et admirer (et à faire confiance) les « auteurs particulièrement obscurs ou foncièrement inintelligibles »[374].

---

[372] Dieguez, Sebastian. « Total Bullshit! : au cœur de la post-vérité », Presses universitaires de France, 2018, p.327.
[373] Ibid, p.11.
[374] Ibid, p.146.

L'ensorcellement particulier exercé par le « bullshit académique » a conduit l'anthropologue Dan Sperber à lui donner un nom : il appelle cela « l'effet gourou ».

> « La théorie de l'effet gourou part de la constatation que l'obscurité, au lieu d'être diagnostiquée comme une forme défectueuse d'énonciation, est parfois considérée comme un signe de profondeur allant jusqu'à inspirer le respect »[375].

Les lecteurs « jugent profond ce qui leur échappe », nous dit Sperber. La même logique doit s'appliquer à un covidiot qui écoute, par exemple, Alexis Cossette-Trudel. Ce dernier a obtenu un doctorat, il sort des chiffres, des graphiques, des analyses, qu'il défile avec une assurance convaincante pour celui qui voulait justement entendre ce type de discours. Le covidiot ne comprend pas tout, mais ça doit être parce que c'est « intelligent » et « profond ».

Mieux (ou pire), le disciple qui écoute le gourou aura tendance à considérer comme profondes même les conneries qui sont dites par le maître. *Ça ne peut pas être con, ça vient du maître. Et le maître, il est habituellement profond.*

Cette mécanique pourra s'observer notamment quand il est question d'imaginer une logique, une structure, un plan, quelque chose de profond qui doit lier les éléments les uns aux autres. Il y a forcément un complot qui explique le tout. *C'est forcé, ça vient du maître*!

C'est ce qu'utilise à merveille le fameux « Q » du mouvement QAnon lorsqu'il publie ses messages codés (drops). Il ne dit rien de précis, rien d'intelligible. Il demeure énigmatique, il suggère à peine. Alors, les fidèles se chargent d'y donner de la profondeur, d'interpréter les messages, de tisser des liens là où il n'y a que du vent. « Puisque cette source que nous voulons comprendre s'exprime de manière obscure, c'est bien que sa pensée doit être

---

[375] Dieguez, Sebastian. « Total Bullshit! : au cœur de la post-vérité », Presses universitaires de France, 2018, p.149.

tellement pertinente qu'il est impératif de faire l'effort de la comprendre »[376], résume Dieguez en parlant du discours volontairement obscur des gourous. Et puis, avec le pouvoir et la crédibilité que lui confère son autorité, le gourou n'a même plus besoin de faire l'effort de développer soigneusement un argumentaire rigoureux et précis, car pour le fidèle, quand l'autorité parle, « ce qu'elle dit est *de facto* l'équivalent d'un argumentaire rigoureux et précis »[377].

Évidemment, ici aussi, le *biais de confirmation* viendra jouer un rôle important en poussant la personne à ne conserver dans son processus d'analyse du discours obscur *que ce qui tend à confirmer cette présomption de pertinence*. Mais, un autre phénomène entre en jeu lorsqu'il est question de donner du crédit au discours du gourou, surtout lorsqu'il est complexe : c'est celui de l'investissement personnel. C'est que « lorsque nous perdons du temps et de l'énergie à déchiffrer sans succès un texte obscur, au lieu de décider que finalement il ne vaut rien, nous y percevons d'autant plus de profondeur. [...] Il faut voir dans ce phénomène l'intervention du « biais du coût irrécupérable », c'est-à-dire la réticence irrationnelle à renoncer à une action simplement parce que des frais y ont été engagés »[378].

« Nous sommes tellement heureux et satisfaits d'avoir pu retirer quelque chose d'un auteur réputé obscur et difficile, que nous y accordons plus de valeur qu'il en a », explique Dieguez, tout en ajoutant que l'adhérent n'est pas que *victime* dans le processus. Pour accepter le bullshit, au mépris de la vérité, il faut bien que les récepteurs (les complotistes) « y soient un peu pour quelque chose, pour ne pas dire carrément complices »[379]. Il y a donc tout de même une *envie* de comprendre le monde qui passe par *ce type* d'explications. Plus encore, Dieguez croit qu'il en va de l'*identité même* du disciple de faire confiance à l'autorité, de rester ferme dans ses convictions, car « découvrir que le maître n'est qu'un imposteur qui bullshite remettrait toute sa manière d'être en

[376] Ibid, p.158.
[377] Ibid, p.159.
[378] Ibid, p.147.
[379] Ibid, p.148.

question, pas seulement quelques croyances et préférences isolées »[380].

Est-ce que les covidiots sont les seuls à se laisser séduire par un bon discours, par le charisme et l'assurance d'une personne? Bien sûr que non. Si le charisme et la conviction n'étaient d'aucune valeur, pas un parti politique ne mettrait un sou dans la publicité électorale. Car, si l'on peut déplorer et critiquer l'obscurité de certains discours ou messages, il faut également reconnaître l'hyper simplicité de plusieurs des gourous, ceux qui empruntent volontiers les techniques et tactiques du populisme. Et dans ces cas, on s'intéresse davantage aux slogans faciles, aux phrases creuses et aux clichés qui sont employés par les manipulateurs afin de s'assurer d'être compris, ou du moins, d'attirer leur public là où ils veulent les conduire.

De fait, certains gourous se démarquent par leur assurance, leur confiance en soi débordante : elle impressionne le covidiot, elle lui indique la voie à suivre, il est la *Lumière*! Il s'agit alors d'une pratique *intimidante*, qui produit une majorité silencieuse qui n'osera jamais avancer la moindre objection. Comme dans une secte, on ne conteste pas ouvertement le *Grand prêtre*! Ces gourous sont donc des *performeurs* qui confisquent la vie intellectuelle dans une mécanique destinée à produire des fidèles et non pas des penseurs libres. Ces fidèles devront, par la suite, répandre la *Bonne parole*, la réciter le mieux possible et se montrer fermes et convaincus, quitte à se faire violents et intimidants, dans certains cas.

C'est ici que la simplicité des slogans et l'aspect caricatural des ficelles que le gourou tisse entre les éléments afin de « prouver » l'existence du complot deviennent utiles, voire indispensables. Que les fondements soient obscurs afin qu'ils paraissent profonds et intelligents n'en est que plus profitable pour celui qui cherche à convaincre. Toutefois, c'est parce que les slogans sont colorés, simples et qu'ils font essentiellement appels à des raccourcis

---

[380] Ibid, p.162.

intellectuels et à l'émotion (en faisant surtout appel aux *frustrations*) que les fidèles peuvent, par la suite, les réutiliser sur les réseaux sociaux et dans la vie de tous les jours, dans l'espoir d'en convaincre davantage.

Enfin, les gourous vont insister fermement, avec acharnement, sur la valeur qu'ont les *opinions*, les leurs en premier lieu, car, bien souvent, c'est ainsi qu'ils présenteront les choses : ce ne sont pas des théories ou des démonstrations scientifiques. Ce sont des *opinions*, distribuées à tout vent. L'adhérent peut alors récupérer ces opinions pour les faire siennes.

Lui aussi il a une opinion, désormais. Et le gourou a pris soin de dire qu'une opinion, c'était aussi valable qu'une analyse d'expert.

Même plus.

Le règne de l'opinion

« Je ne suis pas médecin, mais je pense que… » est une des phrases qu'on entend ou lit assez souvent. Le philosophe et physicien Étienne Klein s'en montre particulièrement agacé, parce que la formulation même de la phrase appelle une disqualification. *Je ne suis pas médecin*… alors tu devrais te taire si ton intention est de commenter des sujets où l'expertise scientifique est particulièrement poussée. Mais, ce n'est pas ce qui se passe dans un monde où règne l'opinion.

> « Aujourd'hui, la tendance à avoir un avis non éclairé sur tout, et à le répandre largement, me semble gagner en puissance. Dans son sillage, elle distille l'idée que la science, surtout lorsqu'elle devient dérangeante, ne relève que d'une croyance parmi d'autres. Elle serait une sorte d'Église émettant des publications comme les papes des bulles, que les non-croyants ont tout lieu non seulement de contester, mais aussi de

mitrailler de commentaires à l'emporte-pièce. Ainsi offre-t-on une prime à ceux qui crient le plus fort et s'exhibent le plus. »[381]

Toutes les opinions se valent, désormais, constate-t-on. Je peux avoir un avis sur le travail d'un neurochirurgien, même si je n'y connais strictement rien. Parce que le gourou me l'a dit : *mon opinion compte tout autant*.

Le sociologue et chercheur Jacques Roy a publié un texte s'intéressant à ce phénomène, avec un titre révélateur : « Exit le dialogue social : le triomphe des opinions sur les faits ».[382] Le sociologue constate, effectivement, qu'aujourd'hui, chacun a son opinion, ses certitudes, qui importent plus que les faits. Cela a pour conséquence, écrit-il, de « favoriser la radicalisation des points de vue et, par conséquent, de limiter les conditions du dialogue social ».

« Existerait-il une hiérarchie des opinions, à savoir que celles-ci n'auraient pas la même valeur? », demande Jacques Roy. La question est fort pertinente, sachant que les populations sont davantage scolarisées qu'auparavant. En principe, donc, les gens devraient être plus imperméables aux croyances, aux mythes, aux discours complotistes.

Mais non!

Selon une étude de l'OCDE (2019) menée dans 79 pays, « moins de 10 % des jeunes âgés de 15 ans sont en mesure de faire la distinction entre des faits et des opinions ». Il y a ici de quoi s'interroger sur l'efficacité des systèmes d'éducation, non?

Les réseaux sociaux gagnent en puissance, faisant reculer la science et le poids des faits, au profit des théories du complot, explique le sociologue qui rappelle que « malgré un consensus de

---

[381] KLEIN, Étienne, *Le goût du vrai*, Tracts Gallimard, 2020, N° 17, p. 11.
[382] https://www.lesoleil.com/opinions/exit-le-dialogue-social-le-triomphe-des-opinions-sur-les-faits-b9fe2ee60b5e4df561821ebcc8928466?utm_campaign=lesoleil&utm_medium=article_share&utm_source=facebook&fbclid=IwAR17Tnk4M6TyVZjSnqJwtMeSHnVclkMrnhCd70gux2d9qFn0hzQCRUreS9s

la communauté scientifique sur l'existence des changements climatiques, 30 % des Canadiens n'en croient rien ».

Et puis, Elvis est vivant!

Comment en est-on arrivés là? Outre les réseaux sociaux et la question de fiabilité des sources d'information, Jacques Roy pointe du doigt le « rapport au temps de plus en plus comprimé », la *désynchronisation des temps sociaux*, qui s'accompagne du temps libre de moins en moins disponible pour lire, s'informer, vérifier.

Alors, on gobe des infos rapides, des opinions déjà digérées. C'est le prêt-à-penser, fort pratique quand on n'a pas le temps!

En ces temps où le discours officiel, celui des autorités (notamment des scientifiques), perd en influence, le sociologue Roy pense que le moment est venu de redonner aux faits l'importance qu'ils méritent. « S'il est un enjeu pour demain, ce serait celui d'un retour aux faits dans le dialogue et d'une plus grande tolérance dans les idées exprimées pour préserver le lien social entre les individus. Est-ce que l'éducation pourrait être mise à contribution? »

Le physicien Étienne Klein est, on s'en doute, du même avis lorsqu'il s'agit de redonner au travail de la science la place qui lui revient, pour cesser du même coup de donner autant d'espace au scepticisme affiché des gourous et de leurs fidèles qui avancent que toutes les opinions se valent.

> « Au lieu de nous réfugier sans cesse derrière une forme de scepticisme systématique, le plus souvent paresseux et démagogique, qui a pour seule vertu de cautionner notre procrastination, nous allons devoir prendre acte qu'en matière de sciences, tous les discours ne se valent pas. Si imparfaits soient-ils, ceux du GIEC, par exemple, ont le mérite d'être étayés, contrairement aux élucubrations d'un Donald Trump ou d'un Jair Bolsonaro »[383].

[383] KLEIN, Étienne, *Le goût du vrai*, Tracts Gallimard, 2020, N° 17, p. 52.

Faut-il rappeler, dans ces circonstances, la fameuse citation d'Hannah Arendt : « La liberté d'opinion est une farce si l'information sur les faits n'est pas garantie et si ce ne sont pas les faits eux-mêmes qui font l'objet du débat ».

Oui, tout à fait.

Appelé à commenter le dossier du Méga Fitness Gym et le rôle joué par CHOI Radio X dans cette affaire, l'ancien directeur de l'information de Radio-Canada, Alain Saulnier, a justement abordé le thème des opinions qui s'opposent aux faits. Dans le même esprit qu'Arendt, Saulnier explique : « Là où j'ai un problème, c'est quand l'opinion ne s'appuie pas sur des faits »[384].

Pour lui, il est clair que toutes les opinions ne se valent pas, pas plus qu'il peut y avoir « des vérités » comparables. « Ce n'est pas vrai que tout le monde peut avoir ses vérités. [...] On ne peut pas mettre sur un pied d'égalité la vérité et leur vérité à eux ». En laissant toute la place à l'opinion qui verse dans la désinformation, « ils vont à l'encontre même du rôle que les médias doivent jouer », estime l'ancien directeur de Radio-Canada.

Platon disait que l'opinion est quelque part entre la connaissance et l'ignorance. Il arrive que l'opinion se trouve sur le terrain de la connaissance, mais elle est peut très bien se trouver plus ou moins près de l'ignorance, sinon l'incarner carrément. En vérité, on le comprend, toutes les opinions ne se valent pas. C'est monumentalement faux. C'est d'autant plus faux que le manège opéré par les médias-poubelles consiste essentiellement à rejeter toutes les opinions contraires à la bonne parole proférée quotidiennement. On choisit donc ici la voie des « faits alternatifs ». Or, un fait alternatif n'est pas un fait. C'est un mensonge. Une opinion qui véhicule un mensonge ne propose pas un fait différent, elle propose une fausseté.

---

[384] https://sortonslespoubelles.com/il-y-a-une-ethique-a-lopinion-dit-alain-saulnier/

Demander l'opinion d'un passant, d'un auditeur est une chose commune et souvent utile dans les médias. L'opinion d'un citoyen vivant un problème particulier dans son secteur sera vraisemblablement mieux habilité à faire comprendre ce qui ne va pas et son commentaire s'avèrera sans doute essentiel aux professionnels qui se chargeront de corriger la situation.

Ce n'est pas de cela qu'il s'agit. Je ne parle pas de l'opinion publique, de l'indispensable dialogue démocratique, de l'échange normal d'impressions et d'informations au sein d'une société.

L'opinion dont il est question ici est celle qui se pose comme une alternative à la vérité, comme une autre vérité, tout aussi valable que celle dont la véracité est pourtant démontrée par la science, par les faits, par l'expérience, par le savoir personnel ou académique. Ou pire, comme une vérité qui supplante l'autre pour la transformer aux yeux du public en mensonge, alors qu'elle constitue dans les faits et selon la raison, la vérité. Du coup, on trompe les gens, sciemment. Jeff Fillion disait candidement à propos de la vérité : « Même que ce soit vrai ou pas vrai, on s'en fout un peu de la vérité, c'est aux gens à la trouver la vérité. »[385]

Cette stratégie vise à discréditer les positions de l'adversaire pour faire triompher une vision particulière et l'imposer comme vraie auprès du public. Il s'agit dans ce cas-ci d'une manipulation de masse, de propagande, à proprement parler.

Il y a en cela un rejet de la raison, une misologie[386] qui témoigne du fait qu'ils sont non pas des travailleurs de l'information, mais des ouvriers du capital. Ici, le raisonnement, la discussion et l'argumentation logique n'ont pas leur place. Qu'ils croient cela fondamentalement inutile ou qu'ils les rejettent par pragmatisme idéologique ne change rien au résultat final : les Québécois sont dupés et manipulés pour servir des objectifs financiers privés.

---

[385] http://leclubdesmalcites.com/jeff-fillion-a-propos-de-sophie-durocher-qui-aurait-menti-dans-une-chronique/

[386] Haine du *logos*, c'est-à-dire le dégoût ou la répulsion qu'un individu peut éprouver pour les raisonnements de la logique formelle. (Wikipédia)

Le 8 mars 2018, l'expert en éthique et déontologie du journalisme, Marc-François Bernier, posait sur sa page Facebook une question pertinente : « L'omniprésence de l'opinion (souvent gratuite, idéologique et sans fondements factuels) va-t-elle revaloriser l'importance d'une éthique de l'information rigoureuse, exacte, impartiale, équitable et intègre, la seule qui puisse vraiment servir le droit du public à l'information? »

L'opinion règne à la radio, mais se répand bien sûr dans les médias sociaux. C'est aussi l'ère des « fake news », création du mythomane Trump, qui met en lumière ces questions : comment se fier à l'information ? À qui se fier ? Comment savoir si l'on véhicule une opinion sans fondement ou un fait avéré ?

D'où cette question de Bernier qui, au fond, met de l'avant une occasion à saisir : revaloriser une éthique de l'information rigoureuse, exacte, impartiale, équitable et intègre. La seule qui, assurément, servira le droit du public à l'information et, ultimement, la démocratie.

3- Un contexte propice

Je l'ai écrit d'entrée de jeu : la pandémie est providentielle pour les conspirationnistes, car elle a servi d'accélérateur exceptionnel à leurs idées, à leur état d'esprit. Ça ne pouvait pas mieux (ou pire) tomber. « La frénésie entourant le nouveau coronavirus a donné un véritable coup d'envoi à QAnon : du jour au lendemain, des millions de gens se sont retrouvés seuls ou sans emploi, aux prises avec une maladie mystérieuse sans date de péremption. Plusieurs se sont tournés vers Internet en quête de réponses » [387], écrit-on dans la presse.

De fait, la pandémie a créé de l'insécurité à bien des égards : insécurités politiques, économiques, envers la santé et l'avenir, c'est un terrible cocktail pour donner envie de s'abreuver auprès

[387] https://ici.radio-canada.ca/recit-numerique/1030/qanon-conspirations-complot-canada-quebec-trump

de ceux qui prétendent fournir des réponses, les « bonnes » réponses. Peu importe ce qu'on trouvera, le plus important, c'est de trouver!

Le chercheur Marc-André Argentino, qui consacre sa thèse doctorale à QAnon, explique : « Quand tu crois à une théorie comme QAnon, qui explique qu'il y a des élites qui sont responsables de tout le mal dans le monde, c'est plus facile à accepter qu'un virus qu'on ne peut pas voir. »[388] Avec cela, il faut mettre en lumière un élément déterminant qui émane de la pandémie : l'*anxiété*.

Quand personne ne sait de quoi seront faites les semaines à venir, si les mesures seront plus sévères ou assouplies et pour combien de temps, quand plusieurs se demandent s'ils seront en mesure de conserver leur emploi ou d'en trouver un autre, si l'aide gouvernementale sera suffisante, il ne faut pas se surprendre d'une hausse de l'anxiété générale.

Facteur aggravant : *l'isolement* qui favorise justement l'anxiété et l'angoisse en pareil contexte. Insécurité, ennemi inconnu et invisible, mesures sanitaires lourdes, isolement, ce sont les ingrédients parfaits pour que les fausses nouvelles deviennent virales plus que jamais.

Pour le psychologue Pierre Faubert, fournir des réponses à quelqu'un en détresse avec des informations, même fausses, apparaît comme une bouée de sauvetage. « C'est comme quelqu'un qui se noie. Vous lui envoyez un spaghetti et il va s'y agripper. Cet inconnu nous fait peur »[389].

L'ennui, c'est que si vous êtes un peu vulnérable aux fausses informations, vous le deviendrez davantage en temps de crise, car n'importe quelle crise exacerbe le caractère des gens, explique M. Faubert. « Si on est anxieux, on va devenir plus anxieux. Si on

---

[388] Ibid.

[389] https://www.lapresse.ca/covid-19/2020-04-05/pandemie-de-fausses-nouvelles

est déprimé, on va devenir plus déprimé. Si on est courageux, on va devenir plus courageux, et ainsi de suite. »

La vulnérabilité nous rend plus réceptifs aux fausses nouvelles et informations, à divers degrés, selon les individus, répond la Dre Christine Grou, présidente de l'Ordre des psychologues du Québec. Ça ne veut pas dire que tout le monde n'arrive plus à différencier le vrai du faux, mais il reste que tous n'ont pas les mêmes ressources pour faire face à l'anxiété. « La maman et le papa qui viennent de perdre leur emploi, qui sont dans un 4 ½ avec trois enfants en bas âge, ils sont assurément plus anxieux que la personne en télétravail, dans un grand espace, et qui continue à recevoir un salaire. »[390]

Dans les situations très anxiogènes, l'humain a tendance à perdre ses balises, les gens étant alors moins critiques envers les informations reçues, explique Catherine Amiot, professeure titulaire au Département de psychologie de l'Université du Québec à Montréal[391]. C'est que les gens ont besoin de sécurité, de reprendre le contrôle et de comprendre le monde. Il leur faut des certitudes!

Cet environnement anxiogène extrême est l'occasion belle pour les théoriciens du complot d'envahir l'espace pour faire circuler leurs thèses. C'est donc un « tsunami de désinformation » qui déferle, noyant une population mondiale avide de réponses souvent simples à des problèmes complexes. Pendant que la science chercher et trouve à son rythme dicté par la rigueur, la complosphère occupe le terrain, avec ses réponses souvent fort simples et plus séduisantes, estime la chercheuse Ève Dubé. « C'est plus trépidant de penser qu'il y a un complot derrière le phénomène que de se faire dire qu'il n'y a juste pas de réponse parce que c'est une maladie nouvelle ».[392]

---

[390] Ibid.

[391] https://ici.radio-canada.ca/nouvelle/1689007/covid-confiance-inconnus-videos-youtube-conspirationniste-besoin-psychologique

[392] https://www.journaldequebec.com/2020/06/20/desinformation-dune-ampleur-inegalee

Et c'est notamment ce qu'offrent ces nombreuses vidéos conspirationnistes que l'on trouve à foison sur YouTube. Étrangement, même si elles diffusent de fausses informations, ces vidéos seraient... rassurantes! « Qui ne veut pas que la pandémie arrête? Tout le monde veut que ça arrête! Si, demain, je lisais un article de journal qui disait qu'on a trouvé un vaccin, je le lirais et je voudrais y croire! »[393], répond la psychologue Catherine Amiot.

Gérald Bronner est professeur de sociologie à l'université de Paris-Diderot, membre de l'Académie des technologies et de l'Académie nationale de médecine. Il s'intéresse particulièrement aux croyances collectives, aux erreurs de raisonnement et leurs conséquences sociales. En 2021, il a publié *Apocalypse cognitive*, un livre qui explique fort bien l'importance du contexte sanitaire. Bronner le résume ainsi : « la pandémie a agi comme un incubateur de crédulité » [394].

Cette crédulité faisant tache d'huile poussa nombre de citoyens — du Royaume-Uni, de Belgique, de Chypre, de Nouvelle-Zélande ou de Hollande — à s'attaquer aux antennes-relais 5G en y mettant le feu et en s'en prenant aux employés (plus d'une vingtaine) affairés à déployer cette technologie de communication sans fil.

Ici, les réseaux sociaux ont agi comme un puissant amplificateur des théories les plus loufoques, bien servis par ces « ambassadeurs de la crédulité » que sont les acteurs et vedettes internationales qui contribuent à cette large diffusion des slogans conspirationnistes. « Non à la 5G! », scandent-ils.

> « Ce qui a frappé les observateurs, c'est la rapidité avec laquelle une théorie aussi absurde s'est diffusée. Sans doute le confinement a-t-il joué un rôle dans la mesure où, plus que jamais, les individus se sont servis d'Internet et des réseaux sociaux pour tenter de s'informer »[395].

---

[393] https://ici.radio-canada.ca/nouvelle/1689007/covid-confiance-inconnus-videos-youtube-conspirationniste-besoin-psychologique
[394] https://www.conspiracywatch.info/gerald-bronner-la-pandemie-a-agi-comme-un-incubateur-de-credulite.html
[395] Ibid.

L'ennui, c'est que la crédulité fait appel aux mécanismes intuitifs de l'esprit (les stéréotypes culturels, des dizaines de biais cognitifs identifiés, les limites de la rationalité). Et quand notre esprit distrait est submergé d'informations, il aura statistiquement tendance à endosser des croyances fausses. C'est plus rapide pour la prise de décision! Hasard cruel, en période de pandémie, c'est un peu comme le paroxysme du bullshit, fort bien servi par le confinement obligatoire.

> « Très au-delà de la seule question des antennes 5G, la période de la pandémie, et en particulier celle du confinement qui a été observé un peu partout dans le monde, a agi comme un incubateur de crédulité. La raison la plus évidente est que ce temps d'isolement spatial a coïncidé avec un recours plus massif à Internet et aux réseaux sociaux. [...] Ce confinement a servi de démonstration involontaire, mais à taille réelle, de la façon dont nous usons un temps de cerveau massivement libéré. Aucun pays n'a été épargné par le déferlement de crédulité qui s'est abattu sur le monde. Le recours aux espaces numériques pour tenter de répondre aux questions angoissantes auxquelles la pandémie nous confronte a conduit une partie des internautes à fréquenter des formes de raisonnements faux, mais vraisemblables »[396].

Facebook et YouTube ont eu beau fermer groupes, pages ou publications de ces complotistes pour diminuer leur visibilité, le mal était fait. « Comme l'ont compris, mais un peu tard, ces opérateurs du Net, la vérité ne se défend pas toute seule, elle a besoin d'aide de temps en temps », écrit Bronner.

Alors, le mensonge se répand, poussé notamment par Thomas Cowan, un homme se disant médecin, pour qui les épidémies correspondent à des « sauts quantiques dans l'électrification de la Terre ».

Vous avez bien lu.

---

[396] https://www.conspiracywatch.info/gerald-bronner-la-pandemie-a-agi-comme-un-incubateur-de-credulite.html

Ainsi, à la grippe de Hong Kong correspondrait le lancement des satellites, alors que la Covid-19 serait l'effet du déploiement de la 5G sur terre. La preuve, selon Cowan? La ville de Wuhan, épicentre de la pandémie, « fut la première ville au monde entièrement couverte par la 5G »[397].

En vérité, Wuhan est une des cinquante villes chinoises où la 5G fut lancée en novembre 2019. Il est pour le moins étrange qu'aucune des 49 autres villes n'ait été aux prises avec le même genre de difficulté...

Mais, la vérité n'est pas un facteur dans l'univers conspirationniste.

Internet et les médias sociaux

Tout le monde a remarqué la place grandissante qu'occupent Internet et les réseaux sociaux dans nos vies, notamment dans la diffusion de contenu et d'information. Certes, une large partie de ce qu'on y publie reste anecdotique et personnelle (montrer à tous la photo du patio qu'on vient de construire avec Michel en espérant de nombreuses réactions, publier la vidéo hilarante d'un chat qui nettoie les oreilles d'un chien, demander à « Facebook » en le tutoyant, tel un ami, des suggestions pour manger mexicain demain soir), mais un fait demeure : beaucoup d'informations y circulent, au grand dam d'ailleurs des journaux qui se meurent alors que leurs articles voyagent partout sur la Terre au profit de Mark Zuckerberg et ses potes.

Les nouvelles sont partagées et repartagées, commentées par tout un chacun, alimentent les discussions et servent à la construction d'opinions, mais il n'y a pas que le contenu professionnel et rigoureux qui circule aisément et gratuitement sur le Web : les complotistes ont trouvé avec Internet la technologie idéale pour diffuser massivement leurs théories et recruter comme jamais des fidèles.

[397] Ibid.

La littérature scientifique concernant le complotisme est assez limitée. Mais, des études ont pu démontrer que le commentaire au sujet de questions politiques sur Facebook « contribue à l'élargissement des arènes de prises de parole à des opinions et à des profils sociaux marginalisés dans l'espace médiatique classique »[398]. Avec Internet, le complot s'est « démocratisé », nous dit le sociologue Philippe Corcuff.

Ce n'est pas pour nous réjouir, admettons-le. Une citation célèbre de l'écrivain italien Umberto Eco abordait la chose de manière beaucoup plus colorée :

> « Les réseaux sociaux donnent le droit de parler à des légions d'imbéciles qui, jusque-là, ne parlaient qu'au bar après un verre de vin, sans causer de dommage à la collectivité. On les faisait taire aussitôt, alors que désormais ils ont le même droit à la parole qu'un prix Nobel. C'est l'invasion des imbéciles ».[399]

La pandémie, disais-je, a créé une conjoncture provoquant des incertitudes et des hésitations de la part, non seulement des scientifiques, mais aussi des gouvernements. Cela a lourdement complexifié la prise de décisions qui devaient s'appuyer sur des connaissances qui évoluaient en temps réel. Voilà une « brèche propice » à la propagation de fausses informations en ligne, un problème que l'OMS a nommé « infodémie »[400].

> « Selon l'OMS, cette « infodémie » nuit au respect des mesures sanitaires, divise l'opinion publique, renforce les discours de haine et augmente les risques de violence. À plus long terme, l'organisation évoque des menaces à la démocratie, aux droits humains et à la cohésion sociale. »[401]

À un point tel que la pandémie de COVID-19 a été décrite comme la « première crise mondiale de l'ère numérique ». Oui, car étant

---

[398] https://www.cairn.info/revue-questions-de-communication-2019-1-page-255.htm (p.258)
[399] Dieguez, Sebastian. « Total Bullshit! : au cœur de la post-vérité », Presses universitaires de France, 2018, p.320.
[400] https://www.docdroid.com/NkXvSWt/portrait-dune-infodemie-retour-sur-la-premiere-vague-de-la-covid-19-pdf (p.4)
[401] Ibid.

de plus en plus connectés, il est alors plus facile d'être informés… et désinformés.

La bonne nouvelle, c'est qu'au Québec, la confiance envers les médias sociaux paraît faible, selon l'enquête du Centre d'étude sur les médias.

> « Notre enquête montre aussi que seulement 34 % des répondants font confiance aux nouvelles publiées sur les médias sociaux. Ils perçoivent donc de manière clairement différente les nouvelles diffusées dans les médias traditionnels et les informations de toutes sortes que véhiculent les médias sociaux. »[402]

Oui, la confiance est peut-être faible, mais néanmoins incapable de rivaliser avec la rapidité, la puissance et la croissance exceptionnelle — et inévitable — d'Internet. On a beau s'en méfier, on va y faire son tour au quotidien, quoi qu'il advienne. Et nous sommes des milliards à respecter ce rituel sacré.

L'ennui, c'est qu'avec Internet, il est de plus en plus difficile de démêler le vrai du faux, le trait de génie de la connerie. D'abord, les concepteurs sont des faussaires de plus en plus habiles (certains sites ont l'air respectables dans leur facture et leur conception, au point de faire tomber plus facilement les gens dans leur panneau). Et puis, sur le Web, tout y est présenté sur le même plan : vraie nouvelle, fausse nouvelle, rumeur, commérage, etc. Les réseaux sociaux deviennent ainsi un formidable outil de diffusion des théories du complot les plus variées et les plus folles et offrent une tribune inespérée et inestimable pour les leaders conspirationnistes. En somme, pour un illuminé en quête de croyants, on ne fait pas mieux (ou pire) en termes de capacités de propagande.

Plus encore, Internet assure une promotion *efficace* des idées fausses ou douteuses, comme l'a exprimé le sociologue Gérald

---

[402] https://www.cem.ulaval.ca/wp-content/uploads/2020/02/cem-confiance-langlois-proulx-sauvageau.pdf

Bronner en montrant que « le moteur de recherche Google, sur des sujets controversés, proposait en premier lieu des sites croyants plutôt que des sites incroyants »[403]. Avec Internet, les informations fausses voyagent encore plus rapidement que jamais, laissant l'information exacte et rigoureuse loin derrière.

> « À la blague, l'écrivain Mark Twain prétendait qu'un mensonge peut faire le tour de la Terre, le temps que la vérité mette ses bottes. Il n'était pas loin du compte. La sociologue Kathleen M. Carley, de l'université de Harvard, a mesuré que sur le réseau Twitter, une fausse nouvelle voyage en moyenne six fois plus vite qu'une information vraie. Après avoir analysé 126 000 nouvelles, de 2006 à 2017, deux chercheurs du Massachusetts Institute of Technology (MIT) vont plus loin. Ils observent que les informations vérifiables sont rarement diffusées plus d'un millier de fois. À l'opposé, les fausses nouvelles sont fréquemment partagées 10 000 fois, voire plus de 100 000 fois. Plus les gens «aiment» et «partagent» une fausse nouvelle, plus elle devient crédible. Et elle devient plus crédible, parce que plus de gens «l'aiment» et la «partagent». Un principe indémodable, qui a fait les beaux jours de la saucisse Hygrade… »[404]

Une étude du Reuters Institute de l'Université d'Oxford parue le 7 avril 2020 démontre que la désinformation poussée sur les réseaux sociaux par les politiciens, vedettes et autres influenceurs compose 20 % des publications sondées. Ces publications sont néanmoins 3,45 fois plus partagées que les autres.[405]

On n'en sort pas!

Si le pouvoir d'Internet a été compris assez tôt, il en va autrement de sa nature et sa capacité à ébranler la réalité, les concepts et principes qui, pouvions-nous avoir l'impression, allaient de soi en

---

[403] https://www-cairn-info.acces.bibl.ulaval.ca/revue-diogene-2015-1-page-107.html

[404] https://www.lesoleil.com/actualite/2020-lannee-de-tous-les-complots-00a4f8f8e20574a8a3b4235ef91503d8?utm_source=omerlo&utm_medium=mailer&utm_campaign=Aujourd%E2%80%99hui%3A+2020%2C+l%27ann%C3%A9e+des+complots

[405] https://www.ledevoir.com/societe/577350/celebrites-questions-et-conspirations

société et dans une démocratie. La puissance de propagation d'Internet offre désormais des tribunes à des discours marginaux (dont ceux qui sont dangereux), tout en permettant à des individus d'atteindre des masses, à une échelle dont Mashall McLuhan, le fameux théoricien de la communication, ne pouvait rêver, écrit la journaliste Adrienne LaFrance, dans *The Atlantic*.

> « La déformation de la réalité partagée conduit un homme avec un fusil AR-15 à envahir une pizzeria. Il donne naissance à des forums en ligne où les gens imaginent de façon colorée l'assassinat d'un ancien secrétaire d'État. Il offre la promesse d'un Grand Réveil, dans lequel les élites seront mises en déroute et la vérité sera révélée. Il donne vie à des sites de discussion où l'on spécule sur la pandémie de coronavirus et sur le moment que QAnon attend. Rien de tout cela n'aurait pu être imaginé aussi récemment qu'au début du siècle. »[406]

YouTube est une plateforme qui s'est avérée et s'avère encore un puissant moyen de propagation des théories conspirationnistes. Évidemment, les théories du complot ne datent pas d'hier, et l'arrivée de YouTube — un puits sans fond de vidéos plus sinistres les unes que les autres — n'a fait qu'exacerber le phénomène. Mais, il ne faudrait pas faire l'erreur de penser qu'il s'agit d'une *anomalie* de l'algorithme. Au contraire, « il accomplit exactement la mission pour laquelle il a été créé, selon un ex-ingénieur de l'entreprise »[407].

> « Coup après coup, YouTube affirme vouloir mieux faire et assure mettre en place des correctifs. [...] Des vœux pieux qui ne mènent nulle part, selon un ancien ingénieur de YouTube, Guillaume Chaslot. Parce que l'algorithme n'a qu'un seul but : maximiser le temps que l'utilisateur passe sur YouTube, sans égard à la nature ou la pertinence des vidéos qu'il lui suggère d'écouter. Et, pour l'algorithme, offrir à l'utilisateur d'écouter des vidéos conspirationnistes peut représenter un succès plutôt qu'un échec ».

---

[406] https://www.theatlantic.com/magazine/archive/2020/06/qanon-nothing-can-stop-what-is-coming/610567/

[407] https://ici.radio-canada.ca/nouvelle/1087664/voici-comment-youtube-pourrait-vous-rendre-conspirationniste

Résultat : si vous faites une recherche pour trouver des vidéos qui se prononcent sur la forme de la Terre, « ronde ou plate? », l'algorithme de YouTube tend à favoriser largement les vidéos conspirationnistes. C'est que cette façon de faire contribue à remplir la mission de base : vous pousser à poursuivre vos visionnements sur la chaîne.

Et il faut comprendre que l'algorithme *est bâti pour cette mission* (vous garder sur le site) et non pas pour vous donner accès à du contenu aléatoire. C'est vrai à un point tel, explique le journaliste décrypteur Jeff Yates, que l'algorithme est assez intelligent pour vous recommander du contenu pertinent à votre recherche, mais y glissera tout de même des vidéos non pertinentes, sorte de « ballons d'essai »[408]. YouTube cherche à vous proposer du contenu qui saura vous plaire, sans pour autant s'inquiéter outre mesurer de la fiabilité des chaînes qui sont proposées. La qualité du contenu n'est pas un enjeu.

Pourquoi?

Parce que, même si vous ne recherchez pas activement du contenu conspirationniste, explique Yates, YouTube suggère « des vidéos douteuses ou polémiques parce qu'elles sont plus susceptibles de retenir [votre] attention ».

L'algorithme rythme également la navigation de l'internaute sur Facebook ou d'autres plateformes, la stratégie n'étant pas exclusive à YouTube. À la base, cela permet bien sûr aux entreprises d'afficher les produits qui vous intéressent afin de vous les vendre — beau hasard, vous étiez justement en train de chercher des chaussures de basketball ! — mais c'est également ainsi que vous vous retrouvez avec une masse d'information, de sites, de pages, de blogues, de nouvelles, qui vont dans le sens de la théorie que vous cherchiez à valider. Vous vous retrouvez alors face à ce que l'on appelle un « mille-feuille argumentatif ». Ainsi, la technologie favorise les personnes qui veulent « agréger des éléments

---

408 Ibid.

argumentatifs pouvant paraître minuscules séparément et facilement invalidés, mais qui, mutualisés, forment un corpus argumentatif qu'il devient coûteux, en temps et en énergie, de chercher à annihiler »[409].

L'effet est redoutable et convaincant.

« Tout ne peut pas être faux », se dira alors le conspirationniste en herbe, persuadé qu'il commence enfin à réfléchir par lui-même et à se libérer du joug de ses leaders de l'ombre qui tiennent nos sociétés en laisse depuis la nuit des temps.

Oui, je t'assure. Tout peut être faux.

Cette puissance de diffusion de contenu conspirationniste a un effet indéniable : ces vidéos peuvent être « une porte d'entrée efficace vers YouTube pour de nouveaux adeptes ». L'algorithme envoyant sans cesse des articles connexes peut finir par faire croire à la personne que, finalement, la majorité des gens croient ces théories. Évidemment, YouTube n'est pas le seul ingrédient de la recette qui nourrit le conspirationniste. Les biais cognitifs ont un rôle fondamental dans le processus, de même que les efforts déployés par ceux qui souhaitent tirer profit du contexte, de la naïveté, de la crédulité ou de la fragilité d'une partie du public.

C'est payant, flouer les gens!

À force, le conspirationniste finit par ne naviguer que dans un univers qui conforte ses idées, c'est ce qu'on appelle une « chambre d'écho », un concept qui fait référence à « un espace virtuel où peuvent pénétrer seulement des informations et des opinions qui correspondent à celles de l'utilisateur ou d'un groupe »[410]. La chambre d'écho limite ainsi l'accès à une information diversifiée qui permettrait pourtant de mettre à l'épreuve les théories qui sont entretenues dans cette « chambre ».

---

[409] https://www.cairn.info/revue-diogene-2015-1-page-9.htm (p.16)

[410] https://www.docdroid.com/NkXvSWt/portrait-dune-infodemie-retour-sur-la-premiere-vague-de-la-covid-19-pdf (p.13)

On devine les effets que cela peut avoir sur la conviction d'un individu qui cherche à confirmer ses perceptions.

Mais, il faut aussi tenir compte du contexte, une fois de plus, pour expliquer la force et l'engouement pour les théories du complot diffusées sur le Web. Dans Le Soleil, Jean-Simon Gagné constate qu'avec le confinement qu'impose la COVID-19, l'année 2020 a vu le complot passer « à la vitesse supérieure :

> « [Le complot] franchit le mur du son. L'isolement, l'anxiété et le chômage forment un cocktail idéal. Une « tempête parfaite », disent les experts. Dès le début du confinement, en mars, les réseaux sociaux enregistrent un trafic monstre. « Normalement, notre période de pointe survient autour du Nouvel An. Soudainement, nous voyions ce genre d'affluence record tous les jours, a expliqué Nicola Mendelsohn, le vice-président de Facebook pour l'Europe, le Moyen-Orient et l'Afrique, lors d'une entrevue accordée au journal The Guardian. »[411]

Ce qui frappe Marie-Ève Carignan, professeure au Département de communication de l'Université de Sherbrooke, est le fait que les théories du complot sur la COVID-19 semblent être adoptées beaucoup plus rapidement que d'autres théories du même genre. Cette situation « d'infodémie », dans un contexte de confinement, fait en sorte « qu'on est plus exposés à ce matériel-là, et donc la courbe d'adhésion semble vraiment plus rapide que pour les théories qui existaient par le passé »[412]. David Morin, codirecteur de l'Observatoire sur la radicalisation et professeur titulaire à l'Université de Sherbrooke, va dans le même sens en disant que la pandémie « n'a pas fait apparaître les théories du complot, mais elle a multiplié le nombre de gens qui sont prêts à y croire »[413].

---

[411] https://www.lesoleil.com/actualite/2020-lannee-de-tous-les-complots-00a4f8f8e20574a8a3b4235ef91503d8?utm_source=omerlo&utm_medium=mailer&utm_campaign=Aujourd%E2%80%99hui%3A+2020%2C+l%27ann%C3%A9e+des+complots

[412] https://ici.radio-canada.ca/nouvelle/1696346/covid-conspirations-sondage-jeunes-stress-quebec-canada-complot

[413] https://www.lesoleil.com/actualite/2020-lannee-de-tous-les-complots-00a4f8f8e20574a8a3b4235ef91503d8?utm_source=omerlo&utm_medium=mailer&utm_campaign=Aujourd%E2%80%99hui%3A+2020%2C+l%27ann%C3%A9e+des+complots

Mais prenons garde, nous dit Steven Hassan, conseiller en santé mentale spécialisé dans les sectes, de conclure que les adhérents aux théories du complot sont forcément faibles, stupides ou crédules. Au lieu de faire porter le blâme sur leurs épaules, Hassan attire surtout l'attention sur l'efficacité de ces stratagèmes qu'on voit beaucoup, par exemple, dans les sectes ou des mouvements comme QAnon. « Ces gens ne sont pas crédules. Ils ont été happés par un culte très élaboré, un peu comme s'ils adhéraient à la scientologie entre autres, explique-t-il. L'isolement social et la crise économique engendrés par la COVID-19 constituent un terreau pour les cultes. Les gens sortent moins, voient moins leur famille, ont moins d'activités. Ils passent plus de temps devant les écrans. Avec la collecte de données, ils peuvent entrer dans un silo idéologique et être exposés à des cultes destructeurs comme QAnon » [414]. Ces cultes mettent alors de l'avant une mécanique bien huilée qui a fait ses preuves… partout.

> « L'une des façons de le faire est de les rendre confus, de les bombarder avec des mensonges à répétition. Notre esprit aime les choses prévisibles et sensées. Il n'aime pas l'incertitude. C'est comme Trump qui répète les mêmes mensonges. Il doit savoir de quoi il parle, il est le président ! Au bout d'un moment, l'esprit abandonne le combat et suit ce nouveau groupe de gens qui m'aiment, qui me disent à quel point je suis une personne incroyable et que nous allons sauver le monde ensemble. »[415]

Le sociologue Gérald Bronner considère aussi le critère politique pour comprendre la vigueur du conspirationnisme. Il l'explique entre autres par la « dérégulation du marché cognitif »[416] – métaphore qu'il utilise pour représenter l'espace fictif dans lequel se diffusent les produits cognitifs : hypothèses, croyances, connaissances, etc. – qui s'observe dans les sociétés occidentales contemporaines, alors que les régimes totalitaires optent pour une mise sous tutelle de ce marché cognitif. Alors, ce « libéralisme

---

[414] https://www.lapresse.ca/actualites/2020-11-29/mon-frere-cet-adepte-de-qanon.php

[415] Ibid.

[416] https://www.cairn.info/revue-diogene-2015-1-page-9.htm

cognitif » est favorisé par des décisions politiques et des innovations technologiques, dont Internet est l'étape la plus emblématique. Ce faisant, il se diffuse de plus en plus d'informations, atteignant des volumes inimaginables. Des études démontrent à ce propos que « nous produisons maintenant en deux jours plus de données qu'entre le début de l'humanité et l'année 2003 »[417].

C'est donc le contexte idéal pour la diffusion des idées, de *toutes* les idées.

> « On aurait pu espérer que la libéralisation du marché cognitif serait favorable aux produits intellectuels les plus robustes. Dans la concurrence qui l'oppose aux croyances et hypothèses farfelues, voire dangereuses sur ce marché, le vrai l'emportera toujours, supposaient les plus optimistes. Sur bien des points, la réalité oppose un démenti sévère à cette espérance. »[418]

Et le pire, c'est que le flot continu de théories conspirationnistes qui trouvent un public parce qu'il espère y trouver du réconfort et des réponses ne comble même pas les besoins à la base de cette quête. Au contraire, ce déferlement finit par causer de l'anxiété! C'est que ces théories agissent un peu comme les drogues dures. Elles soulagent momentanément le sentiment de perte de contrôle du sujet avant de l'augmenter exponentiellement. « Le recours aux théories multiples et contradictoires ne semble pas efficace pour offrir du réconfort de longue durée. Il stimule plutôt le sentiment de perte de contrôle et augmente l'insécurité. »[419]

Quand je vous disais qu'on n'en sort pas…

---

[417] https://lactualite.com/lactualite-affaires/le-big-data-en-chiffres-la-revolution-des-megadonnees/
[418] https://www.cairn.info/revue-diogene-2015-1-page-9.htm (p.11)
[419] https://www.ledevoir.com/societe/577350/celebrites-questions-et-conspirations

Illusion et violence

Bronner insiste également sur ce que j'appellerais pour le coup « l'illusion d'optique » créée par les groupuscules militants conspirationnistes qui se montrent fort efficaces à envahir les blogues, forums et sections commentaires des informations sur le Web, donnant ainsi l'impression qu'ils représentent une opinion répandue, voire généralisée, alors que c'est faux. Et le poids de cette forte présence finit par peser sur les esprits en quête de réponses.

> « Certains groupuscules se livrent à une occupation constante de forums proposés par tous les sites d'information. Ces forums prennent prétexte d'articles publiés dans tel ou tel quotidien pour commenter l'actualité. Dès lors, la motivation des militants — et donc leur disponibilité — leur permet de faire masse sur ces espaces d'échanges électroniques. Leur point de vue n'est certainement pas représentatif de l'opinion générale, mais ils peuvent créer l'illusion d'une majorité silencieuse qui tire parti de l'anonymat de la toile pour faire enfin entendre des points de vue de « bon sens ». Sans être un mouton, celui qui lit ces échanges, qui se sent ému par tel fait divers et en même temps indécis quant aux conclusions qu'il faudrait en tirer, a des chances de se laisser influencer par le rapport de force argumentatif imposé sur ces forums. »[420]

Des études se sont penchées sur cette capacité d'influence d'une minorité sur une majorité dans l'univers d'Internet (dont Watts et Strogatz, 1998) et ont pu démontrer, par l'analyse d'importantes bases de données, qu'un faible nombre de militants motivés pouvaient influencer l'opinion sur le Web beaucoup plus que dans la « vie sociale classique ». On y trouve en cela des « super leaders d'opinion » ou des « super influenceurs » qui donneront à des idées, un mouvement ou des opinions un aspect plus impressionnant que ce qu'il en est réellement. Ça, c'est sans compter les nombreux « conspiracy entrepreneurs » qui animent

[420] https://www.cairn.info/revue-diogene-2015-1-page-9.htm (p.12)

la « complosphère » et assurent en continu la production de contenus conspirationnistes. Internet n'est donc pas nécessairement un moyen de démocratiser l'information (pour permettre aux citoyens d'avoir une opinion éclairée) qu'un canal permettant de diffuser des bêtises avec une portée abusive et inquiétante. On peut sans doute imaginer que des mythes conspirationnistes ont depuis toujours été fabriqués à la suite des événements en société, mais Internet a sans contredit facilité à la fois la vitesse de création et la diffusion des contenus.

D'ailleurs, cette tactique est déployée par les conspirationnistes qui se livrent avec acharnement et violence à du harcèlement sur leurs contradicteurs publics, qu'ils soient journalistes, politiciens, scientifiques ou simples internautes. Cette insistance trempée dans l'agressivité et la violence finit par décourager les plus déterminés, à commencer par le premier ministre François Legault qui, exaspéré par les attaques et les insultes, a décidé de réagir. « Il faut faire quelque chose et on va commencer par cette page. J'ai demandé à mon équipe de faire le ménage. À compter d'aujourd'hui, on va essayer d'endiguer tous les messages qu'on juge agressifs, violents, menaçants, obscènes et aussi les menteries du genre théories du complot. Et les menaces vont être transférées à la police »[421], a-t-il martelé sur Facebook.

Legault avance que 90 % des gens semblent le soutenir, mais ce petit 10 % (ou moins) donne l'impression de peser comme un 50 % de la population. C'est tordu et néanmoins efficace, car certains élus décident de quitter la scène politique, écœurés par le climat toxique des débats. C'est le cas notamment du maire de Mont-Royal, Philippe Roy, qui a choisi de ne pas se représenter[422] aux élections municipales de 2021.

Idem pour les membres de la communauté scientifique, médecins, experts en santé publique qui reçoivent des insultes et des menaces

[421] https://www.lapresse.ca/actualites/politique/2021-03-27/commentaires-agressifs/legault-veut-faire-le-menage-sur-sa-page-facebook.php
[422] https://www.lapresse.ca/actualites/grand-montreal/2021-03-23/haine-sur-les-reseaux-sociaux/un-autre-maire-jette-l-eponge.php

« à un point tel que certains ont préféré se retirer dans l'ombre »[423]. Des conspirationnistes anti-masques les accusent d'être « payés par les médias », d'être une « marionnette du gouvernement ». C'est notamment le cas de Roxane Borgès Da Silva, professeure à l'École de santé publique de l'Université de Montréal.

> « J'ai eu une personne qui, pendant 48 heures, m'a bombardée de messages sur Twitter toutes les cinq minutes. Toutes les cinq minutes, il m'envoyait des bêtises », relate la professeure en entrevue. Elle a pris ses distances de la plateforme, mais n'a pas fait une croix sur les interventions médiatiques »[424].

Dans l'article, on lit également que l'Association des communicateurs scientifiques du Québec « s'inquiète de cette haine qui se déchaîne contre les experts qui vulgarisent la science. Le phénomène n'est certes pas nouveau, mais la pandémie de COVID-19 l'a exacerbé, constate Laurène Smagghe, présidente par intérim du C. A. de l'organisation ».

À ceux qui s'inquiètent de la suite des événements, le sociologue Gérald Bronner répond :

> « Évidemment, il ne serait guère sérieux de considérer que la moyenne de nos concitoyens adhèrent inconditionnellement à une vision complotiste du monde. Cependant, la diffusion de ces produits fortéens savonne la pente de ceux qui, parmi eux, ont une disposition à voir le monde de façon paranoïde. Sans doute tout cela n'est-il pas étranger à la saillance du sentiment de méfiance attesté par de nombreuses enquêtes menées dans les démocraties contemporaines : méfiance vis-à-vis des politiques, méfiance vis-à-vis des médias, méfiance vis-à-vis des experts, des savants... La méfiance qu'inspire en particulier le pouvoir est consubstantielle à la démocratie comme le rappelle Rosanvallon (2006), mais dans le bras de fer qui s'engage entre la démocratie des crédules et celle de la

---

[423] https://www.lapresse.ca/covid-19/2021-03-26/couverture-scientifique-de-la-pandemie/des-experts-nombreux-a-etre-pris-a-partie.php
[424] Ibid.

> connaissance, elle vient en renfort de la première, plutôt que de la seconde »[425].

Tout cela me fait penser à Descartes qui, dans le *Discours de la méthode*, affirme qu'il n'est pas plus intelligent que les autres, mais qu'il emploie les bons outils pour penser, pour démêler le vrai du faux. Pour lui, il ne s'agit pas de savoir *quoi penser*, mais *comment penser*. Un internaute qui tombe sur une masse d'informations fausses peut y faire le ménage s'il dispose d'une méthode lui permettant de mettre les propositions à l'épreuve pour rejeter celles qui ne résistent pas à l'analyse et conserver celles qui tiennent bon.

> « Le bon sens est la chose la mieux partagée, car chacun pense en être si bien pourvu, que même ceux qui sont les plus difficiles à contenter en toute autre chose, n'ont point coutume d'en désirer plus qu'ils en ont. En quoi il n'est pas vraisemblable que tous se trompent ; mais plutôt cela témoigne que la puissance de bien juger, et de distinguer le vrai d'avec le faux, qui est proprement ce qu'on nomme le bon sens ou la raison, est naturellement égale en tous les hommes ; et ainsi que la diversité de nos opinions ne vient pas de ce que les uns sont plus raisonnables que les autres, mais seulement de ce que nous conduisons nos pensées par diverses voies, et ne considérons pas les mêmes choses. Car ce n'est pas assez d'avoir l'esprit bon, mais le principal est l'appliquer bien. Les plus grandes âmes sont capables des plus grands vices, aussi bien que des plus grandes vertus ; et ceux qui ne marchent que fort lentement, peuvent avancer beaucoup davantage, s'ils suivent toujours le droit chemin, que ceux qui courent et s'en éloignent. »[426]

En somme, ce n'est pas d'avoir une idée « qui dérange » qui pose problème. Une idée qui dérange qui est vraie doit être diffusée. Il faut pour cela accepter le principe qui veut que l'on rejette une idée si les faits en invalident l'affirmation. En revanche, une idée

[425] https://www.cairn.info/revue-diogene-2015-1-page-9.htm (p.19)
[426] Descartes, René. « Discours de la méthode ». GF Flammarion. 1966, p.33.

qui dérange qui est fausse n'est d'aucun intérêt. On diffuse alors quelque chose qui ne nourrit pas le débat. En constatant les répercussions de la diffusion massive d'informations fausses, de théories conspirationnistes, on peut même en mesurer les effets, dont certains (comme les décès) sont dévastateurs.

4- La société comme terreau

Aborder le contexte propice à l'anxiété, jumelé aux effets négatifs des réseaux sociaux, comme éléments clés d'explication va de soi, mais il m'apparaît aussi incontournable de prendre encore plus de recul afin d'avoir une perspective sur la société dans son ensemble. L'idée n'est pas de déresponsabiliser l'individu, mais de situer son comportement, sa philosophie, ses mœurs et ses valeurs dans un contexte global qui permet également de mettre en lumière des clés indispensables pour comprendre ce qui se passe.

L'individualisme a été identifié comme un facteur déterminant pour illustrer ce réflexe de repli sur soi, de méfiance, de fermeture aux idées qui déplaisent. Mais, aussi, et ce sera le premier thème abordé, la perte de sens et d'identité qui découle de la sécularisation de la société. Dieu quitte nos maisons, c'est la religion de la consommation qui prend sa place.

La religion, la foi et le vide

Quand Karl Marx parlait de la religion comme « l'opium du peuple », il ne disait pas qu'il s'agissait d'une drogue dont on ne pouvait se passer, mais plutôt d'une fausse consolation qui procure un bonheur illusoire au peuple « accablé par le malheur »[427]. Au Québec, ce peuple accablé s'est à tout le moins fort longtemps accommodé de la présence de la religion dans toutes les sphères de sa vie. En effet, jusqu'à la Révolution tranquille, Monsieur le Curé pouvait se mêler d'éducation, de politique, de culture, de

[427] Marx, Karl. « Contribution à la critique de la philosophie du droit de Hegel », Éditions Allia, Paris, 2018, p.8.

musique, d'alimentation, du code vestimentaire, des mœurs de ses fidèles, incluant ce qu'il advient des couples, du sexe (éternelle fixation religieuse) et de ce qu'ils ont comme pensées, pures et impures, au moment du coucher. En somme, l'Église dictait le pas des paroissiens, du berceau jusqu'au tombeau. Et même au-delà. Oui, Dieu était partout.

Un véritable *dictateur céleste*, résumait l'extraordinaire Christopher Hitchens, regretté journaliste et intellectuel à qui on doit le fameux brûlot « God is Not Great » (Dieu n'est pas grand).

Heureusement, les choses ont bien changé. La religion a perdu sa poigne de fer au Québec et en Occident, les églises se sont vidées de leurs fidèles, l'Esprit saint a laissé sa place à l'esprit des Lumières, les moutons ont tourné le dos à leurs bergers. Dieu est mort. Ou du moins, il a été déposé.

Tant mieux, dirons-nous. Mais, quand Dieu quitte les maisons, qui peut bien combler le vide?

À bien des égards, l'être humain semble programmé pour suivre un meneur, histoire d'assurer sa survie. Et pour rester en vie, comme nous le disions précédemment, le mieux est de savoir ce qui se passe, de comprendre pourquoi les choses se produisent ainsi afin de pouvoir s'ajuster, prévoir, prévenir et continuer de vivre. Alors, l'humain *a besoin* de s'expliquer les choses, son cerveau ne peut s'empêcher d'y penser. Il fait des liens, il cherche des causes. Or, jusqu'à ce que la religion périclite, Dieu fournissait les réponses toutes faites. Il avait réponse à tout, il savait tout, il avait tout organisé, tout prévu. Ça pouvait être grandement rassurant.

Dieu n'est plus, les repères sont morts avec lui. Qui peut servir de guide à présent? Qui peut donner un sens à nos vies, à l'univers, à ce que nous faisons au quotidien? Pendant des siècles et des siècles, Dieu veillait sur nous, il nous grondait quand nous étions vilains, il donnait un sens à notre existence, il organisait nos communautés, il donnait des noms à nos villages, il faisait l'Histoire, il nous protégeait du Mal, amen.

Or, avec le vide laissé par la religion, l'humain continue de chercher des explications, il cherche un sens, un nouveau guide. Parfois, il se tourne vers l'astrologie, le Nouvel Âge, un gourou, quelque forme de mysticisme que ce soit parce que la pensée magique a ceci de fantastique et de réconfortant : elle est magique.

Dans son ouvrage « Conjectures et réfutations », l'épistémologue Karl Popper considère d'ailleurs le conspirationnisme comme une forme de superstition. Faisant un rapprochement entre les deux, Popper considère que l'explication des phénomènes sociaux par l'action de groupes secrets est « un produit caractéristique du processus de laïcisation des superstitions religieuses. On ne croit plus aux machinations des divinités homériques, auxquelles on imputait les péripéties de la Guerre de Troie. Mais ce sont les Sages de Sion, les monopoles, les capitalistes ou les impérialistes qui ont pris la place des dieux de l'Olympe homérique »[428].

> « La superstition reflète un sentiment d'impuissance à maîtriser les événements : ceux-ci échappent au contrôle et relèvent de causes sur lesquelles les individus n'ont pas prise. C'est pourquoi la superstition est particulièrement prégnante dans les groupes sociaux soumis à des risques naturels (paysans, marins) ou artificiels (soldats en temps de guerre, hauts et bas du succès chez les artistes et les hommes politiques).
>
> Comme il n'est pas satisfaisant pour l'esprit humain d'expliquer les choses par le hasard ou par des causalités complexes, les notions de chance et de malchance apportent une réponse simple et acceptable.
>
> C'est sur ce sentiment que prospèrent la superstition et le conspirationnisme. Le conspirationnisme est aux événements historiques ce que la superstition est à la vie quotidienne : un

[428] https://www-cairn-info.acces.bibl.ulaval.ca/revue-diogene-2015-1-page-107.html

abandon du libre arbitre au profit de forces occultes qui nous manipulent et nous dépassent. Les théories du complot, comme la superstition, offrent des explications simples en désignant des causes uniques extérieures à nous et en nous exonérant de nos responsabilités. »[429]

C'est ce qui faisait dire à l'écrivain et vulgarisateur scientifique, Isaac Asimov, que « L'humanité n'est pas rationnelle. [...] En ce moment même, une fois de plus, ils parlent d'une vague de mysticisme qui s'empare des États-Unis. De plus en plus de gens s'intéressent à l'astrologie, au Nouvel Âge, à divers non-sens de ce genre. Je ne pense pas qu'il y ait une nouvelle recrudescence de ce genre de choses. Je pense que c'est là depuis toujours. Les gens n'ont jamais cessé de croire en tout ce qui n'a pas de sens. »[430]

Rationnel ou pas, le besoin de croire existe bel et bien pour plusieurs. Mais, il n'y a pas que l'aspect personnel et spirituel des choses qui interpellent les sociétés ici. Il y a aussi un élément fondamental culturel et identitaire qui passe notamment par la religion. Et chez nous, c'est particulièrement vrai.

Au Québec, on vit une relation « d'amour-haine » avec la religion catholique qui occupe, quoi qu'on en pense, une place fondamentale dans son histoire. Elle est au cœur de son identité culturelle et nationale, ingrédient incontournable de la genèse et de l'évolution de cette « société distincte ». Les Québécois n'ont cependant pas évité la sécularisation accélérée qui s'est imposée à partir de la Révolution tranquille.

En revanche, un phénomène tout à fait particulier s'est alors observé jusqu'aux années 2000 : les Québécois ont considérablement réduit la pratique religieuse, *tout en maintenant* une forte identité catholique et en participant toujours en majorité à divers rituels de passage encadrés par le catholicisme (baptême, funérailles). « Tout se passe comme si la religion, malgré une

[429] Ibid.
[430] https://www.youtube.com/watch?v=VSxMZBp-2Zs

certaine sécularisation et une subjectivation du croire, conservait une signification identitaire presque nationale »[431].

Statistiquement, les chiffres témoignent avec éloquence de ce paradoxe : « en 1965, 80 % des catholiques québécois disaient se rendre à la messe dominicale. En 1998, ils ne sont plus que 18,7 % à s'y rendre chaque semaine, montrant une baisse de 76,6 % en l'espace d'un peu plus de trente ans ».

Or, si la pratique religieuse hebdomadaire chute de plus de 75 % en trente ans, « on constate une baisse d'à peine 0,5 % de l'appartenance déclarée au catholicisme pour la même période. Chez les Québécois parlant français à la maison, les taux d'appartenance atteignent même 91,9 % en 2001 ».

Que s'est-il passé? Pourquoi a-t-on délaissé la pratique et les mariages, mais longtemps conservé les baptêmes et l'appartenance?

Cela s'expliquerait notamment par le fait que la pratique religieuse et le mariage évoqueraient la *contrainte institutionnelle*. Elle se réfère aux devoirs, au respect de l'autorité, aux prescriptions et proscriptions en matière de mœurs sexuelles, de rapports de genre et de liberté individuelle.

Bref, on ne veut plus de contraintes. Mais, on tient à son identité. C'est que « l'Église catholique post-Révolution tranquille a représenté l'un des rares lieux d'appartenance où ont cohabité momentanément plusieurs générations, et où chaque individu a semblé en mesure de ressaisir son histoire de vie, dans un horizon donnant sens à une naissance, à une union ou à une mort. Ce catholicisme culturel constituerait l'une des dernières fonctions sociales perceptibles de l'Église catholique au Québec ».

[431] Meunier, É.-M. & Wilkins-Laflamme, S. (2011). Sécularisation, catholicisme et transformation du régime de religiosité au Québec. Étude comparative avec le catholicisme au Canada (1968-2007). Recherches sociographiques, 52 (3), 683–729. https://doi.org/10.7202/1007655ar

Il y a donc une importante notion de *mémoire collective*, de tradition nationale qui expliquent cet attachement qui perdure. C'est en fait plutôt à partir du début du 21e siècle que l'on constate un « fléchissement significatif de ce qui constituait hier les traits de la religion culturelle au Québec ».

> « La pratique religieuse hebdomadaire atteint des minima records en 2006 avec des taux de 5,8 % et 4,3 %, pour les membres de la génération X (nés entre 1966 et 1975) et de la génération Y (nés entre 1976 et 1990) respectivement. Mais surtout, l'appartenance au catholicisme en 2006 chute rapidement à 74,4 % chez les membres de la génération X, et à 68,6 % chez ceux de la génération Y, comparativement à 84,7 % chez les babyboomers et à 89,9 % chez les pré-babyboomers. »[432]

Les statistiques montrent ainsi une *accélération* de la sécularisation qui semble pratiquement sonner la fin du « catholicisme culturel », tel qu'il avait survécu après la Révolution tranquille. On l'explique notamment par la déconfessionnalisation des commissions scolaires au Québec et les modifications apportées au cursus scolaire qui a évacué ce lien jadis automatique entre l'école et les cours d'enseignement religieux. Ainsi, les jeunes, surtout, sont de moins en moins socialisés aux préceptes du catholicisme. Avec le temps, l'attachement disparaît.

Il y a dans une partie du discours complotiste québécois cette référence religieuse aux racines catholiques nationales. On le voit bien, cette impression d'un « tapis » qui glisse sous les pieds des Québécois identitaires n'est pas infondée : la sécularisation est un fait indéniable et inexorable. Cette perte effective de repères culturels traditionnels trouve écho dans le discours complotiste qui se nourrit de nostalgie, d'impression que le monde cherche à « détruire ce que nous sommes », contribuant d'autant à la hausse de l'anxiété et la perte de confiance de ces individus pour lesquels ces repères étaient importants. Et cette méfiance se tourne

---

[432] Ibid.

essentiellement vers le pouvoir qui, parce qu'il ne « freine pas » ces changements, se montre « complice » de cet impact délétère sur l'identité nationale. « L'État est contre nous », en somme.

Ils ne sont pas les seuls à s'interroger sur les effets de la sécularisation sur l'identité québécoise. Dans l'étude de Meunier et Wilkins-Laflamme, qui a servi de base à ce segment, on s'intéresse particulièrement au lien entre culture catholique et identité canadienne-française et nation québécoise. D'ailleurs, la question est tout à fait actuelle et pertinente.

> « Le processus d'exculturation représente d'une certaine manière une dernière phase de cette déliaison entre religion, culture et identité, et c'est peut-être la représentation même de la nation québécoise et de son lien avec le reste du Canada qui s'en verrait ici transformée et ainsi reconfigurée en une entité encore inédite. Or, sans religion historique structurant l'imaginaire collectif, le Québec pourra-t-il toujours maintenir l'idéal de sa nation ? Autrement dit, la transformation de son régime de religiosité, de culturel à pluraliste, le mènera-t-elle inexorablement vers une « canadianisation » de ses références sociales et politiques ? »[433]

Alors, pour les complotistes, la lutte pour la survie de l'identité prend tout son sens. On peut certes critiquer leur interprétation de l'histoire et les théories échafaudées pour l'expliquer, mais on ne peut certainement pas s'étonner de l'utilisation de cette réalité sociale pour justifier leur combat. Cette perte de sens n'est pas un mirage.

L'individualisme de l'*Homo consumericus*

Si nous avons tous en nous, à divers degrés, cette pensée intuitive et naïve qui nous fait croire à quelque faux récit, intéressés que nous sommes à s'imaginer avoir « découvert une vérité », de l'avis

[433] Ibid.

du chercheur en psychologie sociale, Pascal Wagner-Egger, ce mécanisme est favorisé de nos jours, dans une société individualiste, moins normée par des récits collectifs structurellement ancrés (idéologies politiques, religions...). « Les complots viennent combler la place, ils créent une croyance passionnelle, de manière presque religieuse. Tout est réécrit, réinterprété par la théorie du complot. »[434]

Au Québec, tout particulièrement, la perte d'emprise de la religion, remplacée par des syncrétismes et des croyances à la carte très personnalisées, a provoqué une perte de sens collectif que l'individu voudra combler pour lui-même, par lui-même, en magasinant notamment sur Internet, où les réseaux sociaux constituent de véritables caisses de résonance de ces vendeurs de sens ambulants.

Pour l'essayiste Gilles Lipovetsky, ce n'est que l'aboutissement — ou la continuité — d'un long processus d'individualisation qui se met en place depuis l'après-guerre. On veut « l'arracher de l'ordre disciplinaire-révolutionnaire-conventionnel qui prévalait jusque-là. C'est notamment par la rupture des valeurs, des buts et des significations (psyché) des individus que s'effectue la fracture de socialisation disciplinaire des années 50. Cette rupture permet ainsi l'agencement d'une société flexible, fondée sur l'information et sur la stimulation des besoins individuels. Ainsi, le procès de personnalisation opère une nouvelle manière d'organiser, d'orienter et de gérer la société, non plus par le rigorisme de l'ordre disciplinaire, mais bien avec le moins de contraintes et le plus de liberté individuelle possible ».[435]

Pas d'ordre, pas d'ambitions collectives, l'individu doit avoir les coudées franches pour combler ses besoins, ses désirs. Pour Lipovetsky, c'est la « civilisation du désir » d'où émerge une nouvelle modernité : le capitalisme de consommation qui a pris la relève des économies de production. C'est l'économie qui s'appuie, largement, sur la consommation, qui en dépend, au point

[434] https://www.numerama.com/politique/638659-pourquoi-les-theories-du-complot-ciblent-elles-les-masques.html
[435] https://corpus.ulaval.ca/jspui/bitstream/20.500.11794/35464/1/34721.pdf

de devenir une société « d'hyperconsommation ». Dans cette économie, la structure est simple : il y a l'actionnaire d'un côté et le consommateur de l'autre. « Le roi boursier et le client roi »[436], dit-il. Le premier veut du rendement, alors il faut que le second y participe. C'est « l'économie de l'acheteur », encore plus triomphante avec l'achat en ligne que l'empire d'Amazon facilite et encourage, en dépit des effets sur les économies locales. La civilisation consumériste se distingue par la place centrale qu'occupent les visées du bien-être et la recherche d'une vie meilleure pour soi-même et les siens.

Ce n'est donc pas un projet de société, c'est une société qui a l'individu pour projet. L'abondance est la condition nécessaire et suffisante du bonheur de l'humanité. C'est l'hyperindividualisme, le règne de l'*Homo consumericus*, une espèce de turboconsommateur décalé, mobile, flexible, largement affranchi des anciennes cultures de classe, qui plonge volontiers dans la consommation émotionnelle, celle que fait vivre « l'expérience client ».

Pendant ce temps se creusent les inégalités où on trouve, d'un côté des riches fortunés comme jamais dans l'histoire, et des pauvres de l'autre que l'on invite à consommer pour s'offrir « du bonheur », alors que l'on négocie les compressions dans les pensions, les conditions, les salaires, pour favoriser la « concurrence » et survivre dans l'économie de marché mondialisée.

Ces inégalités créent, évidemment, des frustrations et sont un des facteurs justifiant le recours à des explications (même sottes) donnant un sens (même insensé) au monde dans lequel on vit. « Pourquoi n'ai-je pas droit, moi aussi, au bonheur? Parce qu'il y a un complot contre moi, contre les gens comme moi ».

Sebastian Dieguez souligne que des auteurs mettent en avant des facteurs sociopolitiques comme le creusement des inégalités, la

---

[436] Lipovetsky, Gilles. « Le bonheur paradoxal », Les Éditions Gallimard, 2006.

crise de confiance vis-à-vis des institutions, la perte du capital social et économique d'une grande partie de la population, lesquels conduisent « à l'émergence de tribalismes identitaires de plus en plus extrêmes qui fracturent la société et obstruent la libre circulation des informations et des idées »[437]. La crise de confiance pousse l'individu à trouver une source qui saura lui expliquer pourquoi, confirmer ses impressions d'injustices commises à son endroit.

Certes, les inégalités économiques et sociales sont connues, admises et documentées. L'économiste britannique Anthony Atkinson a écrit à ce sujet, le très influent économiste américain Joseph Stiglitz également, et l'économiste français Thomas Piketty est devenu une star planétaire avec son livre portant sur le capital au 21e siècle et les inégalités qu'il abrite. Ces inégalités sont autant d'arguments pour les conspirationnistes qui peuvent identifier, dans certains cas, des responsables des malheurs, de leurs malheurs. L'américain Bill Gates, par exemple, est sans contredit le coupable favori des théoriciens du complot et de leurs fidèles. Gates est responsable de leurs difficultés et il projette, avec ses complices, de prendre le contrôle des populations afin de boucler la boucle de son œuvre, grâce à la puce et le vaccin.

Le citoyen, libre, cessera d'exister et laissera sa place à un consommateur docile et obéissant. Et depuis longtemps, on caresse ce projet.

Former des consommateurs

À une époque où la croissance économique se résumait à produire toujours plus, l'économiste américain Gary Becker (1930-2014), pourtant de tendance conservatrice, avait songé à ce que nulle autre n'avait fait avant lui dans son pays (ou du moins formulé de cette manière) : il avait vu un intérêt à investir dans le *capital humain*.

[437] Dieguez, Sebastian. « Total Bullshit! : au cœur de la post-vérité », Presses universitaires de France, 2018, p.316.

L'expression – capital humain – elle-même déshumanise ce que nous sommes pour réduire l'individu à un *facteur de production*, mais au début des années 1960, c'était tout de même un progrès : un esprit humain bien formé, compétent et qualifié, c'est un investissement qui rapporte. Il avait compris qu'une personne éduquée, c'est payant pour la société, à plusieurs égards. Becker a donc fait comprendre que le capital humain devait aussi être l'objet d'investissements, au même titre que le capital physique (immeubles, matériel) ou financier.

De fait, nous dit Becker, en général, une meilleure formation permet d'accéder à un emploi mieux rémunéré. C'est donc plus d'argent à dépenser, à injecter dans la roue de l'économie. Puis, un meilleur emploi, c'est aussi de meilleures conditions, une meilleure qualité de vie, ce qui donne, au bout du compte, une meilleure espérance de vie et une existence (généralement) plus épanouie. Et, de nos jours, dans un monde de plus en plus mondialisé, où les travailleurs affectés aux tâches plus répétitives ou moins complexes sont souvent difficiles à concurrencer (c'est l'avantage de bafouer les droits humains : on peut mieux exploiter les travailleurs), il reste aux sociétés qui veulent survivre à miser sur le savoir.

Tout cela semble parfait. Trop parfait pour un affairiste au flair aiguisé.

Car, s'ils admettent la nécessité d'investir dans le capital humain, les stratèges capitalistes veulent en revanche créer une adéquation parfaite entre *formation* et *besoins des entreprises. On ne va pas investir pour former des foutus philosophes, quand même !*

Hé bin, oui. Il faudrait.

Alors, nos investisseurs veulent former des travailleurs, pas des penseurs. Des travailleurs qualifiés, obéissants, qui correspondent aux besoins du *marché*. Que la formation produise effectivement des travailleurs dont les entreprises et organisations ont besoin, il n'y a rien de mal à ça. C'est un excellent moyen d'éviter le chômage. Par contre, ça n'est pas une raison pour transformer l'école en manufacture à main-d'œuvre.

C'est en tout cas l'avis du sociologue Antoine Baby qui estime au contraire que puisque l'instabilité et la précarité caractériseront de plus en plus le monde du travail, que les emplois disparaîtront de plus en plus vite, que la flexibilité extrême s'imposera toujours plus, qu'il faudra sans cesse se renouveler, il peut paraître totalement futile de tout miser sur une formation précise qui sera rapidement caduque.

> « À quoi sert donc maintenant de tout exiger de l'école en matière de formation professionnelle initiale ? À quoi sert donc maintenant de resserrer les liens entre l'école et l'entreprise dans un contexte aussi imprévisible et évanescent en matière de qualifications requises ? Uniquement à faire former par l'école et à coût nul une main-d'oeuvre rentable à court terme, mais qui sera aussi de ce fait captive, rapidement obsolète, difficilement recyclable et encore plus difficilement reconvertible. [...]
>
> Conséquemment, le plus sale tour que l'école peut jouer aux jeunes d'aujourd'hui à ce niveau est de se soumettre aux diktats de l'entreprise et de les enfermer dans une formation pointue qui risque de tomber en désuétude rapidement, ce qui est pourtant ce que l'entreprise demande de manière incessante. »[438]

Cette philosophie économique (l'école qui répond aux besoins du marché) est sans doute efficace pour créer des consommateurs qui auront hâte d'acheter des trucs leur donnant l'impression de profiter de la vie, mais elle est surtout redoutable en ce qu'elle produit des travailleurs qui savent critiquer, mais qui ignorent pourquoi et, surtout, *comment*. L'humoriste américain George Carlin avait le don pour illustrer d'un trait de génie les travers humains et les vices de nos sociétés. À propos des travailleurs qui

[438] https://www.ledevoir.com/opinion/idees/507678/main-basse-sur-l-ecole

répondent aux besoins du marché, il disait que cela s'expliquait par la piètre qualité de l'éducation. Et il prévenait son public : n'allez surtout pas croire que le gouvernement voudra améliorer les choses! Car, ce n'est pas ce que veulent les *vrais propriétaires* de ce pays, à savoir les grandes et richissimes entreprises :

> « Vous savez ce qu'ils veulent ? Ils veulent des travailleurs obéissants. Des travailleurs obéissants, des gens qui sont juste assez intelligents pour faire fonctionner les machines et faire la paperasse. Et juste assez stupides pour accepter passivement tous ces emplois de plus en plus merdiques avec les salaires les plus bas, les heures de travail les plus longues, les avantages sociaux les plus réduits, la fin des heures supplémentaires et la disparition de la pension qui disparaît à la minute où vous allez la toucher. »[439]

Le covidiot, dans tout ça? Il est comme les autres : il nait et grandit dans un monde où l'école forme des travailleurs plutôt que des gens capables de penser, il passe sa vie à essayer de gagner son pain dans un système inégalitaire qui crée beaucoup de laissés-pour-compte, laissant aux charlatans suffisamment de quoi faire miroiter un monde meilleur à leurs victimes. Le covidiot, comme les autres, n'a pas forcément tous les outils en mains pour se prémunir contre les charges répétées du capitalisme qui aimerait bien le voir adorer les divinités qu'il lui a confectionnées : les objets, le matériel, le luxe, le plaisir passager.

Alors, pour lui en mettre plein la vue et détourner son attention des vrais enjeux, on détricote les mailles de ce qui lui permet de se construire un intellect capable de contester avec pertinence le monde qui l'entoure. On valorise plutôt l'opinion-minute à propos de tout et de rien, l'émotion qui prime sur la raison. Bref, l'individualisme prône de penser d'abord et surtout à soi, mais en faisant comme tous les autres : en achetant, en consommant. On veut des consommateurs, impulsifs, émotifs, qui vont réagir dès qu'on leur fait signe.

---

[439] https://www.azquotes.com/quote/661032

Dans son excellent ouvrage, Sebastian Dieguez résume parfaitement les effets du capitalisme, de l'individualisme et tous les mots en « isme » qui conduisent l'humain à perdre la raison au profit du vide, le conduisant vers le triomphe du bullshit, du mensonge, du complot, du délire.

> « L'ascendant de l'image, de l'opinion, du spectacle et des émotions sur le simple examen objectif des faits a été noté de longue date. On a pu pointer du doigt les rapports entre néolibéralisme, ou plus généralement le capitalisme, et le triomphe du bullshit, notamment par une exacerbation des profits à court terme, l'omniprésence de la « com » et de la publicité, l'accélération des échanges et la prolifération des informations, l'homogénéisation des cultures et l'effacement des marqueurs sociaux, la nécessité de dissimuler ou de minimiser les imperfections et les problèmes de ce système, la mise en avant d'un pragmatisme forcené au détriment de l'éducation et de l'humanisme, qui ensemble ou isolément promeuvent un certain relâchement quant à la recherche sincère et désintéressée de la vérité, en particulier au niveau politique.
>
> Qu'en retour, le triomphe du vide et de l'esbroufe suscite une certaine apathie, du cynisme, et des réflexes de rejet et de suspicion vis-à-vis du pouvoir, du système, des institutions, des élites, et des « autres » en général, par exemple sous la forme de la colère, de la crédulité, du désintérêt ou de théories du complot, paraît également tout à fait plausible. De fait, [Harry] Frankfurt avait noté qu'une conception individualiste de la démocratie et de la liberté d'opinion, perçue comme la nécessité immédiate d'avoir un avis sur tout et la nécessité pour chacun de « se vendre », pouvait bien être à l'origine du succès du bullshit dans nos sociétés. »[440]

[440] Dieguez, Sebastian. « Total Bullshit! : au cœur de la post-vérité », Presses universitaires de France, 2018, p.310.

Cons, quand même?

Et puis, au terme de l'analyse des causes, il faut néanmoins ne pas écarter l'idiot, le con en chair et en os, qui reste une option pour expliquer une partie du comportement délinquant des covidiots.

Oui, il y a des cons, tout court, des gens qui, même si l'on cherche de midi à quatorze heures, semblent ne pas disposer de la même matière grise que les autres, entre les deux oreilles. On ne peut nier l'évidence : il y en a chez qui ça ne tourne pas rond. Il y en a qui, visiblement, ne disposent pas des mêmes capacités morales ou intellectuelles que les autres.

Bref, ils sont cons.

Et lorsqu'ils se nourrissent de complots, ils deviennent certes lourds et épuisants, mais on devrait se montrer philosophe à cet égard. Les complotistes covidiots, c'est comme les acariens : qu'on le veuille ou non, ils cohabitent avec nous.

Le con et la connerie sont, le croirez-vous, un sujet « sérieux » étudié « sérieusement » par bien des intellectuels, chercheurs et philosophes qui affectionnent, conclurait-on, les causes perdues.

Parmi ceux-ci, le philosophe français et expert de Spinoza, Maxime Rovere, s'est permis d'écrire tout un livre sur ce thème. L'ouvrage, qui s'intitule *Que faire des cons?*, veille d'abord à nous décevoir : il n'y a pas de définition claire et consensuelle du « con ». D'abord, parce que nous sommes tous le con de quelqu'un et puis parce que les critères qui permettent de trancher clairement la question *con ou pas con* diffèrent d'un observateur à l'autre.

Nous pourrons néanmoins progresser sur le sentier de la connerie avec confiance puisque, à moins d'être con soi-même à un degré qui frôle la camisole, plusieurs spécimens mis en valeur pendant la pandémie peuvent sans hésiter porter l'étiquette peu flatteuse. Planifier une manifestation au Stade olympique pour s'opposer au vaccin contre la COVID-19, c'est vraiment con. Organiser une danse de groupe, sans masque, dans un centre commercial, c'est aussi particulièrement con. Bloquer le tunnel Hyppolite-Lafontaine pour empêcher la circulation d'avancer, en signe de protestation... oui, c'est vraiment, vraiment con. Comparer les mesures sanitaires à de la dictature digne de la Corée du Nord, c'est con ou est-ce de l'ignorance crasse?

C'est vous qui voyez[441].

Chose certaine, Rovere constate, comme nous tous, que les cons, ça use. C'est extrêmement énergivore et éprouvant pour la santé mentale d'une personne saine. « Les cons ne nous laissent pas tranquilles, et ils accablent particulièrement ceux qui voudraient vivre loin d'eux »[442], écrit-il. C'est d'autant plus difficile de les supporter lorsqu'il s'agit d'essayer de les convaincre de ce qu'ils n'arrivent pas à voir ou à comprendre. Argumenter? Expliquer?

La belle affaire!

C'est plutôt le con qui vous entraîne, croit Maxime Rovere. « L'une des principales caractéristiques de la connerie [...] est qu'elle absorbe en quelque sorte votre capacité d'analyse et, par une étrange propriété, vous contraint toujours à parler sa langue, à entrer dans son jeu, bref, à vous retrouver sur son terrain. [...] Toujours, donc, dans une vigoureuse opposition à vos efforts, ils voudront noyer vos arguments dans des ratiocinations sans fin, étouffer votre bienveillance par les menaces, votre douceur par des violences, et l'intérêt commun dans un aveuglement qui sape les bases mêmes de leur propre intérêt individuel [...] Pour résumer la permanence insurmontable de cette force, on conviendra donc de ceci : *les cons s'obstinent* » [443].

[441] Faut-il rappeler qu'en dictature, les gens n'ont pas le loisir de critiquer ouvertement le pouvoir en place, à la télé, à la radio ou sur les réseaux sociaux? Donc, si vous pouvez prononcer ces mots sans vous faire enfermer, c'est que vous n'êtes PAS sous le joug d'un régime dictatorial. Vous êtes plutôt dans une société qui permet aux cons de s'exprimer sans entrave.
[442] ROVERE, Maxime, *Que faire des cons?*, Flammarion, 2019, p.22.
[443] Ibid, p.10 et 12.

Et même, sur le fond, il lui apparaît inutile de tenter le discours moralisant, le sermon, car « la grande difficulté que rencontre le discours moralisant lorsqu'il est adressé à un con, n'importe lequel, est qu'il présuppose une base minimale commune, à partir de laquelle on pourrait discuter pour évaluer ensemble nos comportements. Mais contrairement aux enfants et plus généralement à ceux qui nous sont liés par des rapports d'affection, les cons n'ont aucune raison ni d'accepter votre système de valeurs ni de faire l'effort consistant à le comprendre pour le remettre en cause. Face à quelqu'un qui refuse jusqu'à l'idée d'établir des règles ensemble, il devient impossible de s'entendre, ce qui plonge tout le monde dans la situation de la plus grande impuissance »[444].

On ne dispose même pas de la base minimale pour que la conversation puisse nous mener où que ce soit, explique Rovere, car l'autorité morale reste entièrement hypothétique : il n'y a pas de confiance entre les interlocuteurs. Il y a un conflit d'autorité qui devient un conflit d'interprétation. Ça ne sert donc à rien de discuter.

À ceux qui voudraient, malgré tout, naïvement, inverser le cours des choses et réussir l'impossible, le philosophe Rovere, comme bien d'autres, n'y voit aucune issue. C'est dur d'arrêter les gens d'être cons, « parce que la connerie se propage mieux, les cons se multiplient »[445]. D'ailleurs, sans savoir précisément si cela a été dit comme tel, on prête au général de Gaulle la réplique suivante[446] à l'inscription « mort aux cons! », visible sur une Jeep : « vaste programme! »

Pour pouvoir corriger les choses, il faudrait pouvoir inverser cet incontournable paradoxe : il faudrait avoir de l'intelligence pour se rendre compte de son absence. Pour reprendre librement Descartes dans le *discours de la méthode*, l'humoriste Coluche aurait dit que « l'intelligence, c'est la chose la mieux répartie chez les hommes parce que, quoi qu'il en soit pourvu, il a toujours

---

[444] Ibid, p.87.

[445] Ibid, p.171.

[446] https://fr.wikipedia.org/wiki/Mort_aux_cons#:~:text=Elle%20fut%20la%20premi%C3%A8re%20%C3%A0,%2C%20proposant%20d'autres%20contextes.

l'impression d'en avoir assez, vu que c'est avec ça qu'il juge ». Ou comme le résumera très justement l'humoriste britannique John Cleese, s'appuyant sur l'effet Dunning-Kruger : « il faut de l'intelligence pour se rendre compte qu'on est intelligent. En revanche, il manque à l'idiot l'intelligence pour se rendre compte qu'il est bête… puisqu'il est idiot »[447].

C'est exactement ce que croit Maxime Rovere qui écrit : « L'intelligence des choses et la connerie sont par définition en proportion inverse : on ne commence à comprendre que dans la mesure où l'on cesse d'être con »[448]. C'est pourquoi, il conclut qu'il est « structurellement impossible de se réconcilier avec les cons, car ils ne le souhaitent pas eux-mêmes : il nous faudra décidément apprendre à *faire avec* »[449].

Bref, faites-vous à l'idée. Des cons, il y en aura toujours. Et rien ne changera. C'est Brassens qui l'a chanté : *le temps ne fait rien à l'affaire. Quand on est con, on est con.*

---

[447] Traduction libre de ce qu'on trouve ici : http://www.openculture.com/2014/12/john-cleese-on-stupidity-and-a-cornell-study.html

[448] ROVERE, Maxime, *Que faire des cons?*, Flammarion, 2019, p.7.

[449] Ibid, p.13.

Chapitre quatre
Que faire, bordel?

« *Sapere aude !* » (Ose savoir !)

– Horace

Ne pas abandonner le terrain

« Entrons-nous dans un âge d'or de la théorie du complot ? », demandent les chercheurs britanniques Daniel et Jason Freeman, comme le faisait le journal Le Soleil que je citais en introduction du premier chapitre. Cette situation comporte des risques nombreux et importants, estiment-ils.

> « Un peu de scepticisme est prudent, c'est sûr. Accepter allègrement ce qu'on nous dit est clairement imprudent. L'information peut être peu fiable ; il arrive que des dissimulations se produisent. Mais si nous écartons tout ce que nous entendons dans les médias, si nous supposons que les scientifiques et les universitaires ne sont pas dignes de confiance, nous nous exposons à la manipulation, à la désinformation et aux rumeurs. Cela nous amène à nous demander : entrons-nous dans un âge d'or de la théorie du complot ?
>
> Le résultat de ce processus pourrait être une théorie de conspiration. À court terme, c'est une croyance qui apporte des avantages - au lieu de l'anxiété et de l'incertitude, nous sommes apaisés par ce qui ressemble à de la connaissance. Notre estime de soi meurtrie est renforcée par le sentiment que nous faisons partie de la petite minorité qui sait vraiment ce qui se passe. Et grâce à l'Internet, nous sommes en mesure de nous connecter avec ces âmes qui partagent les mêmes idées : tout

à coup, nous pouvons avoir le sentiment de faire partie d'une communauté. »[450]

Âge d'or? En tout cas, les succès du conspirationnisme se mesurent et se constatent. Par exemple, un documentaire complotiste intitulé « Hold-up » a fait fureur sur Internet pour son discours s'attaquant à la gestion de la pandémie de coronavirus. Le film de trois heures, devenu un phénomène en France avec 2,5 millions de visionnements dans la première semaine seulement, prétend révéler les mensonges des gouvernements et le complot mondial visant à contrôler les populations. L'actrice Sophie Marceau fait notamment partie de ceux qui ont soutenu le film en publiant l'affiche sur son compte Instagram[451]. Le documentaire, à la fois bien réalisé et habilement scénarisé pour manipuler le spectateur, s'avère efficace.

> « Pour convaincre, « Hold-Up » utilise la technique bien connue du mille-feuille argumentatif. Dans la rhétorique complotiste, il s'agit d'empiler des arguments pour donner l'impression d'un ensemble cohérent, sans laisser le temps à son interlocuteur de réfléchir.
>
> L'une des forces du documentaire est également d'agréger différentes théories du complot : masques inutiles, efficacité prouvée de l'hydroxychloroquine, liens avec la 5G, gouvernement mondial pour asservir les peuples…
>
> « C'est un pot-pourri dans lequel chacun peut se retrouver, sur les masques, la 5G, les vaccins, le gouvernement mondial, inutile d'être à 100 % d'accord avec tout cela. Un spectateur pourra être séduit par l'une ou l'autre de ses approches », assure Sylvain Delouvée, chercheur en psychologie sociale à l'université de Rennes 2. »[452]

---

[450] https://www.theguardian.com/science/blog/2017/mar/28/are-we-entering-a-golden-age-of-the-conspiracy-theory

[451] https://www.francetvinfo.fr/culture/cinema/documentaires/sophie-marceau-cree-la-polemique-en-soutenant-hold-up-un-documentaire-sur-la-covid-19-juge-complotiste_4178573.html

[452] https://www.france24.com/fr/france/20201117-covid-19-et-th%C3%A9ories-du-complot-comment-expliquer-le-succ%C3%A8s-du-documentaire-hold-up

La popularité et le propos du film ont attiré l'attention internationale, suscitant de nombreuses critiques à l'endroit du documentaire, questionnant au passage, comme l'a fait le député français Mounir Mahjoubi, la responsabilité des plateformes qui diffusent et font la promotion d'un documentaire pouvant pousser les gens à mettre la vie des autres en danger.

Mais, alors, comment réagir ? Faut-il réagir? Faut-il éviter d'en parler pour ne pas faire de publicité au documentaire? Faut-il en parler pour le dénoncer coûte que coûte?

Le dilemme est sérieux.

Chose certaine, cela oblige à être très précis, cohérent et pédagogue dans la réplique. Pour le chercheur Sylvain Delouvée, il n'est pas question d'abandonner le terrain et de laisser dire n'importe quoi. « Il faut continuer à argumenter et mettre les complotistes face à leurs contradictions », insiste-t-il.

Accepter la complexité

Continuer à argumenter et occuper le terrain? D'accord. Mais ça n'est pas si simple.

D'abord, certains sont d'avis qu'il faudrait commencer par ranger le terme « covidiot » au placard ou, au moins, à l'employer avec plus de justesse. Certes, on admet qu'il peut agir comme un défouloir efficace en réaction aux (trop) nombreuses situations frustrantes, mais est-ce qu'il permet une saine réflexion collective?

Pour le professeur au département de français de l'Université d'Ottawa et ancien journaliste, Bertrand Labasse, sans le trouver scandaleux, il reconnaît en revanche que « c'est un terme qui est réducteur, qui vise un groupe de personne qui n'est pas homogène du tout »[453].

[453] https://www.24heures.ca/2020/11/11/covidiot-un-mot-qui-divise

Même constat pour Marc-François Bernier, également ancien journaliste et professeur au département de communication de l'Université d'Ottawa. Il ne condamne pas l'utilisation du terme, mais estime qu'il crée une division. « La dernière chose à faire c'est d'insulter et de mépriser [les groupes visés] parce que ça ferme la communication et ça fait des dialogues de sourds »[454], souligne-t-il.

À raison, le chercheur universitaire estime que la COVID-19 est complexe et mérite qu'on fasse preuve de nuance, surtout sachant la charge émotive qui accompagne le sujet. « Il y a des gens qui ne se sentent pas nécessairement dans la même mouvance que les complotistes et les conspirationnistes qui font juste se servir de leur raison critique, mais qui sont injustement associés à ceux qui voient un complot mondial dans cette pandémie », remarque M. Bernier.

Sauf que le terme est efficace. Il est coloré et limpide. Il marque au fer rouge le fautif et voyage facilement dans l'espace médiatique. Il soulage, en effet, celles et ceux qui suivent scrupuleusement les règles et qui voient leurs efforts compromis par des personnes dépourvues de sens civique ou de jugement. Donc, ne pas s'arrêter au terme *covidiot*, mais s'intéresser à l'ensemble du phénomène et à sa grande complexité, voilà une approche plus constructive et susceptible de donner des résultats. Mais, c'est aussi une approche qui exige plus de temps et d'efforts. Or, quand on est déjà à bout, c'est peut-être demander beaucoup.

Sauf que nous n'avons pas le choix ; ce n'est pas de votre exaspération personnelle qu'il s'agit, mais de contribuer à assainir un climat social. Ça vous dépasse, ça nous dépasse tous et ça en vaut sans doute la peine.

Donc, argumenter et mettre les conspirationnistes face à leurs contradictions, disait Delouvée. Oui, mais comment lutter sur le

[454] Ibid.

plan argumentatif contre un complotiste (ou covidiot) convaincu? La tâche s'annonce ardue, sinon impossible si tant est que la stratégie consiste à tenter de détricoter les mailles des thèses conspirationnistes. Ce serait oublier et négliger le fait qu'elles ne peuvent être réfutées au moyen d'un exercice qui s'apparenterait aux *Réfutations sophistiques* d'Aristote. Ce n'est pas un combat pour déconstruire un argument grâce à la logique et au raisonnement. Il n'est pas question ici de déboulonner quelque sophisme érigé à coups d'habiles tournures de phrases.

De tels arguments sont souvent inefficaces parce que ces thèses conspirationnistes ne peuvent être réfutées. Partant du fait qu'elles peuvent « tout expliquer », il n'y a donc aucune démonstration à y opposer. C'est même plutôt l'effet inverse que l'on obtient auprès des conspirationnistes, rappelez-vous : nos arguments logiques ne font que « prouver » l'existence d'un complot. Cela prouve même le fait que nous en sommes victimes, à notre insu. Et c'est justement ce que le complotiste ou covidiot affirme : nous ne voyons pas que nous sommes des victimes d'un grand complot. C'est l'essence même d'un complot secret.

C'est un peu comme le refoulement de Freud, soit cette idée que de nier une chose confirme le symptôme (par exemple, par la projection, le sujet projette sur une ou plusieurs personnes un sentiment homosexuel qu'il réprime). Ou encore, c'est comme les procès du Moyen-Âge (ou de l'ère stalinienne) : si la personne avoue, c'est qu'elle était bien coupable. Si elle nie, c'est qu'elle est effectivement coupable et qu'elle ment.

Un cul-de-sac mortel!

Si on reprend le philosophe des sciences, Karl Popper, qui estimait qu'une bonne théorie doit pouvoir être confirmée par de nouvelles expériences, sinon abandonnée dans le cas contraire, on doit plutôt réaliser que la réfutation ne pousse pas le conspirationniste à abandonner sa théorie. Elle renforce sa conviction.

Raison contre conviction

La théorie du complot se fonde sur un ensemble de « faits », fussent-ils « alternatifs », ce qui lui donne une sorte de base « logique ». Donc, logiquement, on sera porté à penser qu'il suffit d'y opposer une réponse logique, de présenter des faits solides qui viennent remettre en cause ou invalider les faits au fondement de la théorie. Détruire l'illogique avec de la logique, en somme.

C'est ce qu'a fait, par exemple, l'équipe de Barack Obama lorsqu'il lui parut nécessaire de répliquer aux allégations de ses adversaires selon lesquelles le président n'était pas né aux États-Unis, mais au Kenya, ce qui aurait eu pour effet de le disqualifier de la fonction présidentielle, puisque la citoyenneté américaine à la naissance est une condition d'éligibilité inscrite dans la Constitution (clause 5).

C'est donc dire qu'ils supposaient que leurs adversaires complotistes étaient « en mesure de corriger leurs théories (ou de les abandonner) lorsque confrontées à des faits qui s'y opposeraient »[455].

C'était mal les connaître, remarquablement naïf ou les deux.

C'est que cela suppose que chez eux, « l'interprétation d'un fait soit univoque ». Sans ramener toute la question des faits alternatifs, on sait bien que les faits sont sujets à de multiples interprétations. Même lorsque la preuve semble officielle et indiscutable (comme dans le cas du certificat de naissance de Barack Obama), il est possible que la partie adverse nie l'authenticité, par mauvaise foi ou par entêtement, afin de ne pas dévier de ce qui ne sert qu'à confirmer la théorie qu'elle veut défendre. Le *biais de confirmation*, encore et toujours!

La détermination du complotiste peut être telle que sa théorie demeurera intacte, en dépit de l'interprétation des faits univoque dans le public. Pire, les faits supplémentaires que l'on peut

[455] https://books.openedition.org/editionscnrs/16268?lang=fr

apporter pour déstabiliser la théorie vont conforter le complotiste dans sa position. Il y verra une « tentative de camouflage » ou « une volonté de détourner l'attention »[456]. Même lorsque le sceptique démontre que les faits qui construisent la théorie sont non fondés, les travaux sur la *persistance des croyances* risquent de ruiner les espoirs des plus optimistes. Ils ne changeront pas d'avis!

En somme, le raisonnement logique factuel risque d'être inefficace pour lutter contre le complotiste convaincu.

Car, le complotiste préfère appuyer son raisonnement sur des explications intentionnelles et l'influence des stéréotypes sociaux, à partir des données dont il dispose dans son environnement immédiat (c'est Spinoza qui avait raison!). Évidemment, rappellent les chercheurs Klein et Van der Linden, il y a certes des « facteurs psychologiques qui facilitent l'adhésion aux théories du complot »[457] : certains traits de personnalité, de même qu'une certaine « mentalité complotiste ».

Bien que l'on trouvera des individus dont la stupidité est manifeste, l'idée ici est plutôt qu'en général, on n'est pas devant une forme de « rationalité pathologique » (une manière de pensée anormale), mais plutôt devant un processus de raisonnement ordinaire appliqué à des données disponibles. Et pour pouvoir « détricoter » la théorie du complot, il faudrait qu'il y ait un dialogue possible entre les théories concurrentes. Or, ça ne se produit pas. L'échec de ce dialogue « résulte souvent d'une absence de confiance dans les institutions, accusées de produire les faits (qui deviennent suspects) et les théories qui les accompagnent »[458].

Le chercheur Sylvain Delouvée a aussi expliqué l'opposition « naturelle » qui existe entre la démarche scientifique et celle du conspirationniste pour faire comprendre le cul-de-sac qui semble se placer sur le chemin des mieux intentionnés : « Alors que la

---

[456] Ibid.
[457] Ibid.
[458] Ibid.

démarche scientifique est classiquement hypothéticodéductive — on part d'une hypothèse que l'on confronte aux faits pour en tirer une conclusion — le complotiste, lui, part de la conclusion et interprète tous les faits à l'aune de cette conclusion. Impossible, dès lors, de pouvoir le contredire en restant dans une démarche scientifique : tout nouvel argument avancé sera réinterprété. Deux niveaux de discours peuvent s'opposer sans jamais se rencontrer ! »[459]

Alors, à ceux qui pensent réellement qu'il est possible de convaincre un « croyant » aux théories du complot, le chercheur en sciences sociales Loïc Nicolas rappelle qu'on « le veuille ou non, qu'on le regrette, il ne saurait exister dans les sociétés ouvertes et, plus largement, en démocratie, aucune recette miracle, aucun prêt-à-dire, aucun mot magique, aucune raison ultime, capable de débarrasser l'espace social des idées qui agacent ou dégoûtent ; capable de protéger des langues folles et des tentatives de manipulation venues d'on ne sait où »[460].

D'ailleurs, si vous trouvez qu'il est plus compliqué de détricoter un mensonge ou corriger une erreur, vous n'êtes pas les seuls dans ces beaux draps. Il existe même une loi qui énonce ce calvaire : la *loi de Brandolini*, du nom d'un programmeur italien qui la formula ainsi en 2013 : « La quantité d'énergie nécessaire à réfuter des idioties est supérieure à celle qu'il faut pour les produire »[461].

C'est vrai et c'est injuste.

La crédulité possède un avantage concurrentiel puissant et déloyal sur l'analytique : rétablir la vérité est souvent bien plus complexe et coûteux que de la travestir. Même Tocqueville l'avait remarqué, lui qui a écrit qu'une « idée fausse, mais claire et précise

---

[459] https://www.cairn.info/revue-diogene-2015-1-page-88.htm (p.91)
[460] https://www.google.com/url?sa=t&rct=j&q=&esrc=s&source=web&cd=&ved=2ahUKEwiYmpm_9dbvAhWJGFkFHSaIDUYQFjAAegQIAhAD&url=https%3A%2F%2Fjournals.openedition.org%2Fquestionsdecommunication%2Fpdf%2F10491&usg=AOvVaw1rT42smPj5HPxDiZehKEJv (p.309)
[461] https://www.conspiracywatch.info/gerald-bronner-la-pandemie-a-agi-comme-un-incubateur-de-credulite.html

aura toujours plus de puissance dans le monde qu'une idée vraie, mais complexe »[462].

Pour décrire la complexité et donner une idée de l'énergie colossale nécessaire au « dégonflage » des inepties (ou du baratin), on identifie trois types d'asymétries[463] relevant de la *loi de Brandolini* :

- **Asymétrie de l'impact** : la diffusion assure au baratin un impact bien plus élevé que tous les désamorçages qui suivent.

- **Asymétrie de la rétention mnésique** : la trace laissée dans la mémoire par le baratin est bien plus profonde que toutes informations qui viendront ensuite le démentir

- **Asymétrie de l'onction** : celui qui propage du baratin est oint d'une aura avantageuse, tandis que celui qui tente de ramener à la raison, est un rabat-joie, un pisse-froid, ou un tâcheron laborieux qui ne comprend rien à la gloriole de l'info.

Donc, lisez quelques livres des philosophes stoïciens afin de vous aider à éviter de péter les plombs...

Ça ne veut pas dire qu'il n'y a rien à faire, mais qu'il faut surtout éviter d'ignorer la complexité (extrême, selon les cas) du défi. Il faut également accepter l'idée que ceux qui y adhèrent (avec plus ou moins de conviction) doivent bien y trouver un sens et un intérêt (social, affectif, cognitif), autrement le phénomène n'en serait pas un. Loin de s'en décourager, plutôt que d'opérer un repli face aux assauts des complotistes, plusieurs experts jurent de continuer à sévir. « Je crois fondamentalement que la seule façon d'arriver à contrebalancer l'impact négatif des conspirationnistes, des anti-vaccins, des anti-masques, c'est d'être aussi présents qu'eux pour

---

[462] Ibid.

[463] https://www.echosciences-grenoble.fr/communautes/atout-cerveau/articles/la-loi-de-brandolini-ou-le-principe-d-asymetrie-du-baratin-un-defi-pour-les-scientifiques

donner de l'information »[464], plaide le Dr Marquis, de l'hôpital Maisonneuve-Rosemont.

Après tout, ne rien faire du tout serait accepter et laisser produire des événements, dans certains cas, aux conclusions funestes. Qu'on songe aux décès qui s'expliquent par le non-respect des mesures sanitaires en temps de pandémie, qu'on songe plus largement à tous les excès qui peuvent être commis au nom d'une théorie du complot, qu'on songe au terrorisme stochastique qui pousse des gens à commettre des actes illégaux, poussés par des gourous en plein délire, etc. En somme, laisser le champ libre au discours conspirationniste comporte un risque sérieux, estime le sociologue Gérald Bronner.

> « Une telle situation est évidemment préoccupante à plus d'un titre. La diffusion de ce genre de discours est d'abord inquiétante parce qu'ils entretiennent des rapports avérés avec l'extrémisme politique ou religieux. Ensuite, ils peuvent être objectivement meurtriers, comme en Iran où l'idée que l'alcool était un remède secret contre la Covid-19 a conduit des centaines de personnes à boire du méthanol et à en mourir »[465].

Foutaise et simulation

Nous l'avons vu, bien des commentateurs et spécialistes tenteront de décourager les mieux intentionnés de chercher à convaincre le conspirationniste par la raison, à coups d'arguments, de faits et de démonstrations de logique. On n'argumente pas avec quelqu'un qui est déraisonnable et borné, diront-ils. Certains, comme le chercheur en neurosciences Sebastian Dieguez croit également qu'il s'agit d'une perte de temps manifeste, pour la simple raison que les théories du complot... n'existent pas. Ces délires « ne renvoient à rien qui puisse être évalué ou examiné »[466], écrit-il, et sont donc ni plus ni moins que du bullshit, vide de toute substance.

---

[464] https://www.lapresse.ca/covid-19/2021-03-26/couverture-scientifique-de-la-pandemie/des-experts-nombreux-a-etre-pris-a-partie.php

[465] https://www.conspiracywatch.info/gerald-bronner-la-pandemie-a-agi-comme-un-incubateur-de-credulite.html

[466] Dieguez, Sebastian. « Total Bullshit! : au cœur de la post-vérité », Presses universitaires de France, 2018, p.261.

Comme le résume le logicien hongrois Imre Lakatos, le bullshit « ne peut être réfuté, ni confirmé, parce qu'il n'y a rien à réfuter ou confirmer »[467].

Il y a bien une discussion, un argumentaire, mais pour le sociologue Gérald Bronner, c'est un « mille-feuille argumentatif », un fourre-tout rempli de faits disparates, d'allusions, de liens abracadabrants, de sources douteuses ne disposant jamais de preuve en béton, des modifications de propos au fil du temps, de questions rhétoriques. Le mille-feuille est une technique qui vise à impressionner, voire intimider la personne qui est confrontée en la submergeant d'une série d'arguments, de « preuves » empruntées à des champs variés de connaissance (histoire, géopolitique, physique, biologie, etc.), mais jamais de façon rigoureuse. On est dans le raisonnement captieux, un discours qui cherche, sous des apparences de vérité, à tromper. Comme le dit le sociologue Bronner, « il s'agit de créer l'impression que, parmi tous les arguments avancés, tout ne peut pas être faux, qu'il n'y a pas de fumée sans feu. »[468]

Or, il n'y a pas de fumée, pas de feu, seulement un mirage entretenu non pas par quelqu'un qui est plus « allumé », « éveillé », faisant preuve d'une pensée excessivement suspicieuse ou critique, mais par une personne dont la critique est fantôme. Il ne suffit pas que de quelques ajustements pour rendre la théorie crédible : il n'y a pas de théorie, mais une *simulation* de théorie.

D'ailleurs, en science, une théorie est quelque chose qui se vérifie, appuyé sur des faits. C'est, selon la définition, un « ensemble organisé de principes, de règles, de lois scientifiques visant à décrire et à expliquer un ensemble de faits »[469], comme la *théorie de la relativité*, par exemple. Dans le cas contraire, il ne s'agit que d'une hypothèse. En employant le terme *théorie* lorsqu'il est question de conspirationnisme, on se trouve à lui donner des

[467] Ibid, p.268.
[468] https://www.maif.fr/files/live/sites/maif-fr/files/pdf/enseignants/votre-metier-en-pratique/systeme-educatif/millefeuille-argumentatif.pdf
[469] https://www.larousse.fr/dictionnaires/francais/th%C3%A9orie/77735

vertus et une crédibilité lexicale et conceptuelle qu'il n'a pas. C'est de la foutaise, pas une théorie.

« C'est parce que tu n'as pas appris à penser par toi-même », pourra rétorquer l'illuminé conspirationniste, toujours déterminé à vous convaincre du bien-fondé de ses délires. Mais, encore ici, il a tout faux. La pensée critique se développe et devient pertinente lorsqu'elle s'appuie sur des raisonnements solides, une démarche intellectuelle rigoureuse, sur des compétences qu'il faut acquérir et utiliser. Pour Sebastian Dieguez, le conspirationniste n'en est pas là.

> « L'injonction contemporaine de penser par soi-même est certes louable, mais en l'absence de compétences pour y parvenir, et même d'une idée claire de ce que sont les compétences et méthodes qui permettent de réduire les risques d'erreur et de manipulation, le bullshit en général, et les théories du complot pour ce qui concerne les faits historiques et d'actualité, émergent naturellement comme des formes de « prêt-à-penser par soi-même », c'est-à-dire qu'elles sont de l'autonomie épistémique fournie clés en main. Ainsi conçue, la production industrielle de théories du complot n'est rien d'autre qu'un attracteur cognitif calibré pour capter cette exigence individualiste, que [Harry] Frankfurt a décrit comme l'un des effets pervers d'une conception biaisée de la démocratie conduisant au bullshit. »[470]

Donc, il faut faire preuve de lucidité devant l'ampleur de la tâche, admettre que la mécanique conspirationniste empêche la déconstruction par la logique, tout en évitant pendant ce temps de qualifier les gens de covidiots, à tort et à travers. Antagoniser les uns par rapport aux autres, leur jeter l'anathème à la figure n'est sans doute pas la façon de créer le contexte plus constructif qui sera nécessaire. Aussi, il faut éviter de trancher le débat en identifiant deux clans séparés. Ce serait oublier, insiste le chercheur Loïc Nicolas, que nul n'est parfaitement à l'abri des

[470] Dieguez, Sebastian. « Total Bullshit! : au cœur de la post-vérité », Presses universitaires de France, 2018, p.284.

pensées conspirationnistes. Ça peut arriver à tout le monde, ne nous en déplaise.

> « Un échec scolaire ou professionnel, une querelle de voisinage, un conflit familial, une rupture amoureuse, et nous commençons à échafauder des scénarios possibles, complexes, tordus, voire douteux, pour expliquer cet état de fait. Scénarios qui, bien souvent, nous aident à garder la face, à conserver une certaine estime de soi, à restaurer notre fierté blessée en faisant reposer sur l'autre, les autres, l'institution, les dirigeants, le (trop fameux) « système », etc., la responsabilité de la situation pénible. C'est pourquoi, même si l'envie ne manque pas, nous ne saurions opérer une dichotomie trop rigide entre, d'un côté, les hommes rationnels, les esprits cohérents et lucides et, de l'autre, les crédules, les naïfs, les imbéciles, les fantaisistes de tout poil : ceux pour qui ces théories font sens d'une manière ou d'une autre. [...] N'ayons pas la balourdise ni l'imprudence de croire que seuls les esprits simples et ignorants, les psychologies fragiles sont susceptibles de tomber dans le piège illusionniste des explications par le complot. »[471]

Certains ont tenté la voie de l'humiliation pour réveiller la conscience des conspirationnistes et covidiots. Par exemple, des photos ont été publiées dans les réseaux montrant des réunions, des fêtes ou des activités sportives de groupe où les participants ne portaient pas de masque et ne respectaient pas la distanciation sociale. On a vu les (très) nombreuses vidéos de « Karen » ou « Kevin », des individus qu'on a filmés entrant sans masque dans des commerces, provoquant bien souvent des altercations, devant des clients stupéfaits.

C'est tentant, ça fait du bien, mais le pouvoir de conviction de l'humiliation est limité, car il dépend surtout du public visé, nous disait plus tôt dans ce livre Hilary Bergsieker, professeure agrégée de psychologie à l'Université de Waterloo. Ça prend un public

---

[471] https://www.google.com/url?sa=t&rct=j&q=&esrc=s&source=web&cd=&ved=2ahUKEwiYmpm_9dbvAhWJGFkFHSaIDUYQFjAAegQIAhAD&url=https%3A%2F%2Fjournals.openedition.org%2Fquestionsdecommunication%2Fpdf%2F10491&usg=AOvVaw1rT42smPj5HPxDiZehKEJv (p.314)

susceptible d'être convaincu par ce genre de méthode, or, ça ne semble pas particulièrement efficace pour le covidiot tenace et convaincu. Il ne voit pas pourquoi il devrait avoir honte de son comportement, puisqu'il croit qu'il est le seul ou un des seuls à voir clair.

C'est pourquoi Hilary Bergsieker pense qu'une meilleure façon d'arriver à les convaincre du sérieux de la COVID-19 serait de « leur montrer des exemples de personnes qu'ils admirent et qui suivent les recommandations en restant à l'intérieur »[472]. La stratégie est constamment employée, ne serait-ce, par exemple, lorsque des célébrités soutiennent publiquement des candidats politiques, augmentant ainsi leur popularité auprès des jeunes électeurs. « Nous savons par la recherche sur la persuasion que lorsque vous avez un communicateur sympathique, attrayant et respecté qui transmet un message, les gens sont beaucoup plus susceptibles de croire ce message et de l'intérioriser ».

Il faudrait donc créer une sorte d'effet gourou positive!

Les vedettes mondiales savent bien le pouvoir de persuasion et d'attraction dont elles disposent, plusieurs mettant d'ailleurs leur notoriété au service de causes humanitaires ou planétaires, comme la protection des forêts de l'Amazonie, la lutte contre le sida ou les changements climatiques. Alors, pourquoi ne pas utiliser un gardien de but populaire afin qu'il encourage les gens à porter un masque?

Oui, bon, je m'amuse ici, en effet.

Mais, justement parmi les stars planétaires qui se servent de leur influence pour encourager les bons comportements, l'un des commentaires les plus pertinents, simples et justes qu'il m'ait été donné de lire est celui d'Arnold Schwarzenegger, ancien M. Olympia, ancien Terminator et gouverneur de Californie, qui a écrit ceci sur son fil Facebook[473], le 20 janvier 2021 :

---

[472] https://www.lapresse.ca/covid-19/2020-03-25/faut-il-denoncer-les-rebelles-en-ligne
[473] https://fb.watch/3ciGslM6YG/

« Je dis toujours que vous devez connaître vos points forts et écouter les experts. Si vous voulez en savoir plus sur la construction des biceps, écoutez-moi, parce que j'ai passé ma vie à étudier comment obtenir le pic parfait et on m'a appelé le plus grand culturiste de tous les temps. Nous avons tous des spécialités différentes.

Le Docteur Fauci et tous les virologistes, épidémiologistes et médecins ont étudié les maladies et les vaccins pendant toute leur vie, alors je les écoute et je vous invite à faire de même. Aucun d'entre nous ne va en apprendre plus qu'eux en regardant quelques heures de vidéos. C'est simple : si votre maison est en feu, vous n'allez pas sur YouTube, vous appelez ces fichus pompiers. Si vous avez une crise cardiaque, vous ne vérifiez pas votre groupe Facebook, vous appelez une ambulance. Si neuf médecins vous disent que vous avez un cancer et que vous devez le traiter ou que vous allez mourir, et qu'un médecin vous dit que le cancer va disparaître, vous devez toujours vous ranger du côté des neuf. Dans ce cas, pratiquement tous les vrais experts du monde entier nous disent que le vaccin est sûr et certaines personnes sur Facebook disent le contraire.

En général, je pense que si le cercle des personnes en qui vous avez confiance devient de plus en plus petit et que vous vous retrouvez de plus en plus isolé, cela devrait être un signe avant-coureur de la désinformation. Certaines personnes disent qu'il est faible d'écouter les experts. C'est faux. Il faut de la force pour admettre que vous ne savez pas tout. La faiblesse, c'est de penser que vous n'avez pas besoin de l'avis d'un expert et de n'écouter que les sources qui confirment ce que vous voulez croire. »

Il ne manque que le fameux « Asta la vista, covidiots! » et c'est un succès au *Box-Office*. Évidemment, de nombreux commentaires insipides d'illuminés cons vaincus s'y sont greffés, mais personne ne peut terrasser le bon sens d'Arnold, même avec toute la mauvaise foi conspirationniste du monde.

Atténuer les effets de nos biais

Les biais cognitifs sont nombreux, nous l'avons vu, et peuvent avoir une certaine influence, sinon une influence certaine sur l'adoption de comportements liés au conspirationnisme. On peut alors se demander comment peut-on éviter que des proches (ou nous-mêmes) ne deviennent conspirationnistes. Ne serait-ce pas possible « d'intercepter » une personne qui commence à montrer des signes inquiétants?

Le psychologue Jan-Willem van Prooijen le rappelle : « n'importe qui est susceptible de se laisser convaincre par des théories conspirationnistes »[474], tant des gens vulnérables que des gens sans problème qui fonctionnent bien en société, y compris ceux qui sont très éduqués. Notre cerveau a évolué de manière à détecter les complots potentiels, c'est une façon pour lui de nous protéger.

« Nous sommes un mélange de cognition rationnelle et d'instincts sombres et profonds qui nous contrôlent d'une façon qui est parfois difficile à comprendre »[475], illustre Read Montague, neuroscientifique à l'Institut polytechnique et université d'État de Virginie. Ainsi, poursuit-il, « nous devons aller à l'encontre de nos instincts pour résister aux théories du complot. En d'autres mots, vous devez inhiber votre réponse naturelle pour agir de la bonne façon ».

Ça semble facile à dire, moins facile à faire. Et c'est effectivement le cas pour plusieurs.

Car, si certaines personnes sont conscientes de leurs biais, capables de prendre du recul pour réfléchir afin d'éviter de réagir de manière déraisonnable, d'autres sont moins douées pour traiter l'information avec un esprit critique. Avant de leur jeter la pierre, Read Montague insiste pour dire que « ce n'est pas leur faute. C'est juste la façon dont nos cerveaux sont construits ».

---

[474] https://ici.radio-canada.ca/nouvelle/1761625/cerveau-conspirations-complots-covid-19
[475] Ibid.

Il faut également tenir compte du fait que nous avons tous nos motivations, ajoute le chercheur Jonas Kaplan. « Alors au lieu d'essayer de se convaincre que nous sommes parfaitement logiques, nous devrions tenter de comprendre les motivations derrière nos croyances. Et au fond, c'est à ça que sert la science, à atténuer les effets de nos biais sur notre compréhension du monde »[476].

Oui, la science. Toujours.

Ainsi, dans cet argumentaire que l'on peut développer pour contrer le conspirationnisme, pour combattre ce que Dieguez appelle le bullshit, il faut faire valoir que l'enquête authentique donne des résultats plus solides, plus utiles et valables que les délires conspirationnistes. La science permet de bousculer nos biais et de plus justement comprendre le monde, certes. Après tout, quoi que les conspirationnistes puissent dire, la connaissance appuyée sur la raison, sur les faits, restera plus utile, ayant une fonction instrumentale qui fait défaut aux délires des adhérents aux théories du complot. Eux-mêmes ne voudraient pas qu'un incompétent, mais néanmoins gonflé de la confiance des conspirationnistes, ne construise leur maison, pratique sur eux une chirurgie ou répare leur voiture. Ces experts exercent leur métier sur la base d'une connaissance pratique qui entretient un rapport direct à la réalité, pas simplement sur des opinions, des impressions ou des lubies. Ici, la *fiabilité* fait toute la différence. Prendriez-vous l'avion construit par un gars confiant qui cumule quelques heures d'apprentissage approximatif sur YouTube? Oubliez la confection des cellulaires, les ponts suspendus, les pontages coronariens. Ces choses ne sont possibles et fiables que parce qu'elles sont conçues par des experts qui savent vraiment ce qu'ils font.

Mais, comme on le souligne dans la conclusion du rapport de recherche du Centre d'étude sur les médias sur les effets des systèmes d'intelligence artificielle et des outils numériques déployés pour lutter contre la propagation de la COVID-19, « il ne

[476] Ibid.

suffit pas de fournir un argumentaire scientifique, mais bien de faire preuve d'empathie face aux croyances et à l'expérience vécue de la personne »[477].

Comment s'adresser aux complotistes

C'est exactement le discours de la chercheuse en psychologie Karen Douglas, qui explique qu'il est « important de ne pas ridiculiser les croyances de l'autre personne. Leurs croyances sont importantes pour eux et ils ne veulent pas qu'une personne à qui ils tiennent se moque d'eux »[478].

De l'empathie. Du respect. Malgré tout.

Mike Kropveld, directeur général d'Info-Secte, reconnaît qu'il est difficile d'engager le dialogue avec des gens qui ont des croyances solidement enracinées. Cet attachement se compare à celui d'une relation amoureuse, illustre-t-il. « Si vous essayez de convaincre quelqu'un qu'il est tombé en amour avec une personne qui n'est pas bonne pour lui, [...] il va défendre sa décision et vous voir comme quelqu'un qui est contre lui »[479].

Cela permet de parfaitement comprendre que l'adhésion se situe au niveau émotionnel, pas dans celui de la logique.

Évitez les confrontations, car elles ne pousseront pas la personne à réfléchir, mais l'enfonceront dans ses croyances, prévient Mike Kropveld. Opter pour un débat oppose forcément deux points de vue et sera contre-productif, mettant l'autre personne sur la défensive.

> « Essayez, si possible, de regarder la situation avec les yeux de l'autre personne, pas pour dire que vous êtes en accord, mais pour essayer de comprendre. Si vous êtes capable de

[477] https://www.docdroid.com/NkXvSWt/portrait-dune-infodemie-retour-sur-la-premiere-vague-de-la-covid-19-pdf (p.38)
[478] https://ici.radio-canada.ca/nouvelle/1697190/theories-complot-conspirationniste-psychologie-secte-proches-famille
[479] Ibid.

comprendre comment la personne voit le monde, ça peut vous aider à identifier la meilleure approche, la meilleure chose à faire ou à dire »[480].

Bien qu'il n'y ait pas de recette simple ou magique, parce que les êtres humains sont complexes, à l'image des situations dans lesquelles ils peuvent se retrouver, il arrive néanmoins que des adeptes de théories du complot finissent par se rendre compte d'eux-mêmes que leurs croyances ne sont pas fondées. Un changement émotionnel s'opère alors, provoqué par le poids des contradictions qui s'accumulent.

Il ne faut donc pas perdre espoir. Il faut même idéalement chercher à préserver un lien avec la personne endoctrinée, nous dit la Dre Roxane Larocque, psychologue. On doit éviter le discours rigide et trouver des sujets de discussion en dehors des croyances complotistes, pour atténuer les tensions et garder le lien. On peut dire : « On ne s'entend pas, tu as ta vision, j'ai la mienne »[481], tout en étant conscient qu'il ne sera pas forcément possible de lui faire entendre raison.

Le remède, croit Steven Hassan, conseiller en santé mentale spécialisé dans les sectes destructrices, c'est davantage de contacts avec les gens « normaux », mais dans des contextes positifs, comme aller à la pêche, aller faire du sport, etc. « Il faut que les gens reconnectent avec leurs passions d'avant, leurs intérêts positifs, car cela leur permet de passer outre leur nouvelle identité au sein du culte et d'exprimer qui ils sont vraiment. »

La doctorante à L'UQAM et assistante-chercheuse au Laboratoire sur la communication et le numérique, Marie-Danielle Tremblay, propose également quelques pistes[482] lorsqu'il s'agit de s'adresser aux complotistes.

---

[480] Ibid.

[481] https://www.lapresse.ca/actualites/2020-11-29/mon-frere-cet-adepte-de-qanon.php

[482] https://www.ledevoir.com/opinion/idees/587257/coronavirus-comment-s-adresser-aux-complotistes

La chose peut s'avérer utile, surtout sachant les efforts pour le moins douteux qui ont été déployés par le gouvernement pour convaincre notamment l'auditoire des radios privées de Québec de se conformer aux consignes sanitaires. Pour rappel, le gouvernement Legault a voulu lancer, fin septembre 2020, une campagne publicitaire sur les ondes de CHOI radio X comprenant trois messages radiophoniques « taillés sur mesure pour les auditeurs de la station ». Les rédacteurs de ces publicités pensaient peut-être avoir mis dans le mille en « imitant » la facture auditive caractéristique de l'antenne bien connue, mais le résultat final donnait davantage l'impression d'une caricature grossière et malhabile. Sans surprise, la station CHOI a fait savoir par communiqué que les messages ne seraient pas diffusés sur ses ondes, « par respect pour son auditoire ». Non seulement le ton ne passait pas le test, mais la direction a aussi justifié son refus parce que « cette offensive trace un lien direct entre la station et les adeptes de la théorie du complot »[483].

Conclusion : l'attaque frontale mal ajustée ne donne aucun résultat.

La chercheuse Marie-Danielle Tremblay estime que le gouvernement a, dans sa tentative ratée, ignoré la différence fondamentale qui existe entre la « mentalité conspirationniste » et la « combinaison de méfiance et de déni qui pousse parfois des individus à se laisser séduire par une théorie de complot »[484].

Elle rappelle que le complotiste, par définition, se méfie des institutions traditionnelles, des médias et du gouvernement. « Ainsi, aucun contre-argument ne pourra jamais atteindre un vrai complotiste », explique-t-elle. Alors, un message du gouvernement pour le convaincre qu'il a tort ressemble à un coup d'épée dans l'eau.

---

[483] https://www.journaldequebec.com/2020/09/25/choi-radio-x-refuse-de-diffuser-une-pub-du-gouvernement-visant-les-complotistes

[484] https://www.ledevoir.com/opinion/idees/587257/coronavirus-comment-s-adresser-aux-complotistes

De son côté, le simple adepte sera « beaucoup plus ouvert à la discussion, ne demandant parfois même qu'à être mieux informé, à condition qu'on s'adresse à lui correctement ». Et il vaut la peine de s'y intéresser, parce que si les complotistes purs et durs représentent « moins de 10 % de la population », on note en revanche une « augmentation de la méfiance envers les autorités »[485]. Pour s'adresser à ce public en croissance, l'empathie s'avère plus judicieuse que l'arrogance, estime la chercheuse.

> « Face à un ennemi invisible, un virus que très peu ont même expérimenté dans leur réalité quotidienne, dans un contexte où la vie entière est chamboulée, en même temps que la perception de contrôle, et à un moment où les autorités multiplient les restrictions sans toujours se soucier de la cohérence ou de la clarté du message, le sentiment d'impuissance semble avoir conduit plusieurs citoyens au doute, puis au rejet. Or, bien que les positions parfois extrêmes adoptées par certains pour exprimer ces doutes soient, avouons-le, franchement irritantes, il est utile de se rappeler que celles-ci cachent souvent de la détresse. Et, pour s'adresser à la détresse, l'empathie est toujours plus efficace que l'arrogance »[486].

Le ton provocateur et méprisant ne portera pas fruit. Il faut donc l'éviter, même s'il est très tentant d'y recourir, surtout avec la patience usée par l'exaspération. Il est plus judicieux de ne pas dévaloriser leur quête légitime de vérité ni leur volonté de participer au débat démocratique, tout en évitant de leur laisser entendre qu'on les considère incapables de détecter les informations trompeuses. « La dévalorisation même accidentelle de l'interlocuteur risque toujours d'entraîner des résultats contraires à ceux escomptés et de le pousser encore plus loin sur la voie de la colère et du rejet, surtout quand on s'adresse à un segment de la population qui se sent déjà méprisé et incompris, comme c'est souvent le cas des individus plus sensibles à la désinformation », ajoute la chercheuse Marie-Danielle Tremblay.

---

[485] Ibid.
[486] Ibid.

Résultat : un message condescendant et méprisant ne fera que raffermir les opposants dans leur conviction et justifier d'autant leur méfiance envers les institutions. C'est donc un *zéro pointé* pour les concepteurs de cette publicité.

Sans diplomatie, il ne reste que le conflit.

Le milieu universitaire à la rescousse

Constatant que le phénomène commençait à susciter de plus en plus d'inquiétude et sachant que de nombreux politiciens ont été la cible de propos violents et haineux sur les réseaux sociaux, on apprenait, début octobre 2020, que le gouvernement du Québec venait d'accorder une subvention pour étudier l'impact des complotistes sur la sécurité publique.

Le ministère de la Sécurité publique a sollicité l'aide du Centre d'expertise et de formation sur les intégrismes religieux, les idéologies politiques et la radicalisation (CÉFIR). « Pendant huit mois, ce centre qui relève du Cégep Édouard-Montpetit étudiera les processus de construction des différents discours conspirationnistes autour de la COVID-19 et leur incidence chez les cégépiens »[487], lit-on.

La subvention de 40 000 $ a toutefois été considérée comme étant « modeste », mais on a assuré qu'il s'agissait d'une première de plusieurs phases.

Il le faudra bien. Et, il faudra pouvoir compter sur le milieu universitaire pour nourrir de plus en plus la recherche afin de mieux comprendre le phénomène du conspirationnisme, de l'adhésion aux croyances erronées, de même que les facteurs (technologiques, sociaux, politiques et autres) qui permettent de l'expliquer. Pour plusieurs observateurs et experts, il serait pertinent que la recherche explore les liens entre « l'adhésion aux

[487] https://ici.radio-canada.ca/nouvelle/1739904/quebec-complotistes-conspirationnistes-pandemie-cefir-martin-geoffroy-etude

croyances erronées en contexte de pandémie, d'une part, et les problématiques de la radicalisation et de l'extrémisme, d'autre part. Une étude canadienne récente montre une association positive entre les croyances dites « complotistes » en lien avec la COVID-19 et l'appui à la radicalisation violente, modulée par la détresse psychologique »[488].

Sachant que le complotisme peut décourager la participation politique et inciter à la violence (notamment les groupes tels que QAnon qui contribuent à l'extrémisme violent), tout en posant un risque en raison du moindre respect des mesures de santé publique, il est apparu important, entre autres pour l'OMS, de juguler la désinformation.

Vaste programme, certes.

Fait amusant (et parlant), plus d'une centaine d'universitaires ont contribué à la rédaction d'un manuel des théories du complot, le *Routledge Handbook of Conspiracy Theories*[489], publié en 2020, qui ne contient pourtant qu'un seul chapitre sur quarante-huit qui explore directement la manière de contrer ces fameuses théories.

C'est que dégonfler des inepties, c'est se frapper à la *loi de Brandolini*. Et surtout, défaire des croyances profondément enracinées constitue un vaste programme auquel on ne semble vouloir s'attaquer que sous la menace. Et la menace, c'est la pandémie, justement.

Gardant à l'esprit la complexité de la tâche, il apparaît conséquemment plus avisé d'*empêcher les mensonges de prendre racine que d'essayer de les éliminer a posteriori*. La revue scientifique britannique *Nature*, s'est intéressée à cette question à travers la plume d'Aleksandra Cichocka, directrice du département de psychologie politique à l'Université du Kent.

---

[488] https://www.docdroid.com/NkXvSWt/portrait-dune-infodemie-retour-sur-la-premiere-vague-de-la-covid-19-pdf (p.38)
[489] https://www.routledge.com/Routledge-Handbook-of-Conspiracy-Theories/Butter-Knight/p/book/9780815361749

La chercheuse explique ainsi que, au-delà de l'aspect technologique de la diffusion des fausses informations, il faut surtout examiner « ce qui favorise la vulnérabilité du public à ces thèses »[490]. Il apparaît que trois grands besoins psychologiques sous-tendent ces croyances complotistes :

- celui de comprendre le monde ;
- celui de se sentir en sécurité et d'appartenir à un groupe ;
- celui de se sentir bien dans sa peau et parmi ses pairs.

La pandémie de COVID-19 est certes un contexte idéal pour rendre les gens vulnérables aux récits complotistes, mais la fin de la pandémie ne mettra pas un terme à l'*infodémie,* comme l'explique Aleksandra Cichocka.

> « D'abord, si certains besoins sociaux seront soulagés, le chagrin, l'incertitude, l'impuissance et la peur de la marginalisation continueront de peser sur ceux dont la santé a été dégradée, qui ont perdu un proche, leur emploi ou ont dû interrompre leurs études. La relance ne peut pas être uniquement économique ou sanitaire. Ne pas chercher à remédier à la crise de la santé mentale risque de perpétuer la crise de l'information que nous sommes en train de traverser »[491].

Outre la santé mentale à placer au cœur des priorités, la recherche devrait étudier plus à fond les réponses psychologiques à la pandémie afin de guider les interventions futures. À titre d'exemple, une étude[492] réalisée en 2014 a montré des pics de corrélations entre le complotisme et des séquences historiques fortes en analysant le courrier des lecteurs du *New York Times* et du *Chicago Tribune* entre 1890 et 2010. Autrement dit : les gens réagissent plus fortement et le complotisme est florissant lorsque les événements historiques sont marquants.

---

490 https://www.conspiracywatch.info/contre-le-complotisme-prevenir-plutot-que-guerir.html
491 https://www.conspiracywatch.info/contre-le-complotisme-prevenir-plutot-que-guerir.html
492 https://oxford.universitypressscholarship.com/view/10.1093/acprof:oso/9780199351800.001.0001/acprof-9780199351800

Mais, pour Cichocka, il importe également de poursuivre les efforts de démystification (debunking) et de correction de la désinformation. Même s'il est plus difficile et compliqué de détricoter un mensonge ou un mythe, il ne faut pas se priver d'expliquer en quoi une information est fausse, quelles stratégies ont été employées pour tromper le public, etc. Ne surtout pas laisser le terrain de l'information inoccupé!

Agir en amont, en « pre-bunking », serait encore plus efficace. Il faut alors multiplier les sites et moyens d'information à titre d'actions préventives — ou de vaccin contre la désinformation — pour fournir à la fois les faits et ressources exacts au public, tout en prenant soin de répondre adéquatement aux besoins psychologiques des gens. « Cela pourrait améliorer leur bien-être et limiter ainsi le recours aux théories du complot et autres informations erronées », croit la chercheuse.

Bref, il faut renforcer le jugement critique!

Le jugement critique

S'il devait y avoir trois priorités absolues de nos sociétés, je les résumerais par : l'éducation, l'éducation et l'éducation. Et pour en résumer l'importance, voici les sages paroles de Boris Cyrulnik, neurologue, psychiatre, éthologue et psychanalyste français.

> « L'ignorance provoque un tel état de confusion qu'on s'accroche à n'importe quelle explication afin de se sentir un peu moins embarrassé. C'est pourquoi moins on a de connaissances, plus on a de certitudes. Il faut avoir beaucoup de connaissances et se sentir assez bien dans son âme pour oser envisager plusieurs hypothèses »[493].

Oui, les connaissances permettent d'élargir nos horizons, d'avoir ce qu'il faut pour « envisager plusieurs hypothèses ». Mais,

[493] https://www.babelio.com/auteur/Boris-Cyrulnik/2779/citations?pageN=2

l'éducation, c'est aussi le moyen privilégié pour développer chez chacun le *jugement critique*, indispensable outil pour lutter contre le charlatanisme, les croyances diverses, les hypothèses farfelues et les délires à ciel ouvert. C'est un habile moyen de défense, capable d'enrayer nos biais lorsqu'ils s'interposent pour les mauvaises raisons.

Histoire de développer ce thème correctement, distinguons quelques concepts clés[494]. L'*esprit critique*, c'est une prédisposition qui permet d'interpréter diverses réalités de façon critique. L'esprit critique nourrit la *pensée critique*, qui mobilise la raison dans une activité réflexive rigoureuse et cohérente. C'est ce qui permet d'analyser, de vérifier les sources, de remettre en question, d'identifier les nuances et de tirer des conclusions afin de passer à l'action. La pensée critique prend conscience de ses propres biais et les remet ouvertement en question et permet à la personne de corriger ses conceptions, de faire évoluer son opinion. Pour le philosophe Harvey Siegel, la pensée critique est cette capacité, cette propension à « réagir comme il convient à de bons arguments ». C'est, en somme, l'antidote à la « pensée magique », au « fake news » et autres légendes urbaines.

> *Pensée critique* (définition) : « Les pratiques critiques correspondent à un savoir-agir évaluatif fondé sur une pratique réflexive, autocritique et autocorrectrice impliquant la mobilisation et la combinaison efficaces de ressources individuelles (connaissances, habiletés, attitudes) et du milieu (informations, personnes, matériel...) dans le but de déterminer ce qu'il y a raisonnablement lieu de croire (au sens épistémologique) ou de faire (aux sens méthodologique et/ou moral) en considérant attentivement les critères de choix et les diversités contextuelles (Gagnon, 2011) »[495].

---

[494] https://ecolebranchee.com/esprit-pensee-jugement-critique/

[495] https://www.usherbrooke.ca/creas/fileadmin/sites/creas/documents/Publications/Articles_professionnels/2014_Entre-vues.pdf

Puis, la pensée critique mène au *jugement critique*, qui est une recherche de l'objectivité, appuyée sur des critères ou des raisons fiables. La *fiabilité* est ici un critère essentiel qui permet la recherche de vérité.

Exercer le jugement critique est même une compétence transversale qui figure au menu de nos écoles québécoises. Elle permet de « de dépasser les stéréotypes, les préjugés, les idées préconçues et les évidences intuitives afin d'éviter que la simple expression d'une opinion tienne lieu de jugement »[496]. Grâce au jugement critique, on parvient plus aisément à distinguer l'émotionnel du rationnel, enjeu clé lorsqu'il s'agit de comprendre l'emprise du conspirationnisme.

L'idée est donc, vous l'aurez compris, de veiller à prévenir l'apparition de conspirationnistes en commençant au plus tôt, à l'école, en agissant encore davantage en amont, en « pre-bunking », en somme. En admettant qu'il y ait une partie d'irréductibles conspirationnistes qui n'entendront jamais raison, il vaut sans doute mieux canaliser nos énergies et notre temps sur nos jeunes en milieu scolaire. Comme l'écrit le sociologue Gérald Bronner, « le véritable esprit critique, celui qui nous aide à contrarier l'aliénation que représentent parfois les suggestions de notre intuition, ne peut s'acquérir qu'à force d'exercices persévérants. Ce travail si nécessaire à l'avènement d'une démocratie de la connaissance ne peut donc se faire qu'en y insistant tout au long du temps éducatif et dans toutes les matières, dès que possible. »[497]

Le professeur et philosophe Normand Baillargeon l'a également suggéré dans une de ses chroniques publiées dans Le Devoir, texte intitulé : « Comprendre et développer la pensée critique »[498]. Pour lui, le milieu scolaire doit prendre la résolution pédagogique d'accorder « une grande attention à la pensée critique ».

---

[496] https://ecolebranchee.com/esprit-pensee-jugement-critique/
[497] Ibid.
[498] https://www.ledevoir.com/opinion/chroniques/560423/comprendre-et-developper-la-pensee-critique

Baillargeon invite d'abord à la prudence lorsqu'il s'agit de concevoir la pensée critique comme une habileté générique, comme une compétence transversale, qui peut s'exercer partout. Ce serait négliger l'importance de la connaissance acquise dans un domaine qui est nécessaire à l'exercice de la pensée critique.

Il faut acquérir des savoirs et prendre le temps nécessaire pour accéder « à leur structure profonde, celle par laquelle la pensée critique se déploie », explique le philosophe.

> « Ce qui s'ensuit est l'importance vitale d'enseigner la pensée critique au sein même des disciplines. Cela demande, bien entendu, pour les enseignantes et les enseignants et pour les personnes qui conçoivent les programmes, de se demander quelles habiletés on veut travailler, quels savoirs sont nécessaires pour les développer et à quel moment et comment il convient de les présenter » [499].

L'autre aspect crucial de la pensée critique est la volonté d'écouter autrui, « de prendre le temps de considérer ses arguments sans l'insulter et sans présumer qu'il est forcément dans l'erreur ou qu'il est un monstre, en considérant que notre interlocuteur a peut-être aperçu quelque chose qui nous a échappé et qui, pourquoi pas, pourrait enrichir notre position, voire la modifier. On désigne tout cela comme des vertus épistémiques et les salles de classe, entre autres celles de la philosophie pour enfants, sont de précieux endroits pour les cultiver ».

On comprend donc que la pensée critique, développer le jugement critique, est un effort constant, interpellant toutes les disciplines et qui commence par l'acquisition d'indispensables connaissances. Tout cela ne se fait pas en claquant des doigts. Il faut y mettre les efforts, les moyens et la volonté d'en faire autre chose qu'une compétence parmi d'autres.

---

[499] Ibid.

Mais, ne vous en faites pas, la pensée critique peut être accessible aux enfants et aux adolescents, quoi que vous en disiez. Trop complexe? Trop abstrait? Non. Car, plusieurs études, notamment dans le domaine de la philosophie pour enfants, montrent que ce type de pensée « n'est pas totalement hors de leur portée »[500].

Il n'est jamais trop tôt pour développer la pensée critique. Au contraire, « l'enfance et l'adolescence sont des moments propices à la mise en place d'éléments favorisant, de manière progressive, l'émergence d'une pensée critique. [...] À cet égard, les dialogues philosophiques offrent un cadre particulièrement porteur afin que les jeunes soient invités à construire progressivement leur pensée critique »[501], suggère le professeur Mathieu Gagnon, de l'Université de Sherbrooke.

La philo? Bien sûr!

Si vous aviez fait ou lu de la philo, vous auriez en tête ce commentaire d'Épicure qui, dans sa Lettre à Ménécée, déclare : « Quand on est jeune il ne faut pas remettre à philosopher, et quand on est vieux il ne faut pas se lasser de philosopher, car jamais il n'est trop tôt ou trop tard pour travailler à la santé de l'âme »[502].

Il n'est jamais trop tôt pour la pensée critique ni pour la philo!

Comment ne pas terminer ce segment qui met l'accent sur l'éducation par des considérations sur les conditions qui sont offertes aux enseignants? Si l'on souhaite que la pensée critique puisse se développer, si l'on souhaite que la philosophie puisse jouer un rôle plus important et plus tôt dans le parcours scolaire, encore faudra-t-il permettre aux enseignants de pouvoir faire le boulot. Outre la nécessaire révision des programmes, il faudra aussi songer aux outils, aux moyens d'aider nos jeunes qu'on leur accorde. Et ces considérations pour le milieu scolaire incluent les

---

500 https://www.usherbrooke.ca/creas/fileadmin/sites/creas/documents/Publications/Articles_professionnels/2014_Entre-vues.pdf

501 Ibid.

502 http://www.ac-grenoble.fr/PhiloSophie/logphil/oeuvres/epicure/menecee.htm

bibliothèques et les milieux scolaires, « parents pauvres » de la lutte contre la désinformation.

Comme le souligne le rapport de recherche du Centre d'étude sur les médias, les bibliothèques et les milieux scolaires sont pourtant « bien outillés pour former les citoyens à « faire leurs propres recherches » de manière efficace et rigoureuse. Une telle formation recouvre l'éducation à la pensée critique et les multiples « littératies » (informationnelle, médiatique, numérique, civique, etc., que certains regroupent sous le terme parapluie de « métalittératie »), mais aussi une compréhension fine des systèmes informationnels et de leurs biais »[503].

Pour un cadre d'intervention global

Freiner la propagation de la désinformation et des théories du complot peut sembler aller de soi, mais sur le plan technique, il en est tout autrement. Certes, les réseaux sociaux comme Facebook ou YouTube ont fini par prendre leurs responsabilités et forcé la fermeture de nombreux groupes et pages conspirationnistes. Il faut s'en réjouir.

Mais, cela ne parviendra jamais à les faire taire complètement. Par exemple, aussitôt banni de YouTube, le leader anti-masque Alexis Cossette-Trudel a transféré ses vidéos vers la plateforme russe VKontakte[504], un équivalent d'extrême droit de Facebook. Le succès est donc partiel. Idem pour l'ancien président Donald Trump qui, une fois jeté dehors de Twitter, son réseau social de prédilection, s'est tourné vers des médias plus conservateurs et conformes à ses opinions pour poursuivre son « œuvre ».

Il faudra donc être beaucoup plus exigeants envers les géants des technologies. Les algorithmes ne cesseront sans doute pas d'exister, mais il y a tout lieu de les programmer plus adéquatement afin de réduire les risques de se retrouver avec du

[503] https://www.docdroid.com/NkXvSWt/portrait-dune-infodemie-retour-sur-la-premiere-vague-de-la-covid-19-pdf (p.38)
[504] https://www.lapresse.ca/covid-19/2020-10-16/les-antimasques-migrent-vers-le-facebook-russe.php

contenu conspirationniste sans valeur dans le menu de nos recherches.

Dans le rapport du Centre d'étude sur les médias réalisé dans le cadre des travaux de l'Observatoire international sur les impacts sociétaux de l'IA et du numérique (OBVIA) sur les effets des systèmes d'intelligence artificielle et des outils numériques déployés pour lutter contre la propagation de la COVID-19, on appelle, à l'instar de nombreux experts mondiaux, à l'élaboration d'un « cadre d'intervention global et cohérent pour lutter contre la désinformation, dont l'urgence se fait de plus en plus sentir » [505].

Un rapport de l'OCDE publié en juillet 2020 formulait déjà les recommandations suivantes[506] pour l'action publique, visant particulièrement les grandes plateformes numériques, les pouvoirs publics et les organisations sanitaires nationales et internationales :

1- Soutenir davantage différentes organisations indépendantes de vérification des faits.
2- Faire en sorte que des modérateurs humains complètent les solutions technologiques.
3- Publier spontanément des rapports [pour assurer la] transparence sur la désinformation au sujet [de la] COVID-19.
4- Améliorer les connaissances des utilisateurs sur les médias, le numérique et la santé.

Il y a donc énormément à faire, tant dans la sphère technologique que dans la communication des savoirs et l'éducation des populations. C'est un vaste projet de société qui se dessine afin de renverser le cours des choses et éviter « d'abandonner le terrain » à ceux qui tirent profit de la situation, dont les géants numériques.

Évidemment, pour pousser ces derniers à changer, de même que ceux qui s'enrichissent par la crédulité des autres, il faudra pour cela remettre en question le fondement même et le fonctionnement

---

[505] https://www.docdroid.com/NkXvSWt/portrait-dune-infodemie-retour-sur-la-premiere-vague-de-la-covid-19-pdf (p.39)
[506] Ibid.

du capitalisme marchand, tel qu'il existe. L'appât du gain, le profit, sont encore les concepts moteurs au cœur du système. Les États doivent intervenir, mais c'est une réflexion qui mériterait en soi un livre entier. Néanmoins, ce débat *devra se tenir*, car la pandémie nous a donné l'occasion de quelques constats éloquents et importants, comme le souligne avec justesse Mohamad Safa :

> « Qu'avons-nous appris en 2020 ? Que le pétrole ne vaut rien dans une société sans consommation. Que les soins de santé doivent être publics parce que la santé est publique. Que 50 % des emplois peuvent être exercés à domicile, tandis que les 50 % restants méritent plus que ce qu'ils sont payés. Que nous vivons dans une société, et non dans une économie. »[507]

Méditez cela.

Le rôle des médias

Et les médias? Quel rôle doivent-ils jouer?

On peut d'abord se demander si c'est une bonne idée de donner de la visibilité aux complotistes, à leurs théoriciens les plus influents, dans les médias traditionnels. On peut se demander si les médias ne devraient pas plutôt éviter d'amplifier leurs messages. Ou sinon, comment doivent-ils présenter les complotistes?

Pour Colette Brin, professeure de journalisme à l'Université Laval, « peu importe la manière de procéder des médias, les complotistes trouvent le moyen de parler »[508]. Aussi, l'important pour les médias est de filtrer les faits et « aller chercher les morceaux auxquels on fait le plus confiance ».

[507] https://twitter.com/mhdksafa/status/1345045554540249088?s=11
[508] https://ici.radio-canada.ca/premiere/emissions/samedi-et-rien-d-autre/segments/entrevue/195070/medias-complotisme-qanon-colette-brin

Oui, le devoir des médias, c'est de rapporter les faits, et ils ne le font pas pour rien puisque des recherches universitaires montrent que « bien des complotistes sont capables d'ouverture d'esprit, et que cette tendance est profondément ancrée dans l'humain. Comme toute forme de radicalisation, une partie des gens sont récupérables »[509], soutient la professeure.

L'idée n'est donc pas d'éviter de donner de la visibilité aux complotistes, mais de diffuser de l'information juste et rigoureuse, pour contrer les effets de la désinformation. À ce propos, la chroniqueuse Karine Gagnon, du Journal de Québec, écrit :

> « Centrés sur leur nombril, estimant que leur liberté doit être placée devant celle des autres, les complotistes sévissent depuis des mois à coups de mensonges et de désinformation sur le coronavirus. Sans chercher à leur donner une visibilité injustifiée, il faut dénoncer leur malhonnêteté intellectuelle, qui en fait des dangers publics en situation de pandémie »[510].

Chose certaine, à ceux qui songent à une réplique autoritaire et sans nuance pourraient commettre une erreur. La censure n'est qu'une mauvaise solution qui attise la curiosité et provoque ceux qui réclament le droit de parler au nom de la liberté. À partir du moment où vous imposez la censure, vous confirmez les doutes et les fantasmes des adhérents à ces théories. Vous en faites des victimes, ce dont ils pourront se servir avec d'autant plus de vigueur.

Il faut plutôt saisir l'extraordinaire potentiel de persuasion des explications conspirationnistes et veiller à en déboulonner les composantes, faire dérailler leur logique et imposer, au terme d'actions patientes et ordonnées, bref *occuper le terrain*, comme l'ont suggéré nombre d'experts. Car, si l'on peut considérer qu'investir des efforts n'est que pure perte pour une petite partie des convertis, on ne perd sans doute pas notre temps avec les autres, la vaste majorité des gens, car diffuser l'information juste,

---

509 Ibid.

510 https://www.journaldemontreal.com/2020/08/16/au-royaume-des-complotistes

fiable, vérifiée et vérifiable est *une pratique utile pour le bien commun.*

On n'a jamais trop de bon sens à se mettre sous la dent.

Certes. La *critique des sources* est également un moyen fort et phare qui permet de freiner la progression du conspirationnisme et complique passablement la vie des faussaires et escrocs. Fondamentale pour l'historien, elle l'est aussi pour le journaliste qui cherche à faire la lumière sur un événement. La critique des sources devient, visiblement, tout aussi importante pour le citoyen confronté à une *infodémie* ou exposé à un moment ou un autre à une information qui mériterait une analyse rigoureuse.

Le Conseil de presse du Québec fournit des guides utiles à ce propos[511]. Mais, pour résumer un peu plus simplement et largement : il s'agit alors de vérifier la crédibilité du média qui diffuse l'information, de s'assurer que le professionnel qui écrit en est un, que le site Web visité est également crédible. Le genre journalistique pratiqué doit être facilement identifiable afin que le public ne soit pas induit en erreur (un texte d'opinion doit être clairement identifié). Il faut que la source, celle qui relaie l'information au journaliste, soit clairement identifiée, sinon l'anonymat est possible, mais sous certaines conditions[512]. Cette source doit être crédible, pertinente avec le sujet abordé et son expertise doit être reconnue. Les affirmations qui sont faites doivent être confirmées par d'autres sources (ce qui est d'ailleurs le travail du journaliste qui doit faire confirmer une même information par **plusieurs** sources). On est alors ici en présence d'une information **fiable**.

Si la source n'est pas identifiée, ou si c'est imprécis (*des scientifiques disent que*... ce n'est pas précis), si le rôle de la source n'a pas de lien avec le sujet abordé, si l'information n'est validée

[511] https://conseildepresse.qc.ca/guide/recherche-de-la-verite/

[512] Les journalistes ont recours à des sources anonymes lorsque ces trois conditions sont réunies : l'information sert l'intérêt public; l'information ne peut raisonnablement être obtenue autrement; la source peut subir un préjudice si son identité est dévoilée. (Conseil de presse du Québec)

par aucune autre source, nous sommes alors en présence d'une information **non fiable**.

Bien entendu, certains faussaires de l'information se montrent franchement habiles à créer un site ou une publication qui a toutes les apparences d'une publication sérieuse et rigoureuse. C'est particulièrement vrai pour les sites Web qui se sont considérablement améliorés avec les années. Dans certains cas, il faut chercher patiemment pour identifier les failles qui mettront à jour la supercherie.

C'est alors d'autant plus important de sensibiliser et d'informer les gens afin qu'ils développent les réflexes utiles et vitaux dans un contexte de multiplication accélérée des informations.

Critiquer les sources… c'est critique!

Quant aux radios privées et leurs animateurs encourageant les comportements risqués et délinquants, la même logique s'applique. La censure n'est sans doute qu'un moyen d'exacerber ce jeu de la victime auquel ils s'adonnent volontiers. Pour les encourager à modifier leurs pratiques, mieux vaut viser là où ça fait mal : le portefeuille.

Rappelons le boycottage de CHOI Radio X par de nombreux annonceurs, lancé en septembre 2020, décidés à éloigner leur marque de commerce des commentaires tenus en ondes au sujet de la pandémie. Desjardins, Hydro-Québec, Groupe Restos Plaisirs et les autres n'ont pas eu envie d'endosser l'opposition aux mesures sanitaires. Huit mois plus tard, la plupart de ceux-ci n'étaient pas encore retournés au bercail.

Or, les revenus publicitaires, c'est le nerf de la guerre. Alors, est-ce que ce seul moyen peut suffire à provoquer un changement de ton? Selon Daniel Giroux, du Centre d'études sur les médias de l'Université Laval, il ne faut pas surestimer cet effet. « On ignore si ceux qui se sont retirés avaient beaucoup de publicités à CHOI. […] La station a pu remplacer ces annonceurs par d'autres.

Parfois, ça libère de la place. Ils baissent un peu les tarifs et ça intéresse d'autres annonceurs. Chose certaine, avec leurs parts de marché, ils sont en mesure de vendre de la publicité un petit peu plus cher que les autres et donc c'est sans doute encore quand même rentable. »[513]

Si la recherche montre que les campagnes de boycottage ont en général peu d'effets, il n'en demeure pas moins que le printemps 2021 a été particulièrement difficile pour CHOI Radio X. Des employés qui quittent, un collectif qui lance une campagne de sensibilisation contre l'intimidation médiatique au Québec[514], un changement de discours chez certains animateurs… on peut certes penser que l'antenne fut ébranlée par l'ensemble de ces événements.

On peut alors imaginer que si le boycottage était large et permanent, que la désapprobation publique du discours tenu en ondes était également forte et soutenue, les propriétaires n'auraient plus le choix que d'opérer un virage. Le monument se fissure, alors pourquoi ne pas maintenir et intensifier la pression? Lorsque l'effet sur le rendement financier sera suffisant, on peut sincèrement espérer un réalignement plus responsable du discours. Après tout, lorsque l'accumulation de poursuites dépasse la limite, ces stations n'hésitent pas à limoger leurs animateurs vedettes. Alors, pourquoi pas?

On peut rêver, non?

Nous sommes choyés

Au final, les commentaires alarmistes de complotistes aux abois finissent par user notre patience, surtout lorsqu'ils insistent violemment sur le « vol de nos libertés ». Au-delà du fait qu'il soit décevant pour plusieurs d'entre eux que la liberté ne permette pas au premier chef de tuer quelqu'un par son insouciance si ça lui

---

[513] https://www.ledevoir.com/culture/medias/600116/le-boycottage-par-les-annonceurs-de-choi-tient-toujours

[514] https://ici.radio-canada.ca/nouvelle/1785444/medias-liberte-expression-catherine-dorion-collectif-propos-haineux-quebec

chante, on a pu voir et lire plusieurs commentaires dans les médias de gens qui cherchaient à mettre la pandémie en perspective, la comparant à d'autres misères de l'humanité et la jouxtant à notre confort moderne.

Effectivement, quand on y pense : être forcé de s'allonger sur le divan et rester chez soi à regarder la télé, on a vu pire comme effort de guerre. C'est exactement ce qu'a souligné avec humour et efficacité le gouvernement allemand dans une publicité qui, rappelant les efforts de la Deuxième Guerre mondiale, mettait en scène un homme âgé se rappelant « l'hiver 2020 » et « le destin de ce pays [qui était] entre nos mains » lors de la deuxième vague de coronavirus.

Le vieil homme déclare alors, dans un élan patriotique : « Nous avons donc rassemblé tout notre courage et fait ce que l'on attendait de nous, la seule chose juste. Nous n'avons rien fait. Absolument rien. »[515]

Bien sûr que le recul historique réduit considérablement l'aspect dramatique des perceptions actuelles. Faire un peu de sport à l'extérieur, rentrer pour se faire un souper en famille, se laver les mains est ridiculement moins pénible que ce qu'ont enduré les Londoniens qui ont vu Hitler tenter de raser leur ville. Dans le même esprit, un travailleur social de Mirabel a commenté la situation dans les journaux, parlant de « génération nombril »[516] pour souligner tout le confort, la qualité de vie et les conditions économiques favorables hérités de nos prédécesseurs.

Conséquemment, « habitués à ce que le tapis rouge nous soit déroulé depuis notre enfance, nous acceptons mal le non », avance-t-il, pour expliquer la frustration qu'engendrent les mesures sanitaires de la santé publique.

Puis, il ajoute que « si, jusqu'à ce jour, le plus gros événement ayant chamboulé notre vie est la COVID-19, je nous trouve

---

[515] https://www.bbc.com/news/world-europe-54959871
[516] https://www.lapresse.ca/debats/opinions/2021-01-03/generation-nombril.php

chanceux », rappelant les ouragans, l'extrême pauvreté, les famines et les guerres vécus ailleurs qui exigent autre chose que de la patience et de faire attention aux autres.

Puis, à nos générations précédentes, particulièrement celles qui ont vécu les grandes guerres, le travailleur social déclare : « avec ce que je vois, le non-respect de consignes simples, le je-m'en-foutisme incroyable et le je-me-moi à son plus fort, je ne peux que demander pardon pour notre manque de volonté et de vision. [...] Nous avons oublié le sens des mots sacrifice, patience, espoir et collectivité. [...] Dans nos nids douillets, armés de téléphones, de tablettes et d'ordinateurs, à un clic de pouvoir discuter, image à l'appui, avec nos proches et à un claquement de doigts de commander ce que nous désirons en ligne, on ne réussit même pas à penser à autre chose qu'à notre petit nombril ».

Cette réflexion n'est pas banale. Elle pousse à inclure dans notre analyse nos conditions économiques, notre histoire, l'évolution de nos valeurs, les changements de paradigmes, nos systèmes, toute une série d'éléments qui complexifient la réflexion et font réaliser que la situation ne se résume pas qu'au simple dérapage des cons.

On leur a pavé le chemin, en quelque sorte.

Le philosophe Maxime Rovere l'a dit : « Ce ne sont pas seulement les cons qui détruisent les conditions de la vie sociale, c'est aussi une société malade qui produit des cons »[517].

Plus sérieusement, la pandémie doit devenir l'occasion de promouvoir le bien commun, de freiner le consumérisme maladif, de repenser le rôle de l'État et nos responsabilités collectives. Car, s'il est une chose que l'on réalise, c'est que l'insouciance et le laisser-faire ne sont pas des pratiques durables pour l'humanité. Lorsqu'un comportement individuel comme le non-respect des consignes peut conduire à la mort d'individus, il y a tout lieu de se questionner sur nos valeurs et sur le sens du mot *liberté*.

---

[517] Rovere, Maxime. « Que faire des cons? », Flammarion, 2019, p. 28.

Car, la première liberté, c'est encore celle de vivre.

Conclusion

« Le problème avec le monde, c'est que les gens intelligents sont pleins de doutes tandis que les plus stupides sont pleins de confiance. »[518]

- C. Bukowski

Du courage!

On aura compris qu'il existe une partie des conspirationnistes et de ceux qu'on appelle les *covidiots* qui restera irrécupérable. Ce n'est donc pas tellement sur eux qu'il faut consacrer du temps et des efforts, mais sur ce qui peut et doit être changé. Au fond, c'est la base de la philosophie stoïcienne, cette bonne vieille règle de sagesse d'Épictète qui nous recommande de ne pas perdre notre temps sur les choses qui ne dépendent pas de nous. C'est le seul moyen de cumuler des succès et de tendre vers la liberté et la paix de l'âme.

Oui, parce que la colère ou les injures n'apporteront rien de constructif. Mieux vaut accepter nos limites et agir sur ce qui nous permet d'espérer des résultats.

La tâche demeure, on l'a vu, herculéenne puisque la pandémie de coronavirus a braqué le projecteur sur les conséquences de notre insouciance et de notre laisser-faire collectif. Les problèmes sont visiblement nombreux, coûteux et profonds. On ne change pas des habitudes ou des mentalités en un claquement de doigts, pas plus qu'on remet sur le droit chemin un système économique qui carbure depuis des décennies à la consommation et l'individualisme.

---

[518] https://citations.ouest-france.fr/citation-charles-bukowski/probleme-monde-gens-intelligents-sont-101905.html

Il faudra du courage, beaucoup de courage!

On l'a dit, certes, il ne suffit pas d'aligner les meilleurs arguments appuyés sur les meilleures sources pour convaincre tous les complotistes de ce monde d'opter pour la raison. Si j'étais nommé directeur des ressources humaines et responsable du changement de culture organisationnelle de la Terre, je soumettrais un plan sur plusieurs décennies, voire quelques générations. Changer les mentalités, déconstruire des craintes et des perceptions, combler le vide laissé par la religion, annuler l'effet délétère du consumérisme ambiant et couper court à l'individualisme triomphant n'est pas une mince tâche. « Vaste programme! », dirait Charles de Gaulle, n'est-ce pas?

C'est donc sur le sentier d'une longue et patiente construction que nous devons nous engager, collectivement. L'éducation y sera pour une large part puisqu'elle permettra de mieux outiller les générations futures sur le plan intellectuel en termes de connaissances et de capacité à se servir à bon escient du jugement critique. Surtout, par l'éducation, nous arriverons à *prévenir* les ennuis.

Mieux vaut prévenir que guérir, dit-on. Ça coûte beaucoup moins cher, également, tant socialement que financièrement.

Bien entendu, il faudra également exiger des comptes des géants du Web et de celles et ceux qui font du commerce de la crédulité leur métier. Il y a ici un nécessaire leadership politique qui demande toutefois à être démontré. En effet, on ne peut pas dire que la classe politique mondiale fasse trembler de peur ces grands milliardaires du numérique. On a plutôt l'impression qu'ils dictent le pas, contribuant sans doute à cette impression des conspirationnistes que le sort du monde se joue dans un univers auquel ils n'ont pas accès. Freiner ces monarques du Web sera aussi difficile que d'éteindre la cupidité qui les enflamme. On peut penser que c'est peine perdue.

Mais, nous n'avons pas ce luxe de la discrétion. Nous ne pouvons plus jouer à l'autruche et nous contenter d'un vivre et laisser-vivre naïf. Au contraire, nous avons collectivement l'obligation de parler, d'occuper le terrain, l'espace, pour jouer le rôle essentiel dans la communication de diffuseur d'informations justes, vraies, vérifiables. Il faut valoriser la rigueur et la raison, en insistant sur leurs bienfaits à tous points de vue. Si nous parvenons, chemin faisant, à faire de nos enfants, de nos concitoyens, des gens à l'esprit critique aiguisé, nous pourrons entrevoir l'avenir avec optimisme, en dépit de la cause perdue des géants du numérique.

Et à la longue, nous élirons de plus en plus de leaders déterminés et responsables qui parviendront à redonner à nos systèmes économiques le fondement démocratique qui leur fait cruellement défaut. Tant que la démocratie se tient à l'écart, le capitalisme est seul à la danse.

D'ici là, suggérons au moins aux conspirationnistes et covidiots qui cohabitent avec nous de faire preuve d'un peu d'humilité à l'avenir. Ils doivent cesser de penser qu'ils sont individuellement importants au point de pousser un gouvernement à orchestrer mondialement un stratagème aussi complexe et lourd afin de leur implanter une puce ayant pour objectif d'annihiler leurs droits.

Aucun gouvernement ne rêve de vous suivre à la trace entre la salle de bain, la cuisine et le dépanneur du coin. Votre vie quotidienne n'est pas excitante à ce point. Et puis, n'oublions pas que les géants du Web savent déjà tout ce que nous achetons, où nous allons, à quelle heure nous mangeons. C'est le *cellulaire* que nous avons constamment en main qui accomplit cette tâche à la perfection, avec une facilité déconcertante. Le livre de Shoshana Zuboff, *L'âge du capitalisme de surveillance*, nous le démontre avec un indiscutable aplomb. Google, Facebook, Microsoft et compagnie ne font pas que capter nos données, désormais, ils tentent de conditionner nos comportements. Ici, au nom de la cupidité, le libre arbitre et la démocratie sont renversés au profit d'une industrie opaque dont la puissance est encore sous-estimée.

Là, oui, les conspirationnistes peuvent commencer à trembler. Sauf qu'ils ne devraient pas être les seuls.

Mais, ça, c'est une autre histoire, celle qui nous ramène à la nécessité de renforcer nos démocraties et d'élire des dirigeants en mesure de s'en charger.

Quoi qu'il en soit, nous avons beaucoup à faire, tout près de nous pour améliorer les choses et condamner petit à petit les théories abracadabrantes à l'oubli. Il faudra, de toute façon, réaliser que jamais l'être humain ne cessera de vouloir comprendre le monde, de vouloir savoir ce qui se passe. Toujours il cherchera des explications à ce qui lui arrive. Stephen Hawking l'a écrit : « Jamais, depuis l'aube de la civilisation, les hommes ne se sont accommodés d'événements hors cadre et inexplicables. Ils ont toujours eu soif de comprendre l'ordre sous-jacent dans le monde. Aujourd'hui, nous avons encore très envie de savoir pourquoi nous sommes là et d'où nous venons. Ce désir de savoir, chevillé à l'humanité, est une justification suffisante pour que notre quête continue. »[519]

Aussi, mieux vaut tenir compte de cette soif de savoir de l'humain afin de veiller à ce que le contenu qu'il absorbe soit en mesure de nourrir son esprit critique, sa sagesse et ses connaissances, et non pas sa crédulité, sa peur, sa méfiance, sa haine et sa rancœur.

---

[519] Hawking, Stephen. « Une brève histoire du temps : du Big Bang aux trous noirs », Champs sciences, Flammarion, 2017, p38.

Bibliographie

Arendt, Hannah. « Du mensonge à la violence », Livre de Poche, Calmann-Levy, 1972.

Bronner, Gérald. « Pourquoi les théories du complot se portent-elles si bien ? L'exemple de *Charlie Hebdo* », *Diogène*, vol. 249-250, no. 1-2, 2015, pp. 9-20.

Camus, Albert. « Le mythe de Sisyphe », Gallimard, 1942.

Danblon, Emmanuelle, et Loïc Nicolas (dir.). « Les rhétoriques de la conspiration », CNRS Éditions, Paris, 2010. Texte d'Olivier Klein et Nicolas Van der Linden, p. 133-150.

Delouvée, Sylvain. « Répéter n'est pas croire. Sur la transmission des idées conspirationnistes », Diogène, vol. 249-250, no. 1-2, 2015, pp. 88-98.

Descartes, René. « Discours de la méthode ». GF Flammarion. 1966.

Dieguez, Sebastian. « Total Bullshit! : au cœur de la post-vérité », Presses universitaires de France, 2018.

Dominicy, Marc. « Les sources cognitives de la théorie du complot: La causalité et les faits ». In E. Danblon & L. Nicolas (Eds.), *Les rhétoriques de la conspiration* (pp. 119-132). 2010. Paris: CNRS Editions.

Einstein, Albert. « Comment je vois le monde », Champs sciences, Flammarion, 2009.

Geoffroy, Martin. « La face cachée du mouvement survivaliste au Québec. Le cas de Vic Survivaliste. » *Frontières*, volume 31, number 1, 2019.

Hawking, Stephen. « Une brève histoire du temps : du Big Bang aux trous noirs », Champs sciences, Flammarion, 2017.

Hume, David. « Enquête sur l'entendement humain ». GF Flammarion, 2006.

Jonas, Hans. « Le principe responsabilité ». Flammarion. 1998.

Kierkegaard, Søren. « Johannes Climacus ou il faut douter de tout », Rivages poche, Petite Bibliothèque, Paris, 1997.

La Boétie, Étienne. « Discours de la servitude volontaire », Les livres qui ont changé le monde, Le Monde Flammarion, 2010.

Lantian, Anthony. « Rôle fonctionnel de l'adhésion aux théories du complot : un moyen de distinction ? ». Psychologie. Université Grenoble Alpes, 2015. Français. NNT : 2015GREAS006. tel-01251554.

Le Caroff, Coralie, et Mathieu Foulot. « L'adhésion au « complotisme » saisie à partir du commentaire sur Facebook », *Questions de communication*, vol. 35, no. 1, 2019, pp. 255-279.

Lemelin, David. « Trump pris au mot », essai politique, Momo Éditions, 2020.

Lipovetsky, Gilles. « L'ère du vide : essais sur l'individualisme contemporain », Les Éditions Gallimard, 1983.

Lipovetsky, Gilles. « Le bonheur paradoxal », Les Éditions Gallimard, 2006.

Lyotard, Jean François. « La condition postmoderne », Paris, Minuit, 1979.

Marti, Serge. « Les limites de la théorie du complot », Maurice Godelier éd., *Maladie et santé selon les sociétés et les cultures*. Presses Universitaires de France, 2011, pp. 155-159.

Marx, Karl. « Contribution à la critique de la philosophie du droit de Hegel », Éditions Allia, Paris, 2018.

Nicolas, Loïc. « Les théories du complot comme miroir du siècle », Questions de communication [En ligne], 29 | 2016, mis en ligne le 30 juin 2018, consulté le 31 juillet 2020.
URL: http://journals.openedition.org/questionsdecommunication/10491;
DOI: https://doi.org/10.4000/questionsdecommunication.10491

Nietzsche, Friedrich. « Le gai savoir », folio essais, Éditions Gallimard, 1982.

Payette, Dominique. « Les brutes et la punaise : les radios-poubelles, la liberté d'expression et le commerce des injures », Lux Éditeur, 2019.

Orwell, George. « 1984 », Nouvelle traduction, Les Éditions Gallimard, 2018.

Reichstadt, Rudy. « Le conspirationnisme, extension du domaine de la négation. L'intrication de la complosphère avec la mouvance négationniste », Diogène, vol. 249-250, no. 1-2, 2015, pp. 64-74.

Renard, Jean-Bruno. « Les causes de l'adhésion aux théories du complot », Diogène, vol. 249-250, no. 1-2, 2015, pp. 107-119.

Rovere, Maxime. « Que faire des cons? », Flammarion, 2019.

Taïeb, Emmanuel. (2010). « Logiques politiques du conspirationnisme ». *Sociologie et sociétés, 42* (2), 265–289. https://doi.org/10.7202/045364ar

Wagner-Egger, Pascal, et Adrian Bangerter. « La vérité est ailleurs : corrélats de l'adhésion aux théories du complot », Revue internationale de psychologie sociale, vol. tome 20, no. 4, 2007, pp. 31-61.